14,95

TELEKOLLEG MULTIMEDIAL

Sozialkunde

Herausgeber
Norbert Zwölfer

TELEKOLLEG MULTIMEDIAL

Telekolleg MultiMedial wird veranstaltet von den Bildungs- bzw. Kultusministerien von Bayern, Brandenburg und Rheinland-Pfalz sowie vom Bayerischen Rundfunk (BR). Der Rundfunk Berlin-Brandenburg (RBB) unterstützt das Telekolleg MultiMedial.

Dieser Band enthält das Arbeitsmaterial zu den vom Bayerischen Rundfunk produzierten Lehrsendungen Telekolleg Sozialkunde 1–13.

Nähere Informationen zu TELEKOLLEG MULTIMEDIAL:
www.telekolleg.de

Sendetitel:

Lektion 1:	**Recht und Freiheit:** *durch Teilung der Gewalten*
Lektion 2:	**Die Qual der Wahl:** *Spielregeln der Demokratie*
Lektion 3:	**Gemeinsam stark:** *Auf dem Weg zur Bürgergesellschaft*
Lektion 4:	**Information oder Leben aus zweiter Hand:** *Medien und Öffentlichkeit*
Lektion 5:	**Kern der Gesellschaft:** *Die Familie*
Lektion 6:	**Glücks-Sache Lernen:** *Bildung und Chancen*
Lektion 7:	**Haben oder Sein:** *Die Zukunft der Arbeit*
Lektion 8:	**Maschen oder Löcher:** *Das soziale Netz*
Lektion 9:	**Grenzenlos:** *Das neue Europa*
Lektion 10:	**Vernetzung und Verstrickung:** *Globalisierung und ihre Folgen*
Lektion 11:	**Eine Welt:** *UNO-Arbeit konkret*
Lektion 12:	**Krieg oder Frieden:** *Macht, Glaube, Weltethos*
Lektion 13:	**Der blaue Planet:** *Von der Schöpfung zur Abschöpfung*

2. Auflage 2008

Umschlag (Konzeption): Daniela Eisenreich, München
Gesamtherstellung: Druckerei Gebr. Bremberger GmbH & Co. KG, Unterschleißheim
ISBN 978-3-941282-01-8

Inhalt

Vorwort

Der Sozialkunde-Kurs des Telekolleg MultiMedial ist ein Lernprogramm im Medienverbund. Dieser Verbund besteht aus den Fernsehsendungen, dem Lehrbuch und dem Direktunterricht an den Kollegtagen.

Nicht alle Lektionen des Lehrbuchs haben den gleichen Titel wie die Sendungen. Da jedes Medium unterschiedliche Schwerpunkte setzt, spiegelt sich dies u.a. auch in der Formulierung des Titels wider. Fernsehsendungen können immer nur schlaglichtartig einzelne Aspekte eines Themengebiets beleuchten. Die systematische und umfassendere Darstellung des Lehrstoffes ist Aufgabe des schriftlichen Begleitmaterials.

Der Aufbau der Buch-Lektionen ist einheitlich gehalten. Der erste Abschnitt enthält jeweils eine problemorientierte Einführung in die Thematik und einen kurzen Überblick über die wichtigsten Lerninhalte. Am Beginn der nachfolgenden Abschnitte werden die Lernziele durch Schlüsselbegriffe nochmals präzisiert. Sie sollten diese Begriffe nicht nur kennen, sondern auch in ihrer sinngerechten Bedeutung anwenden können.

Am Ende jeder Lektion stehen einige Fragen, die es Ihnen ermöglichen, Ihr Wissen zu überprüfen. Die Lösungsvorschläge erheben keinen Anspruch auf Vollständigkeit. Sie enthalten entscheidende Hinweise, was man bei den Fragestellungen beachten sollte, und geben manchmal Anregungen zum Weiterdenken.

Norbert Zwölfer

Lektion 1
Recht und Freiheit – Menschenrechte

1.1 Einführung in die Thematik

Die **Freiheit des Einzelnen** gilt als ein **grundlegendes Menschenrecht** und ist in den meisten westlichen Demokratien zu einer Selbstverständlichkeit geworden. Kaum einer vermag sich heute noch vorzustellen, dass seine Freiheit, zu sagen, was er denkt, oder dorthin zu reisen, wo er will, vom Staat prinzipiell unterbunden wird.

Die Ordnung des Grundgesetzes der Bundesrepublik Deutschland entstand aus der Erfahrung mit der totalitären Diktatur des Nationalsozialismus. An erster Stelle stehen die **Grundrechte**; das sind die durch die **Verfassung** garantierten **Freiheits- und Menschenrechte***, die auch bindend für das **politische Handeln** sind.

Der Kampf um die Menschenrechte hat sich über Jahrhunderte hingezogen und geht auch heute noch weiter, weil Menschenrechte noch längst nicht in allen Staaten Maßstab des politischen Handelns sind. Die Lektion gibt zunächst einen kurzen Überblick über die Geschichte der Menschenrechte und das damit verbundene **Staatsverständnis.** Am Ende der Lektion sollten Sie die Frage beantworten können, welche Bedeutung die Menschenrechte haben und wie sie begründet werden.

Im zweiten Teil der Lektion wird dann das Verständnis der **Grundrechte** in der **Verfassungsordnung** der Bundesrepublik Deutschland erläutert. Dabei sollten Sie sich Klarheit verschaffen, warum Freiheitsrechte eine Einschränkung erfahren können, wie die Grundrechte gesichert sind und welches Demokratieverständnis der Gesellschaftsordnung der Bundesrepublik zugrunde liegt.

1.2 Die Ursprünge der Freiheits- und Menschenrechte

Begriffe

Freiheitsrechte ◆ Menschenrechte ◆ Stoa ◆ Vernunft (menschliche, göttliche) ◆ christliches Naturrecht ◆ Selbstbestimmung ◆ Habeas-Corpus-Akte

Lernziele

Die **Antike** kannte noch **keine** bewusst ausgesprochenen persönlichen **Freiheitsrechte**, die *allen* Menschen ohne Ausnahme zugebilligt wurden. Es gab zwar ein Nachdenken über Freiheitsrechte, zugesprochen wurden solche Rechte aber nur bestimmten gesellschaftlichen Gruppen als Privilegien. Sklaven und Frauen blieben von politischen Rechten ausgeschlossen. Dennoch findet man in der Antike wichtige Gedanken zur **Theorie eines Rechtes**, das allen Menschen zusteht. Die **Stoa**, eine Philosophenschule in Athen (um 300 v. Chr. von **Zenon** gegründet), stellte

* Die Begriffe **„Freiheitsrechte"** und **„Menschenrechte"** werden oft synonym gebraucht, obwohl Menschenrechte eigentlich ein Oberbegriff ist. Er umfasst mehr Rechte als die **individuellen Freiheitsrechte**, die ein Staat dem Individuum zubilligt.

die Theorie auf, dass die **menschliche Vernunft** aus der **göttlichen Vernunft** stamme. Ebenso wie der Mensch ein Teil des Kosmos sei, sei die menschliche Vernunft ein Teil der Weltvernunft. In jedem Menschen lebe damit ein Funke der göttlichen Vernunft. Das macht für die **Stoiker** die Natur des Menschen aus und gilt für alle Menschen gemeinsam. Durch diese Teilhabe an der Vernunft sind alle Menschen gleich. Allen Menschen ist aufgegeben, gemäß dieser Vernunft zu leben und nach dieser Vernunft ihr Handeln auszurichten.

Das **christliche Denken** entwickelte im Anschluss an die Stoa das Prinzip des **christlichen Naturrechts**. Alle Menschen werden als Ebenbilder Gottes und zugleich als Sünder angesehen. Daraus folgt, dass alle Menschen gleich sind und dass für alle das gleiche Naturrecht gilt. Allerdings schlugen sich diese Gedanken nicht in der konkreten politischen und sozialen Wirklichkeit nieder. Der Unterschied zwischen freien Menschen und Unfreien blieb erhalten.

Die theologisch begründete **Naturrechtslehre des Mittelalters** verlor im Zeitalter der **Renaissance** (14./15. Jahrhundert) an Überzeugungskraft. Das hing vor allem damit zusammen, dass sich die Wissenschaften vom starken Einfluss der Theologie befreit hatten und, was das Denken über den Menschen anbelangt, sich den antiken Schriften zuwandten. In der Renaissance setzte sich ein Menschenbild durch, das dem einzelnen Menschen ein hohes Maß an **Selbstbestimmung** zusprach. Der italienische Philosoph und Humanist **Pico della Mirandola** (1463–1494) formulierte diese Gedanken in seiner Schrift *Über die Würde des Menschen* (1486); er lässt Gott zu Adam sprechen:

> „Wir haben dir keinen festen Wohnsitz, noch ein eigenes Gesicht, noch irgendeine besondere Gabe verliehen, o Adam, damit du jeden beliebigen Wohnsitz, jedes beliebige Gesicht und alle Gaben, die du dir sicher wünschst, auch nach deinem Willen und nach deiner eigenen Meinung haben und besitzen mögest. Den übrigen Wesen ist ihre Natur durch die von uns vorgeschriebenen Gesetze bestimmt und wird dadurch in Schranken gehalten. Du bist durch keinerlei unüberwindliche Schranken gehemmt, du sollst nach deinem eigenen freien Willen, in dessen Hand ich dein Geschick gelegt habe, sogar deine Natur selbst vorbestimmen. Ich habe dich in die Mitte der Welt gesetzt, damit du von dort bequem um dich schaust, was es alles in dieser Welt gibt.
> Wir haben dich weder als einen Himmlischen noch als einen Irdischen, weder als einen Sterblichen noch einen Unsterblichen geschaffen, damit du als dein eigener, vollkommen frei und ehrenhalber schaltender Bildhauer und Dichter dir selbst die Form bestimmst, in der du zu leben wünschst. Es steht dir frei, in die Unterwelt des Viehes zu entarten. Es steht dir ebenso frei, in die höhere Welt des Göttlichen dich durch den Entschluss deines eigenen Geistes zu erheben."
>
> (Pico della Mirandola. *Über die Würde des Menschen*. Amsterdam 1940, S. 48f. Übers. H. W. Rüssel)

Das neue Menschenbild legt den Menschen nicht fest, er kann alles aus sich heraus werden: zum „Göttlichen" aufsteigen oder zum „Tierischen" entarten. Durch den **freien Willen**, der dem Menschen prinzipiell zuerkannt wird, entsteht ein neuer Freiheitsgedanke. Der Mensch wird für würdig erachtet, frei zu sein.

Dennoch sollte es noch über zwei Jahrhunderte dauern, bis die Entwicklung der **Menschen-** und **Freiheitsrechte** erste konkrete Formen annahm. Das war zuerst in England der Fall und resultierte aus dem Protest gegen willkürliche Verhaftungen durch die Krone. 1679 wurde die **Habeas-Corpus-Akte*** veröffentlicht, die den Schutz vor einer willkürlichen Verhaftung festlegte.

---

* habeas corpus *(lateinisch)*: Du sollst den Körper haben.

1.3 Die Staatsphilosophie der Aufklärung

Begriffe

Aufklärung ◆ Naturrecht (Recht auf Leben, Freiheit, Eigentum) ◆ vorstaatliches Recht ◆ positives Recht ◆ Volkssouveränität ◆ Gewaltenteilung ◆ Legislative, Exekutive, Judikative (drei Gewalten) ◆ Rechtsstaat ◆ Prinzip der Universalität ◆ Toleranz

Lernziele

In der Epoche der **Aufklärung** seit Ende des 17. Jahrhunderts wurden die **Menschenrechte** erstmals grundlegend diskutiert. Mehrere Staatsphilosophen entwarfen die Vision eines Staates, der die Freiheitsrechte des Einzelnen anerkennen und schützen sollte. Von überragender politischer Bedeutung war dabei das Werk des Engländers **John Locke** (1632–1704): *Two Treatises on Government* (Zwei Abhandlungen über die Regierung).

Naturrecht und positives Recht

Locke geht davon aus, dass alle Menschen als **vernunftbegabte Wesen** von Geburt an vollkommen frei und gleich sind. Das ist ein **Naturrecht.** Dabei hat jeder Mensch ein **Recht auf Leben** und **auf Freiheit**, damit er nach seinem eigenen Willen leben kann. Außerdem hat der Mensch von Natur aus ein **Recht auf Eigentum.** Denn da er durch sein vernunftbestimmtes Handeln die Natur nach seinem Plan bearbeiten können soll, darf er sich auch die Güter als seine „Ernte" aneignen.

Diese drei **grundlegenden Rechte** sind nach Locke **unveräußerlich.** Kein Staat darf sie einschränken oder dem Menschen wegnehmen. Denn die Freiheit des Menschen wird nicht erst durch den Staat geschaffen, sondern sie geht ihm – rechtlich gesehen – voraus. Man spricht deshalb von **vorstaatlichen Rechten.** Im Gegensatz dazu steht das von der **menschlichen Rechtsetzung** abhängige, **staatlich** gesetzte **positive Recht.**

Die **Aufgabe des Staates** besteht nach Locke darin, die Voraussetzungen dafür zu schaffen, dass der Einzelne seine Freiheitsrechte auch in der Gesellschaft, in der er lebt, in Anspruch nehmen kann. Der von Locke geforderte Staat entsteht durch einen gedachten **Vertrag.** Da der Einzelne oft zu schwach und zu ohnmächtig ist, um seine Freiheitsrechte gegenüber stärkeren Rechtsbrechern wahrzunehmen, und da es für die allgemeine Sicherheit keine gesellschaftliche Organisation gibt, schließen sich die Menschen zusammen und übertragen einer Regierung die Aufgabe, für die Sicherung der Menschenrechte im Staat Sorge zu tragen.

Aus der Idee, dass die Entstehung dieses Staates aus einem gedachten Vertrag zwischen Regierenden und Regierten resultiert, ergibt sich, dass die staatliche Macht ihre Legitimation nicht mehr von Gott herleiten kann und dass das Volk der eigentliche Souverän ist. Der Gedanke der **Volkssouveränität** besagt, dass das Volk zur **Ausübung der Macht** im Staat den **Auftrag** erteilt. Wenn die Regierenden sich nicht an diesen Auftrag halten, können die Regierten den Auftrag zurücknehmen, d.h. die Regierung absetzen.

Begriffsdefinition: ***Naturrecht***

*Das im Wesen des Menschen begründete Recht, das von jeder menschlichen Rechtsetzung unabhängig ist, im Unterschied zum staatlich gesetzten **positiven Recht**. Das Naturrecht gilt für jeden Menschen und für alle Zeiten. Die philosophische Lehre vom Naturrecht gilt als die Wurzel der Menschenrechte.*

Gewaltenteilung und das Prinzip der Universalität

Zur Sicherung der Freiheit des einzelnen Bürgers hat der französische Jurist und Philosoph **Charles de Montesquieu** (1689–1755) die **Lehre von der Gewaltenteilung** entwickelt. Freiheit kann es nur geben, wenn die **Staatsgewalt** durch bestimmte **Verfassungsregeln** eingeengt wird.

Die wichtigste Verfassungsregel ist, dass die **drei Gewalten**

- **Legislative** (gesetzgebende Gewalt/Parlament)
- **Exekutive** (ausführende Gewalt/Regierung)
- **Judikative** (rechtsprechende Gewalt)

im Staat voneinander getrennt sind und von verschiedenen Personen ausgeübt werden.

Durch diese Teilung wollte Montesquieu erreichen, dass sich die drei Gewalten gegenseitig bei der Ausübung der Macht hemmen und beschränken. Die Legislative muss die Exekutive kontrollieren können, die Exekutive soll in einem Vetorecht (= Einspruchsrecht) ein Mittel zur Beschränkung der Legislative erhalten. Besonders wichtig ist, dass die Richter unabhängig sind und nur nach dem Recht und nicht nach Anweisung der Regierung urteilen. Diese Gewaltenteilungslehre gilt bis in die heutige Zeit als der beste Garant der Freiheit, weil bloße Rechtsnormen in der Realität zur Sicherung der Freiheit nicht ausreichen.

Der deutsche Philosoph **Immanuel Kant** (1724–1804) führte eine Generation später diese Grundgedanken zur **Idee eines Rechtsstaates** weiter, der allgemeine Freiheit, Gleichheit und Selbstständigkeit zu verwirklichen hat. In seiner Schrift *Zum Ewigen Frieden* forderte Kant ein **universales Weltbürgerrecht** für alle Menschen. Erst wenn das gewährleistet sei, könne eine globale Friedensordnung entstehen.

Die Forderung, dass der Staat den Freiheitsraum des einzelnen Menschen nicht antasten dürfe und dass der Mensch nicht für den Staat und dessen Machtentfaltung existiere, sondern der **Staat** die **Rahmenbedingungen** für die **persönliche Entfaltung des Individuums** zu schaffen habe, gehörte seit dem Ende des 18. Jahrhunderts zum klassischen Katalog des **liberalen** und **demokratischen Denkens**. Das von Locke und den anderen Philosophen der Aufklärung verkündete Prinzip des Naturrechts und die damit verbundene Würde jedes Menschen gelten nach dem **Prinzip der Universalität** für alle Menschen, gleich welcher Hautfarbe sie sind, gleich welcher Religion sie anhängen, gleich in welchem Staat sie leben. Die Lehre von der **Würde des Menschen** und ihrer **Unantastbarkeit** fordert eine prinzipielle **Toleranz** dem anderen gegenüber.

1.4 Die Erklärung der Menschen- und Bürgerrechte

Begriffe

Virginia Bill of Rights* ◆ *amerikanische Unabhängigkeitserklärung (Declaration of Independence)* ◆ *Bürgerrechte (Grundrechte)* ◆ *Grundsatz der Gleichheit* ◆ *soziale Rechte* ◆ *Frauenrechtsbewegung* ◆ *Revolution von 1848* ◆ *Weimarer Verfassung

Lernziele

Die erste **Erklärung der Menschenrechte** wurde 1776 in Neuengland (Nordamerika) verfasst. Sie entstand vor dem Hintergrund der politischen Auseinandersetzung der Kolonisten mit dem englischen Mutterland. Die **Virginia Bill of Rights** vom 12. Juni 1776 begründet die Freiheitsrechte des Einzelnen mit dem **Naturrecht.** Danach stehen unveräußerliche Rechte wie das Recht auf Leben und körperliche Unversehrtheit oder auf persönliche Freiheit und Eigentum allen Menschen zu. **Staatliche Gewalt** ist nur legitim, wenn sie vom **Volk** ausgeht. Der Staat hat Presse- und Religionsfreiheit zu respektieren, freie Wahlen abzuhalten, das Eigentum zu schützen und rechtsstaatliche Gerichtsverfahren zu garantieren. Die Bill of Rights wurde zum Vorbild für die **amerikanische Unabhängigkeitserklärung (Declaration of Independence)** vom 4. Juli 1776, in der die **Menschenrechte** zu einem Bestandteil der **Verfassung** erhoben wurden:

„Wir halten es für Wahrheiten, die keines Beweises bedürfen: dass alle Menschen vor ihrem Schöpfer gleich sind; dass er ihnen gewisse unveräußerliche Rechte verliehen hat und dass zu diesen Rechten **Leben**, **Freiheit** und das **Streben nach Glück** gehöre ..."

Dieses Gedankengut hatte in der **Französischen Revolution** (1789) Auswirkungen auf Europa. Mit der Erklärung der Menschen- und Bürgerrechte (der Begriff **„Bürgerrechte"** versteht sich als andere Bezeichnung für **Grundrechte,** die jedem Bürger des Staates zustehen) sollten die alte feudale Gesellschaftsordnung und mit ihr die Ungleichheit der Menschen beseitigt werden. Ohne die geringste Einschränkung und ohne Berufung auf Gott wurde der **Grundsatz der Gleichheit** proklamiert. Nach diesem Gleichheitsgrundsatz, der vom Naturrecht abgeleitet wurde, standen allen Menschen prinzipiell die gleichen Rechte zu. In der politischen Realität wurde diese Gleichheitsforderung aber erst im 20. Jahrhundert umgesetzt. Selbst heute gibt es noch Staaten, die die Gleichheit von Mann und Frau in der politischen Wirklichkeit nicht beachten.

In einer Präambel erklärten die Träger der Revolution die Menschenrechte zum absoluten Maßstab für das **politische Handeln:**

„Da die Vertreter des französischen Volkes, als Nationalversammlung eingesetzt, erwogen haben, dass die Unkenntnis, das Vergessen oder die Verachtung der Menschenrechte die einzigen Ursachen des öffentlichen Unglücks und der Verderbtheit der Regierungen sind, haben sie beschlossen, die natürlichen, unveräußerlichen und heiligen Rechte der Menschen in einer feierlichen Erklärung darzulegen, damit diese Erklärung allen Mitgliedern des gesellschaftlichen Körpers beständig vor Augen ist und sie unablässig an ihre Rechte und Pflichten erinnert ..."

(Erklärung der Menschen- und Bürgerrechte vom 26. August 1789, in: W. Grab (Hrsg.). *Die Französische Revolution*. München 1973, S. 37.)

In einer zweiten, radikalen Phase der Revolution wurden erstmalig auch **soziale Rechte** wie „gerechte" Verteilung des Eigentums oder das Recht auf Arbeit gefordert. Zugleich entstand eine **Frauenrechtsbewegung**, die gegen die reale Unterdrückung der Frau durch den Mann protestierte und die Gleichstellung von Frauen einforderte. **Olympe de Gouges** (1748–1793) gab eine „Erklärung der Rechte der Frau und der Bürgerin" heraus, in der sie für das aktive und passive Wahlrecht für Frauen eintrat.

Durch die Französische Revolution breitete sich die Idee der Menschenrechte in Europa aus. Unter der Achtung der Menschenrechte verstand man folgende **Garantien:** Keinem Menschen sollte es erlaubt sein, einen anderen zu diskriminieren, zu demütigen oder zu entrechten. Jeder sollte ungehindert die Möglichkeit haben, sich auf geistigem Gebiet zu beschäftigen; Maßstab dafür sei nur, dass er sich dazu durch sein Gewissen berechtigt glaubt. Er sollte politische Alternativen abwägen dürfen und sich frei zwischen ihnen entscheiden können.

In Deutschland wurde im Zusammenhang mit der **Revolution von 1848** von der Nationalversammlung in der **Paulskirche ein Katalog von Grundrechten** formuliert. Diese „Grundrechte des deutschen Volkes" haben auch Eingang in die Verfassung gefunden. Da die Revolution aber scheiterte, blieben die Menschenrechte für weitere 70 Jahre in Deutschland ohne politische Bedeutung. Erst mit dem Ende des Ersten Weltkriegs wurden die **Menschenrechte** in die **Weimarer Verfassung** aufgenommen. Erstmals galten sie auch **uneingeschränkt für Frauen**. Allerdings waren diese Menschenrechte **nicht einklagbar** und hatten so keine bindende Bedeutung für das politische Handeln.

1.5 Menschenrechte im 20. Jahrhundert

Begriffe

Vier Freiheiten ◆ soziale Gerechtigkeit ◆ Vereinte Nationen (United Nations Organization) ◆ UN-Charta ◆ Allgemeine Erklärung der Menschenrechte (Universal Declaration of Human Rights) ◆ amnesty international

Lernziele

Der **Faschismus** und dabei vor allem die Diktatur der **Nationalsozialisten** brachten in Europa einen großen Rückschlag im Kampf um die Ausweitung der Menschenrechte. In den USA erweiterte Präsident **Franklin D. Roosevelt** (1882-1945) den liberalen Freiheitsbegriff in seiner berühmten Rede von den **Vier Freiheiten** (1941). Weil die Bedrohung der Freiheit und der persönlichen Sicherheit nicht nur vom **Staat**, sondern auch von **wirtschaftlichen Interessengruppen** oder von der **Ordnung einer Gesellschaft** ausgehen kann, forderte Roosevelt, dass das Verständnis und die Stellung der Menschenrechte im liberal-demokratischen Staat neu bestimmt werden müssten. So stellte er gleichrangig neben die **Meinungs-** und die **Glaubensfreiheit** die **Freiheit von Furcht** und **von Not**. Aufgabe des Staates sei es, das gesellschaftliche Leben der Menschen nach dem Gedanken einer **sozialen Gerechtigkeit** so zu ordnen, dass der einzelne Bürger in seinen Freiheitsrechten nicht durch wirtschaftliche Not so eingeengt werde, dass er keine Freiheit in Anspruch nehmen könne.

1945 wurden die **Vereinten Nationen (United Nations Organization**, abgek. **UNO** oder **UN**) in San Francisco gegründet. Durch diese internationale Organisation sollte nicht nur der allgemeine Weltfrieden gesichert werden. Die UNO nahm sich auch vor, für die „Achtung der Menschenrechte und die fundamentalen Freiheiten für alle Menschen ohne Unterschied der Rasse, des Geschlechts, der Sprache und der Religion" einzutreten. Der Schutz der

Begriffsdefinition: **Menschenrechte**

Rechte, die jedem Menschen aufgrund seines Wesens zuerkannt werden und die unveräußerlich, unverlierbar und unantastbar sind. Sie sollen den Einzelnen vor Übergriffen der staatlichen Macht schützen.
Zu den Menschenrechten gehören unter anderem das Recht auf Leben, das Recht auf Freiheit und das Recht auf Eigentum.

Würde und des Wertes der menschlichen Person wurde in der **UN-Charta** von 1945 festgeschrieben. Drei Jahre später nahm die Vollversammlung der Vereinten Nationen die **Allgemeine Erklärung der Menschenrechte (Universal Declaration of Human Rights)** an und erhob dieses Dokument zum Maßstab politischen Handelns. Dieses Dokument verkörpert die gemeinsamen Grundwerte, auf die sich alle in der UNO versammelten Völker einigen *wollen*. Die Menschenrechte haben aber **keine vertraglich bindende Funktion**. Wenn es um die **Auslegung** und **Verwirklichung** der Menschenrechte geht, gibt es unterschiedliche Auffassungen über ihre Bedeutung in einem Staat oder einer Gesellschaft.

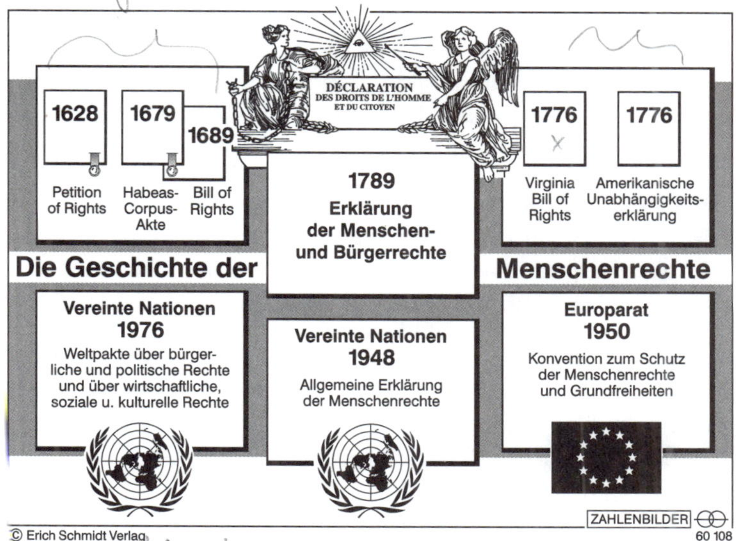

Abb. 1.1 Die Geschichte der Menschenrechte

1961 wurde in London die Gefangenenhilfsorganisation **amnesty international (ai)** gegründet. Sie hat es sich zur Aufgabe gemacht, Verstöße von Staaten gegen die Menschenrechte an die Öffentlichkeit zu bringen, so dass sie heute den Status einer Menschenrechtsorganisation einnimmt.

1.6 Das Grundrechtsverständnis in der Bundesrepublik Deutschland

Begriffe

Grundrechte ◆ Grundgesetz ◆ bindende Rechte ◆ Grundrechtskatalog ◆ einklagbare Rechte ◆ Freiheitsrechte ◆ positive Rechtsnormen ◆ Rechtswegegarantie ◆ Abwehrrechte ◆ demokratische Mitwirkungsrechte ◆ Normenkontrollverfahren ◆ Fundamentalnorm ◆ vorstaatliches Recht ◆ Gemeinschaftsbezogenheit und Gemeinschaftsgebundenheit der Person ◆ wehrhafte Demokratie

Lernziele

Die Grundrechte als einklagbare Rechte

Die besondere Bedeutung und der herausgehobene Wert der **Grundrechte** als Garant für die Freiheit in der Gesellschaft lassen sich nur richtig verstehen, wenn man den Verlauf der deutschen Geschichte berücksichtigt.

In der Weimarer Republik blieben die Grundrechte fast nur reine politische Absichtserklärungen, da sie nicht einklagbar waren. Unter anderem deshalb war es auch möglich gewesen, dass eine

Diktatur auf verfassungsmäßigem Weg eingerichtet wurde. Daraus hat man nach dem Ende des Zweiten Weltkriegs die Konsequenzen gezogen. Die Grundrechte im **Grundgesetz** für die Bundesrepublik Deutschland (verkündet am 23. Mai 1949) wurden zum **bindenden Recht** erklärt. **Legislative**, **Exekutive** und **Judikative** sind somit verpflichtet, sich an den Grundrechten zu orientieren und sie einzuhalten.

Der **Grundrechtskatalog** ist kein unverbindliches Postulat, alle Grundrechte sind **einklagbare Rechte**. Daher hat der Verfassungsgeber naturrechtlich begründete **Freiheitsrechte** als **positive Rechtsnormen** unantastbar im Grundgesetz verankert. Das Grundgesetz **verbietet** sogar den vom Volk gewählten **Repräsentanten** die **Beseitigung** der Grundrechte.

Der Bürger wird also durch die Grundrechte in seiner Freiheit nicht nur vor einem unrechtmäßigen Zugriff des Staates geschützt, sondern kann sogar aktiv gegen jede vermutete **Grundrechtsverletzung** durch **Klage** vor dem **Bundesverfassungsgericht** vorgehen. Man bezeichnet diese Möglichkeit als **Rechtswegegarantie** (Art. 19 GG*).

Außerdem hat das Bundesverfassungsgericht darauf hingewiesen, dass die Grundrechte nicht nur **Abwehrrechte** sind, die dem Staat und seiner Macht Grenzen setzen, sondern auch **demokratische Mitwirkungsrechte**. Der einzelne Bürger muss sie ungehindert und ohne Furcht vor negativen Folgen wahrnehmen können. So ist der **Freiheitsbegriff** der Grundrechte einerseits eine „Freiheit von" (= dem Staat) und andererseits eine „Freiheit zu" (= der Demokratie).

Ein **Normenkontrollverfahren**, bei dem das **Bundesverfassungsgericht** überprüft, ob ein Gesetz mit dem Grundgesetz **vereinbar** oder **verfasssungswidrig** ist, kann allerdings nur von einem Gericht oder von der Bundesregierung, einer Landesregierung oder einem Drittel der Mitglieder des Bundestages auf den Weg gebracht werden.

Art. 1:	Schutz der Menschenwürde	Art. 13:	Unverletzlichkeit der Wohnung
Art. 2:	Freiheit der Person	Art. 14:	Gewährleistung des Eigentums
Art. 3:	Gleichheit vor dem Gesetz	Art. 15:	Überführung in Gemeineigentum
Art. 4:	Glaubens- und Gewissensfreiheit	Art. 16:	Staatsangehörigkeit
Art. 5:	Freie Meinungsäußerung	Art. 16a:	Asylrecht
Art. 6:	Schutz der Ehe und Familie	Art. 17:	Petitionsrecht
Art. 7:	Staatliche Schulaufsicht, Elternrechte	Art. 18:	Verwirkung der Grundrechte
Art. 8:	Versammlungsfreiheit	Art. 19:	Einschränkung der Grundrechte
Art. 9:	Vereinigungsfreiheit	Art. 20:	Widerstandsrecht
Art. 10:	Brief- und Postgeheimnis	Art. 33:	Gleicher Zugang zu öffentlichen Ämtern
Art. 11:	Recht der Freizügigkeit		
Art. 12:	Freie Berufswahl	Art. 38:	Wahlrecht

19 Grundrechte

Abb. 1.2 Grundgesetz: Zusammenfassung der Grundrechte

u. grundrechtsgleichen Rechte

* Abkürzungen: Art. 19 GG = Artikel 19 des Grundgesetzes; Art. 14,2 GG = Artikel 14 Absatz 2 des Grundgesetzes

Die Menschenwürde als oberster Verfassungswert

Die deutlichste Konsequenz, die die Verfasser des Grundgesetzes aus der unmenschlichen Vernichtungspolitik der nationalsozialistischen Diktatur gezogen haben, ist darin zu sehen, dass sie den **Grundsatz der Menschenwürde** zum **obersten Verfassungswert** erklärt haben. So heißt es in Artikel 1 des Grundgesetzes:

> (1) Die Würde des Menschen ist unantastbar. Sie zu achten und zu schützen ist Verpflichtung aller staatlichen Gewalt.
> (2) Das deutsche Volk bekennt sich darum zu unverletzlichen und unveräußerlichen Menschenrechten als Grundlage jeder menschlichen Gemeinschaft, des Friedens und der Gerechtigkeit in der Welt.
> (3) Die nachfolgenden Grundrechte binden Gesetzgebung, vollziehende Gewalt und Rechtsprechung als unmittelbar geltendes Recht.

Der Grundsatz der Menschenwürde ist dadurch in den Rang einer **Fundamentalnorm** gesetzt worden. Der Mensch als Individuum wird zum höchsten Zweck allen politischen und staatlichen Handelns erhoben. Der Staat ist um des Menschen willen da. Diese Unantastbarkeit der Menschenwürde ist ein **vorstaatliches Recht** und kann deshalb vom Staat nicht entzogen werden. Sie ist bindendes Recht für die Exekutive. Das Bundesverfassungsgericht hat den Art. 1 GG folgendermaßen kommentiert:

> „Der Mensch als Person ist Träger höchster geistig-sittlicher Werte und verkörpert einen sittlichen Eigenwert, der unverlierbar und auch jedem Anspruch der Gemeinschaft insbesondere allen rechtlichen und politischen Zugriffen des Staates und der Gesellschaft gegenüber eigenständig und unantastbar ist ..."
>
> (In: B. Sutor (Hrsg). *Politik*. Paderborn 1979, S. 260.)

Individuelle Freiheitsrechte und soziale Bindung

Das Grundgesetz unterscheidet zwischen **individuellen Freiheitsrechten, politisch öffentlichen Grundrechten** (z.B. Versammlungs- und Vereinigungsfreiheit, Wahlrecht) und **sozialen Grundrechten.**

Die **individuellen Freiheits- und Gleichheitsrechte**, die „klassischen" Menschenrechte, stehen dabei im Vordergrund. Ihre Ausübung wird jedoch **eingeschränkt** durch die Tatsache, dass sich die Bundesrepublik als **„sozialer" Rechtsstaat** versteht. Somit kann die Wahrnehmung der Grundrechte zum **Wohl der Allgemeinheit** eingeschränkt werden (z.B. „Eigentum verpflichtet", Art. 14,2 GG).

Unter **sozialen Grundrechten** versteht man das Recht von Menschen, vom Staat Hilfe zu bekommen, wenn sie unverschuldet in Not geraten sind. Insofern stehen die Sozialrechte zu den Freiheitsrechten im Gegensatz, da sie auf ein aktives Tun des Staates abzielen.

Das dem Grundgesetz zugrunde liegende Menschenbild geht nicht von einem isolierten, souveränen Individuum aus. Das Grundgesetz beruft sich auf das Prinzip der **Gemeinschaftsbezogenheit** und **Gemeinschaftsgebundenheit der Person**. Deshalb ist bei einem **Konflikt** zwischen

Einzel- und **Gemeinschaftsinteressen** ein Ausgleich zu suchen, der beiden Ansprüchen gleichermaßen gerecht wird. Darin kann eine klare **Absage** an jedes **kollektive Denken** gesehen werden. Eine Unterordnung aller Individuen unter einen kollektiven Zweck entspricht nicht dem Freiheitsverständnis des Grundgesetzes. Eine Einschränkung ist aber gemacht worden: Im Zweifelsfall hat der Nutzen für viele einen klaren Vorrang vor dem Nutzen für einen Einzelnen.

Aus diesem Nebeneinander von **individuellen Freiheitsrechten** und **sozialer Bindung** wird deutlich, dass die Grundrechte nicht allein als Rechte *gegen* den Staat angesehen werden dürfen. Sie sind auch als Rechte zu verstehen *für* ein **politisches Engagement** in der Demokratie und als Rechte des Bürgers, bei der **Gestaltung der demokratischen Ordnung** mitzuwirken.

Die Einschränkung der Grundrechte

Die Freiheitsrechte des Individuums haben ihren Sinn in einer Gemeinschaft nur dann, wenn durch sie die Rechte der Mitmenschen nicht beeinträchtigt oder geschädigt werden. *Freiheit* ist immer auch die *Freiheit des anderen*. Deswegen wurden die Grenzen für die Ausübung der Grundrechte in der Verfassung festgelegt. Diese **Einschränkungen der Grundrechte** müssen aber nach dem Willen der Verfassungsväter so klar wie möglich umschrieben sein und dürfen prinzipiell den **Wesensgehalt** eines Grundrechtes **nicht antasten**.

Unter bestimmten Voraussetzungen ist der Gesetzgeber ermächtigt, solche Einschränkungen der Grundrechte zu formulieren. Jede dieser gesetzlichen Maßnahmen kann aber einer **gerichtlichen Überprüfung** unterzogen werden.

Gründe für die Einschränkung der Grundrechte können hergeleitet werden:

- aus dem **Schutz der Menschenwürde** (Art. 1 Absatz 1),
- aus dem **Sittengesetz** (Art. 2 Absatz 1),
- aus der **verfassungsmäßigen Ordnung** und der Treue zu ihr (Art. 2 Absatz 1; Art. 5 Absatz 3 und Art. 9 Absatz 2),
- aus der **Priorität des Wohls der Allgemeinheit** (Art. 14 Absatz 2 und 3).

Die Gerichte haben zu entscheiden, ob im besonderen Fall gegen ein Grundrecht verstoßen wird. Die Freiheit der Kunst z.B. kann in einen Widerspruch zu Art. 1,1 geraten, wenn durch einen Künstler oder ein Kunstwerk das Ansehen und die Würde eines Menschen verunglimpft werden. Das Gericht muss bei seiner Entscheidung beide Werte - die Würde der Persönlichkeit und die Freiheit der Kunst - abwägen und die Entscheidung so treffen, dass der Wesensgehalt des infrage stehenden Grundrechts nicht angetastet wird. Solche Grenzen gelten auch für die Pressefreiheit. Verdächtigungen, die die Würde eines Menschen verunglimpfen, dürfen nicht veröffentlicht werden, wenn nicht ein Mindestbestand an Beweistatsachen vorhanden ist.

Aus der Erfahrung der Weimarer Republik haben die Verfassungsväter in Art. 18 GG deutliche Grenzen gezogen. Wer die **Grundrechte** zum Kampf gegen die freiheitlich-demokratische Ordnung **missbraucht**, kann **nicht** den **Schutz** der Grundrechte für sich in Anspruch nehmen. Durch diesen Artikel wird deutlich, dass sich das Grundgesetz nicht als eine wertneutrale Ordnung versteht, sondern sich zu einem Demokratiebegriff bekennt, der die **aktive Verteidigung** dieser Staatsform einschließt. Deshalb spricht man von einer **wehrhaften Demokratie**.

Überblick: Prinzipien zur Kontrolle der staatlichen Macht

1

Zusammenfassend kann man sagen, dass alle **rechtsstaatlichen Normen** des Grundgesetzes es der **Rechtsprechung** und den **Bürgern** ermöglichen sollen, die **staatliche Macht** zu kontrollieren. Diese **Kontrolle** soll durch folgende **Prinzipien** garantiert werden:

- Die Staatsmacht ist an ein **vorstaatliches Recht** gebunden (**Grundrechte**).
- Die **Grundrechte** sind der **unanfechtbare Verfassungskern**; sie bilden die Grundlage für die politische Ordnung und für jegliches politische Handeln.
- Die Grundrechte können zwar durch Gesetz **eingeschränkt** werden, sind aber in ihrem **Wesensgehalt unantastbar**.
- Durch die **Gewaltenteilung** und die **Rechtswegegarantie** wird die Freiheit für die Bürger gesichert.
- Die **Gerichte** sind prinzipiell **unabhängig**.
- Das **Normenkontrollverfahren** sichert die Überprüfung von gesetzlichen Maßnahmen zu.

Aufgaben

1. Welches sind die grundlegenden Rechte des Menschen und wie wurden sie begründet?
2. Was versteht man unter dem Begriff „Naturrecht"?
3. Was bedeutet der Begriff „Normenkontrollverfahren"? Was der Begriff „Rechtswegegarantie"?
4. Artikel 1, Absatz 1 GG gilt als eine Fundamentalnorm. Was ist damit gemeint?
5. Wann und unter welchen Umständen können Grundrechte eingeschränkt werden?
6. Die Bundesrepublik Deutschland versteht sich als „wehrhafte Demokratie". Was ist damit gemeint?

zur Lernkontrolle

Lektion 2
Grundzüge der freiheitlich-demokratischen Grundordnung

2.1 Einführung in die Thematik

„Alle Staatsgewalt geht vom Volke aus." (Art. 20 Absatz 2 GG) Das ist der zentrale Satz für das demokratische System der Bundesrepublik Deutschland. Zunehmend aber macht sich bei vielen Bürgern Politikverdrossenheit breit, weil sie das Gefühl haben, als Wähler von den Politikern nicht ernst genug genommen zu werden und weil sie glauben, dass die Bürger einen zu geringen Einfluss auf die **demokratischen Entscheidungsprozesse** ausüben. Nur alle vier Jahre sind die Bürger aufgerufen, durch **Wahlen** zum Bundestag oder bei Landtags- bzw. Kommunalwahlen eine **unmittelbare Entscheidung** zu treffen. Deswegen - so das weit verbreitete Gefühl - trenne ein Graben „Die-da-oben" (die Politiker) von „Denen-da-unten" (die Wähler/Bürger).

Diese Kluft hat damit zu tun, dass sich die Bundesrepublik von der **Verfassung** her als **repräsentative Demokratie** versteht, d.h., die **gewählten Abgeordneten** vertreten in einem **freien Mandat** ihre Wähler und sind nur ihrem **Gewissen** und dem **Gemeinwohl** verpflichtet. Warum und wie die repräsentativen Elemente so stark in der Verfassung verankert sind, ist eine der zentralen Fragen der Lektion. In diesem Zusammenhang steht auch die Frage, warum die Bürger so wenige Möglichkeiten haben, über Volksentscheide **direkt** in den politischen Willensbildungsprozess einzugreifen. Der zweite Hauptgesichtspunkt der Lektion gilt dem Aspekt, wie die **Prozesse der politischen Willensbildung** ablaufen und welche Vor- und Nachteile damit verbunden sind.

2.2 Die Grundlagen der Demokratie der Bundesrepublik

Begriffe

demokratischer und sozialer Bundesstaat ◆ Volkssouveränität ◆ gewählte Repräsentanten ◆ Mehrheitsprinzip ◆ Repäsentativsystem ◆ repräsentative Demokratie ◆ Wahlen ◆ Volksentscheid (Plebiszit) ◆ wehrhafte Demokratie ◆ freiheitlich-demokratische Grundordnung ◆ Föderalismus ◆ Bundeskompetenzen ◆ Länderkompetenzen ◆ Bundesrat (Ländervertretung)

Lernziele

Definition: Demokratischer und sozialer Bundesstaat

Aus der Erfahrung mit dem Scheitern der Weimarer Republik hat der **Parlamentarische Rat**, der das **Grundgesetz** entworfen hat, mehrere Konsequenzen gezogen, die die **Grundlagen** der neuen **Demokratie** bilden: Die Bundesrepublik versteht sich als ein **demokratischer und sozialer Bundesstaat** (siehe auch Lektion 8). Sie fußt auf folgenden **sechs Prinzipien:**

- **Volkssouveränität**
  Das Grundgesetz geht vom Gedanken der Volkssouveränität aus. Das heißt, jede **staatliche Machtausübung** muss durch das Volk **legitimiert** sein. Die staatlichen Organe müssen sich entweder aus **Wahlen** herleiten oder von **gewählten Repräsentanten** eingesetzt sein. Alle Amtsinhaber können prinzipiell zur Verantwortung gezogen und gegebenenfalls aus ihren Ämtern entfernt werden.

2

- **Mehrheitsprinzip**
  Bei allen **Abstimmungen** entscheidet die Mehrheit und die Minderheit muss diese Ergebnisse respektieren. Ob die Entscheidung der Mehrheit „richtig" ist, bleibt durchaus offen. Der Minderheit bleibt nur zu hoffen, dass sie bei der nächsten Abstimmung für sich die Mehrheit erringt. Das Mehrheitsprinzip soll gewährleisten, dass Konflikte rational und friedlich ausgetragen werden.

- **Repräsentativsystem**
  Der Parlamentarische Rat hat sich für eine **repräsentative Demokratie** entschieden. Das hat zur Folge, dass das Volk die Staatsgewalt **nicht direkt** ausübt, sondern die politischen Entscheidungen durch **Wahlen** den Repräsentanten überträgt. Nur bei der **Neugliederung der Länder** wird auf einen **Volksentscheid**, ein so genanntes **Plebiszit** zurückgegriffen. Aus den negativen Erfahrungen mit der Weimarer Republik hat man im Grundgesetz auf plebiszitäre Elemente weitgehend verzichtet. Verschiedene **Landesverfassungen** kennen allerdings in bestimmten Fällen **Volksbegehren.**

  In den letzten Jahren mehren sich die Stimmen, die für eine **Erweiterung** der Volksentscheide eintreten. Diese **Befürworter** einer solchen **direkten Demokratie** verweisen darauf, dass die Gesellschaft der Bundesrepublik hinreichende Erfahrungen mit den demokratischen Spielregeln gesammelt hat. Außerdem stärke ein direktes Eingreifen die politische Verantwortung der Bürger und erhöhe ihr politisches Bewusstsein. Die **Gegner** von Plebisziten heben in ihrer Argumentation hervor, dass politische Gesetzesbeschlüsse in einem so komplexen und verwobenen Gesellschaftssystem ein sehr hohes Maß an Sachkompetenz voraussetzen und dass der einfache Bürger diese Sachkompetenz nur äußerst schwer aufzubringen vermag, weil er nicht alle Zusammenhänge erfassen kann. Die Diskussion um eine Erweiterung des Grundgesetzes hinsichtlich plebiszitärer Elemente wird in den nächsten Jahren im Zusammenhang mit der **Bürgergesellschaft** weitergeführt werden.

- **Wehrhafte Demokratie**
  Im Gegensatz zur Weimarer Republik, die auch den Feinden einer demokratischen Ordnung alle Freiheitsrechte gewährt hat, versteht sich das Grundgesetz der Bundesrepublik als **wehrhafte Demokratie.** Wer die **Werteordnung**, die der **freiheitlich-demokratischen Grundordnung** zugrunde liegt, angreift, gegen den kann und soll sich die Demokratie wehren. So hat das **Bundesverfassungsgericht** 1956 im Zusammenhang mit dem KPD-Verbot festgestellt:

Begriffsdefinition: Repräsentation

Der Begriff kommt aus dem Lateinischen und bedeutet Vertretung bzw. Stellvertretung. Er spielt im verfassungsrechtlichen Denken seit der Französischen Revolution (1789) eine zentrale Rolle, weil dieses Prinzip erst erlaubt, dass politisches Handeln einer Gemeinschaft von Menschen stattfindet, indem eine oder mehrere Personen stellvertretend für die Gesamtheit verbindlich tätig werden. Dafür muss entschieden werden, wer diese Personen legitimiert, d.h. den rechtlich verbindlichen Auftrag erteilt. Geklärt werden muss auch, welche Entscheidungskompetenz mit diesem Auftrag verbunden ist und wie lange dieser Auftrag Geltung haben soll.

> Das Grundgesetz nimmt „... aus dem Pluralismus* von Zielen und Werten ... Grundprinzipien der Staatsgestaltung heraus, die ... als absolute Werte und unverzichtbare Schutzgüter anerkannt und deshalb entschlossen gegen alle Angriffe verteidigt werden sollen; soweit zum Zwecke dieser Verteidigung Einschränkungen der politischen Betätigungsfreiheit der Gegner erforderlich sind, werden sie in Kauf genommen."

- **Bundesstaat und Föderalismus**
  Die Bundesrepublik hat einen **föderalistischen Aufbau**: Als **Bundesstaat** ist sie ein **Zusammenschluss** - eine **Föderation** - **von Gliedstaaten** (Ländern) zu einem Gesamtstaat, dem die einzelnen Gliedstaaten wesentliche eigene Kompetenzen übertragen. Das entspricht deutscher **Verfassungstradition**, weil einzelne Länder wie z.B. Sachsen oder Bayern u.a. auf eine jahrhundertelange Geschichte zurückblicken. Dazu kommt, dass die **alliierten Besatzungsmächte** nach dem Zweiten Weltkrieg eine föderalistische Struktur forderten, weil sie darin einen Schutzwall gegen einen Rückfall in eine zentralistische Diktatur sahen.

  Da das Zusammenwirken von **Bundes-** und **Länderkompetenzen** bisweilen sehr kompliziert ist und die politischen Entscheidungsprozesse erschwert, ist der Föderalismus in die **politische Kritik** geraten. Hinzu kommt eine **finanzielle Argumentation**, indem darauf hingewiesen wird, dass 16 Regierungen, Parlamente und Verwaltungen ein zu hoher Aufwand sind und dass durch den Föderalismus die Lebensverhältnisse in den einzelnen Ländern zu unterschiedlich ausfallen. Die **Befürworter** des Föderalismus weisen jedoch darauf hin, dass der Bundesstaat mit seiner Gliederung in kleinere überschaubare Einheiten **mehr Bürgernähe** sichere und **landsmannschaftliche** sowie **kulturelle Traditionen** mehr berücksichtigen könne. Außerdem könne über die **Ländervertretung**, den **Bundesrat**, eine wirksame **Kontrolle** der „Zentrale" in der Hauptstadt erfolgen.

Definition: Freiheitlich-demokratische Grundordnung

Was bedeutet **freiheitlich-demokratische Grundordnung**?
Grundlage der Verfassungsordnung sind folgende **Prinzipien**:

- Achtung vor den im **Grundgesetz** konkretisierten **Menschenrechten**, vor allem vor dem Recht der Persönlichkeit auf Leben und freie Entfaltung
- **Volkssouveränität**
- **Gewaltenteilung**
- **Verantwortlichkeit der Regierung**
- **Gesetzmäßigkeit der Verwaltung**
- **Unabhängigkeit der Gerichte**
- **Mehrparteienprinzip**
- **Chancengleichheit für alle politischen Parteien** mit dem Recht auf verfassungsmäßige Bildung und Ausübung einer **Opposition**.

Begriffsdefinition: Föderalismus

Der Begriff „Föderalismus" beschreibt ein bestimmtes staatliches Organisationsprinzip. Es ist der Gegenbegriff zu Zentralismus, der einen Staat kennzeichnet, in dem alle Entscheidungen in der Regierungszentrale einheitlich festgelegt werden. In föderalistischen Staaten bleiben viele Kompetenzen (z.B. kulturelle Angelegenheiten, Polizei, Schul- und Universitätswesen) bei den einzelnen Ländern und Landesregierungen.

---

* **Pluralismus:** Von Pluralismus spricht man, wenn in einem Staat oder einer Gesellschaft **keine einheitliche Weltanschauung** vorherrscht, sondern die Menschen sich frei für diese oder eine andere Lebensform oder Verhaltensweise entscheiden können. Merkmal einer **pluralistischen Gesellschaft** ist, dass **unterschiedliche Werte, Wertvorstellungen** und **Lebenseinstellungen** miteinander konkurrieren.

2.3 Das Wahlsystem der Bundesrepublik

2

Begriffe

Wahlen: allgemein, frei, unmittelbar, gleich, geheim ◆ Wahlsystem ◆ Mehrheitswahl(recht) ◆ Verhältniswahl(recht) ◆ personalisiertes Verhältniswahlrecht ◆ Erststimme ◆ Direktmandat ◆ relative (= einfache Mehrheit) ◆ Zweitstimme ◆ 5%-Klausel („Sperrklausel") ◆ Überhangmandat

Lernziele

Wahlen sind für die Bürger die zentrale Form der **politischen Teilhabe** an der Demokratie. Durch Wahlen wird die **politische Führung** auf **Kommunal-**, **Länder-** und **Bundesebene** bestimmt und dadurch Einfluss genommen auf den politischen Kurs der nächsten Legislaturperiode. Durch Wahlen hat der Bürger auch die Möglichkeit der **politischen Kontrolle**. Ist er unzufrieden mit der politischen Arbeit, kann er bei der nächsten Wahl die politische Führung abwählen und eine andere bestimmen.

Wahlen in einer Demokratie müssen bestimmten **Grundsätzen** folgen. Gemäß dem **Grundgesetz** (Art. 38 Absatz 1) sind Wahlen:

- **allgemein:** Alle Staatsbürger können von einem bestimmten Alter an (ab dem 18. Lebensjahr, in Niedersachsen bei Kommunalwahlen bereits ab dem 16.) wählen und gewählt werden.
- **frei:** Der Wähler muss frei und ohne irgendwelchen Druck seine Stimme für einen Kandidaten oder eine Partei abgeben können. Es ist dem Bürger auch freigestellt, *nicht* an Wahlen teilzunehmen.
- **unmittelbar:** Die Wähler wählen einen oder mehrere Delegierte **direkt** über eine Landesliste.
- **gleich:** Jede Stimme zählt gleich viel.
- **geheim:** Es bleibt prinzipiell geheim, wie die Wähler sich bei der Abstimmung entschieden haben; Wahlkabine, Wahlzettel mit Umschlag und Wahlurne sollen dies gewährleisten.

Im Gegensatz zum Verhältniswahlrecht der Weimarer Republik, das zur Folge hatte, dass bis zu 20 Parteien im Parlament vertreten waren – besteht das **Wahlsystem** der Bundesrepublik aus einer „Mischung" von **Mehrheits-** und **Verhältniswahlrecht**. Der Fachbegriff dafür lautet **personalisiertes Verhältniswahlrecht**.

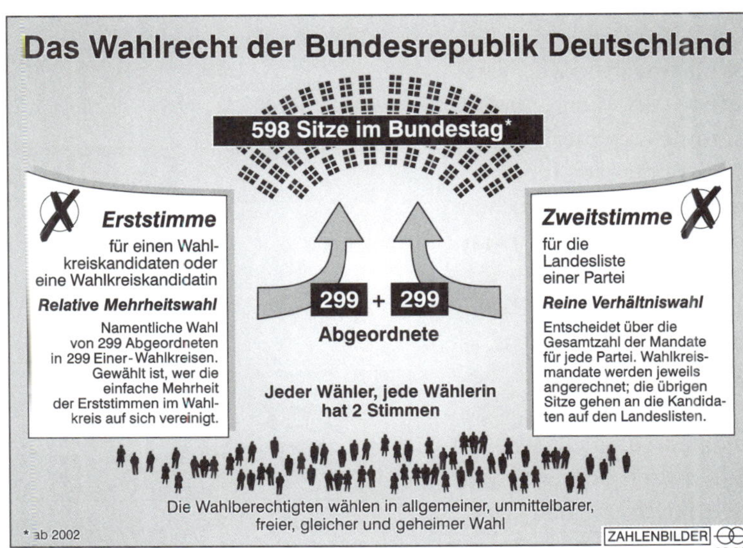

© Erich Schmidt Verlag

Abb. 2.1
Wahlrecht zum Bundestag

Bei der **Bundestagswahl** hat der Wähler zwei Stimmen. Mit der **Erststimme** gibt er ein Votum für einen **Kandidaten einer Partei** in seinem Wahlkreis ab (= **personalisierte Wahl, Direktmandat**). Diese Kandidaten werden mit **relativer** (= **einfacher**) **Mehrheit** gewählt. Mit der **Zweitstimme** wählt er die **Liste einer Partei**. Ausschlaggebend für das Ergebnis der Wahl sind die Zweitstimmen, denn nach ihnen richtet sich der Anteil an den zu vergebenden Bundestagssitzen (= **Verhältniswahl**). Die Listen (Landeslisten) werden für jedes Bundesland getrennt aufgestellt.

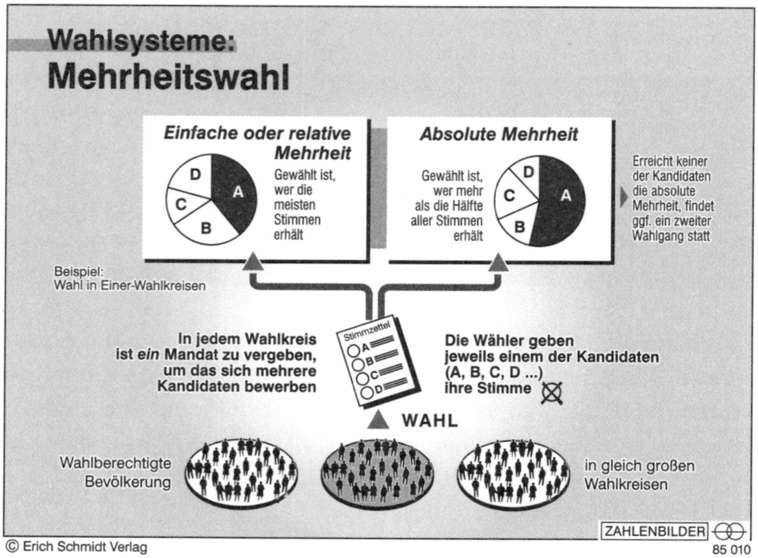

Abb. 2.2 Wahlsysteme demokratischer Wahlen: Mehrheitswahl

Damit nicht zu viele Parteien im Bundestag vertreten sind - was die politische Willensbildung unnötig zersplittern und erschweren würde - gibt es als Einschränkung die **5%-Klausel**. Danach dürfen nur die Parteien Kandidaten in den Bundestag entsenden, die mehr als fünf Prozent der Zweitstimmen erhalten haben. Als **Ausnahme** ist festgesetzt: Wenn eine Partei drei Wahlkreise mit den Erststimmen gewonnen hat, kann sie Kandidaten in den Bundestag schicken, auch wenn sie die 5%-Hürde dieser **„Sperrklausel"** nicht genommen hat.

Das personalisierte Verhältniswahlrecht ermöglicht dem Wähler bei der Stimmabgabe zwei Varianten: Er kann beide Stimmen „seiner" Partei geben oder sich für **Stimmen-Splitting** entscheiden. Das heißt, er kann mit der Erststimme - unabhängig von der Partei oder vom Listenplatz - gezielt für einen bestimmten Wahlkreiskandidaten stimmen, weil er z.B. dessen politische Arbeit für richtig hält. Und die Zweitstimme kann er

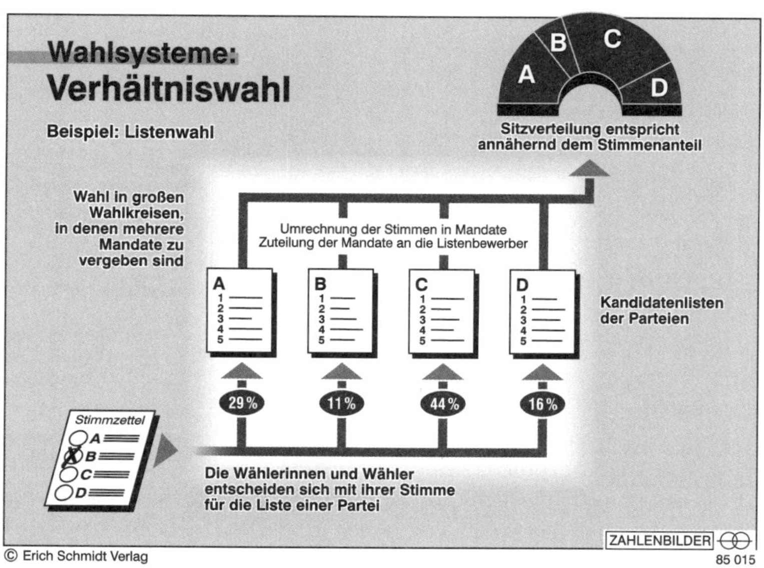

Abb. 2.3 Wahlsysteme demokratischer Wahlen: Verhältniswahl

der Partei geben, der er z.B. in einer Koalition zur Macht verhelfen möchte oder von der er nicht will, dass sie an der 5%-Klausel scheitert.

Ein Ergebnis dieses Wahlrechts ist, dass es zu **Überhangmandaten** kommen kann. Sie entstehen dann, wenn für eine Partei in einem Bundesland mit den **Erststimmen** mehr Kandidaten in den Bundestag gewählt werden, als ihr nach dem Auszählen der Zweitstimmen in diesem Land zustehen. Ein Beispiel aus der Bundestagswahl von 1994: Dort hatte die CDU nach den Zweitstimmen 18 Abgeordnetensitze errungen, aber bei den Erststimmen alle 21 Direktmandate in den sächsischen Wahlkreisen gewonnen. Die „überzähligen“ drei Mandate durfte sie behalten.

2.4 Die politischen Parteien

Begriffe

Parteien ◆ politische Willensbildung ◆ Parteiengesetz ◆ Mehrparteienprinzip ◆ Parteienfreiheit ◆ finanzielle Rechenschaftslegung ◆ Parteienfinanzierung ◆ Parteientypologie

Lernziele

Aufgaben und Stellung der Parteien

Die **Parteien** haben in der Bundesrepublik Deutschland eine besondere Stellung; sie sind die einzigen Vereinigungen, die einen **Verfassungsrang** genießen. Nach Art. 21 des Grundgesetzes wirken die Parteien bei der **politischen Willensbildung des Volkes** mit. Nach dem **Parteiengesetz** von 1967 sind Parteien *„Vereinigungen von Bürgern, die dauernd oder für längere Zeit für den Bereich des Bundes oder eines Landes auf die politische Willensbildung Einfluss nehmen und an der Vertretung des Volkes im Deutschen Bundestag oder einem Landtag mitwirken wollen …“*.

Verkürzt lassen sich die **Aufgaben** der politischen Parteien folgendermaßen zusammenfassen:

- Sie versuchen, **Einfluss** auf die **Gestaltung der öffentlichen Meinung** zu nehmen; dazu werben sie in der Öffentlichkeit für ihre Vorstellungen und politischen Ansichten.
- Sie präsentieren **Kandidaten** für die **Volksvertretung** auf kommunaler, Landes- und Bundesebene.
- Sie formulieren in den **Parteiprogrammen** Ziele, Konzepte und Lösungen für die jeweils anstehenden politischen, wirtschaftlichen, sozialen und gesellschaftlichen Probleme.
- Sie übernehmen **politische Verantwortung** durch das Führungspersonal für politische Ämter.
- Sie bieten **Bürgern** Gelegenheit, sich durch **Mitgliedschaft aktiv** politisch zu betätigen und Erfahrungen zu sammeln für die politische Gestaltung des Landes.
- Als **Oppositionsparteien** kontrollieren sie die Regierung und entwerfen politische Alternativen.

Nach dem **Grundgesetz** und dem **Parteiengesetz** sind einige **Grundsätze** zur **Stellung** der Parteien **verfassungsrechtlich** festgelegt:

- Ein Einparteiensystem ist ausgeschlossen, das Grundgesetz geht von einem **Mehrparteienprinzip** aus. Es herrscht **Parteienfreiheit**, d.h. jeder Bürger hat das Recht, eine Partei zu gründen.

- Unter den Parteien muss es **Chancengleichheit** geben; jede Partei darf an Wahlen teilnehmen und kann Wahlwerbung betreiben. Dafür kann sie Sendezeiten in den öffentlich-rechtlichen Medien (Radio und Fernsehen) beanspruchen. Öffentliche Räume für Wahlveranstaltungen dürfen ihr nicht vorenthalten werden.

- Die Parteien sind zur **finanziellen Rechenschaftslegung** verpflichtet; d.h., sie müssen **öffentlich** über ihre Einnahmen und Ausgaben Auskunft erteilen. Damit soll die Öffentlichkeit erkennen können, welche **Interessengruppen** über **Spenden** hinter einer Partei stehen und Einfluss ausüben. Bis zu einer Höchstgrenze von 3000 Euro sind Spenden steuerlich begünstigt.

- Alle Parteien müssen nach dem Prinzip der **innerparteilichen Demokratie** strukturiert sein. Alle Entscheidungen müssen von den Parteimitgliedern oder durch Delegierte in Wahlen und Abstimmungen rechtmäßig getroffen werden. Dabei haben alle Mitglieder gleiches Wahlrecht. Die Besetzung von Parteiämtern ist in geheimer Wahl zu ermitteln; alle zwei Jahre haben solche Wahlen stattzufinden.

Finanzierung

Für die vielfältigen Aufgaben, die die Parteien in der Demokratie übernehmen, brauchen sie finanzielle Mittel in sehr großem Umfang. Folgende **Finanzquellen** stehen ihnen dabei zur Verfügung:

- **Mitgliedsbeiträge,**
- **Spenden,**
- **Wahlkampfkostenerstattung,**
- **Staatszuschüsse für Spenden und Beiträge.**

Dass Parteien aus **Steuermitteln** finanziert werden, gehört in der Öffentlichkeit zu den umstrittenen Themen. Seit 1966 gilt nach dem Bundesverfassungsgericht, dass eine **direkte** Finanzierung **unzulässig** ist. **Wahlkampfkosten** werden aber in angemessener Weise **erstattet.** 1994 beschloss der Bundestag eine Neuregelung: Jede Partei erhält für die ersten 4 Mio. Stimmen je 0,85 **€**, für weitere Stimmen 0,70 **€** bei Bundestags-, Europa- und Landtagswahlen. Außerdem erhalten die Parteien noch Zuschüsse zu den Beitrags- und Spendeneinnahmen vom Staat (siehe dazu auch Abb. 2.4).

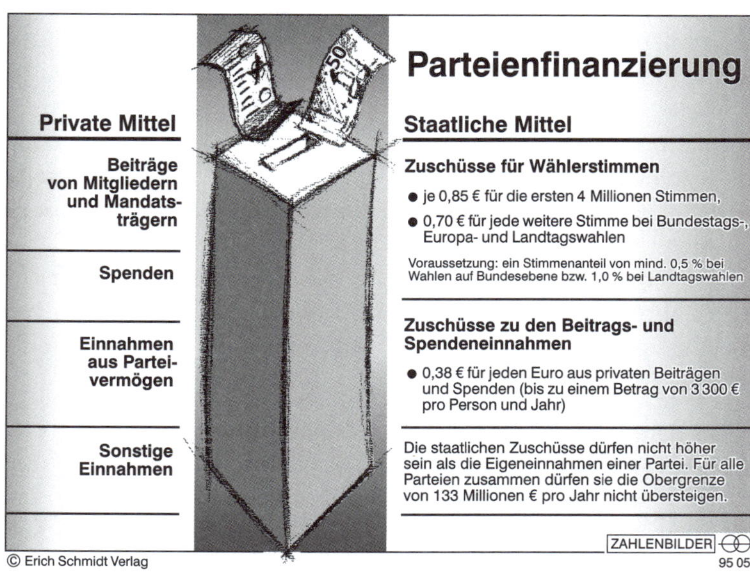

Abb. 2.4 Parteienfinanzierung

Parteientypologie

Es gibt verschiedene **Typen** von politischen Parteien, je nach den Kriterien, die man anlegt. Geht man vom **Einzugsbereich** aus, so kann man zwischen Volksparteien und Interessenparteien unterscheiden. Von einer **Volkspartei** spricht man, wenn die Interessen **aller Bevölkerungsgruppen** in Programmen und politischen Zielen berücksichtigt werden. **Interessenparteien** wurden früher auch **Klassenparteien** genannt; sie vertreten ganz bewusst nur die Interessen **spezifischer Bevölkerungsgruppen**. Das können soziale Interessen sein oder auch konfessionelle bzw. regionale.

Nimmt man die **gesellschaftspolitischen Zielsetzungen** als Gradmesser für die Typologie, so lassen sich Parteien einteilen in:

- **Konservative.** Sie halten tendenziell an dem, was sich in der Tradition bewährt hat, fest und öffnen sich nicht gleich jedem Modernisierungstrend.
- **Liberale.** Sie legen einen sehr starken Akzent auf die Freiheitsrechte des Individuums und seine Eigenverantwortlichkeit. Ihr Ziel sind so wenig Eingriffe des Staates wie möglich und nur so viel Staat in Gesellschaft und Wirtschaft wie nötig.
- **Sozialisten.** Sozialer Ausgleich zwischen Arm und Reich, soziale Gerechtigkeit und Gleichheit aller Bürger sind vorherrschende Ziele; dazu bekennen sich die Sozialisten zu starken Eingriffen des Staates in Gesellschaft und Wirtschaft.
- **Rechtsextreme.** Sie bekennen sich zu nationalistischem Gedankengut und gegen pluralistische Gesellschaften; sie lehnen die Emanzipation der Frau ebenso ab wie viele andere demokratische Errungenschaften.

Diese traditionelle Kategorisierung wird jedoch angesichts der Globalisierung und der geforderten Modernisierung der Gesellschaft immer problematischer und unbrauchbarer; das gilt auch für die grobe Einteilung von Parteien in „rechte" und „linke".

2.5 Die Aufgaben des Bundestages

Begriffe

Bundestag (Parlament) ◆ **Gesetzgebungskompetenz** ◆ **Regierungsbestellung** ◆ **konstruktives Misstrauensvotum** ◆ **Budgetrecht** ◆ **Gesetzesinitiative** ◆ **Vermittlungsausschuss** ◆ **Kontrollfunktion** ◆ **Opposition**

Lernziele

Der **Bundestag**, das **Parlament**, wird auch das „Hohe Haus" genannt, wodurch man zum Ausdruck bringen will, dass er das Zentrum der politischen Entscheidungen darstellt. Neben dem **Plenum**, in dem die großen politischen Diskussionen stattfinden, sind die Abgeordneten ständig in vielen speziellen **Ausschüssen** tätig, um die politische Arbeit zu vollziehen.

Die wichtigste Aufgabe des Bundestages besteht in der **Gesetzgebungskompetenz**: Er entscheidet darüber, was und wie in unserer Gesellschaft gesetzlich geregelt wird. Daneben obliegt ihm die **Regierungsbestellung**, d.h. die **Wahl des Bundeskanzlers** und anderer wichtiger **Staats-**

organe. Der Bundestag hat nach der **Gewaltenteilungslehre** gegenüber Regierung und Verwaltung außerdem eine **Kontrollfunktion**, wenngleich diese zum größten Teil nur von der Opposition wahrgenommen wird, da die Mehrheitsfraktionen die Regierung, die aus ihren Reihen stammt, unterstützen.

Regierungsbestellung

Der **Bundeskanzler** wurde bislang in der Geschichte der Bundesrepublik mit der absoluten Mehrheit der Stimmen im ersten Wahlgang gewählt (Art. 63 GG). Das gilt sowohl für die Wahl zu Beginn der Legislaturperiode als auch für die Wahl eines Nachfolgers im Falle eine Rücktritts. In der Vergangenheit haben die beiden großen Volksparteien schon zu Beginn des Wahlkampfes ihren Kandidaten für das Amt des Bundeskanzlers bestimmt und auch meist feste Aussagen darüber getroffen, mit wem sie bereit sind, eine Koalition einzugehen. Insofern führt der Bundestag mit der Kanzlerwahl **indirekt** den **Wählerwillen** aus.

Zu den traditionellen Aufgaben des Parlaments in der parlamentarischen Demokratie gehört nicht nur die Wahl der Regierung, sondern auch die mögliche **Abwahl**. Nach dem Grundgesetz geschieht dies durch ein **konstruktives Misstrauensvotum** (Art. 67 GG). Danach kann der Bundestag den Bundeskanzler abwählen, indem er mit der absoluten Mehrheit seiner Mitglieder einen Nachfolger wählt. Dadurch, dass das Parlament sich vor der Abwahl auf einen neuen Bundeskanzler einigen muss, soll eine rein destruktive Opposition verhindert werden. Negative Mehrheiten, wie sie die Weimarer Republik kannte, sind somit ausgeschlossen. Das konstruktive Misstrauensvotum stärkt daher auch indirekt die Stellung des Bundeskanzlers.

Gesetzgebungskompetenz

Der Bundestag ist zuständig für die **Gesetzgebung** im Bund. Das wichtigste Gesetz ist das **Budgetrecht**. Praktisch umgesetzt wird es durch den **Bundeshaushalt**, der jährlich neu aufgestellt werden muss. Er entscheidet über sämtliche Ausgaben, die den verschiedenen Ministerien zustehen.

Das Recht der **Gesetzesinitiative**, d.h. das Recht, Gesetze einzubringen, über die dann im Bundestag debattiert und entschieden wird, obliegt neben dem **Bundestag** auch der **Bundesregierung** und dem **Bundesrat**, der Vertretung der Länderregierungen im Bund. Dass auch der Bundesrat bei **zustimmungspflichtigen** Gesetzen entscheiden kann, hängt mit der **föderalen Struktur** der Bundesrepublik zusammen. Um einen zentralistischen Staat zu vermeiden, wurde die Staatsgewalt bewusst auf Bund, Länder und Kommunen verteilt. Ohne Zustimmung des Bundesrates können Gesetze, die inhaltlich oder finanziell Länderangelegenheiten berühren, keine Gültigkeit erlangen. Stimmen die Bundesratsmitglieder einem Gesetz, das zustimmungspflichtig ist, nicht zu, kann der **Vermittlungsausschuss** angerufen werden. Hier muss ein neuer Kompromiss zwischen Bundes- und Länderinteressen erarbeitet werden, wenn das Gesetzesvorhaben nicht scheitern soll.

Kontrollfunktion

Zur **Kontrolle** von **Regierung** und **Verwaltung** hat der Bundestag mehrere Möglichkeiten:

- Er kann durch **Anfragen** jedes Mitglied der Bundesregierung vor das Parlament berufen, um Fragen zu stellen und eine Auskunft einzuholen. Dabei unterscheidet die Geschäftsordnung des Bundestages zwischen Großen Anfragen und Kleinen Anfragen.

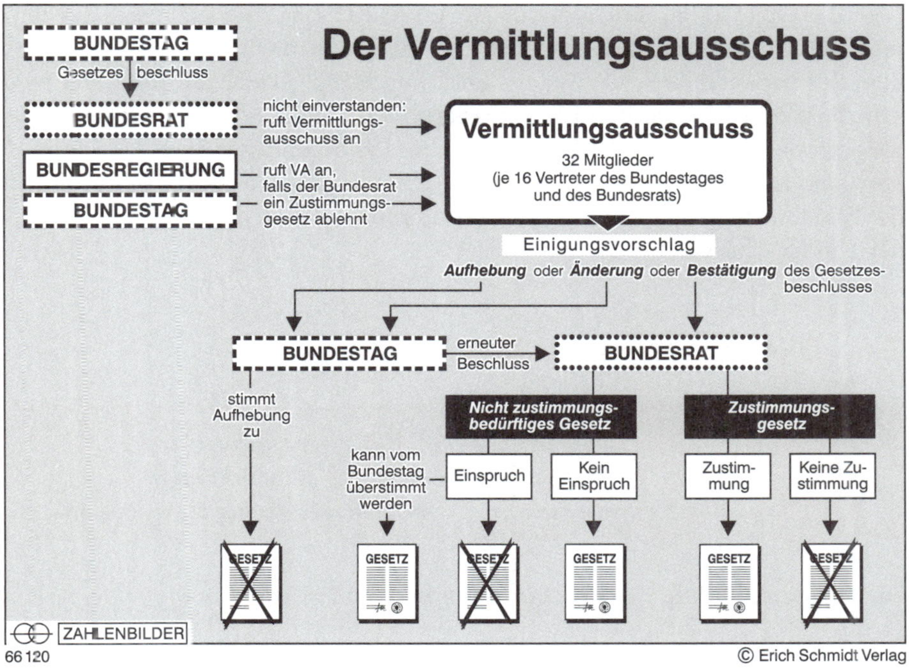

Abb. 2.5 Der Vermittlungsausschuss

- Zu Beginn einer Plenarsitzung findet eine **Fragestunde** statt (maximal dreimal in der Woche), bei der die Abgeordneten Fragen an die jeweiligen Ministerien formulieren können. Diese werden dann meist vom Parlamentarischen Staatssekretär des Ministeriums öffentlich beantwortet.
- **Aktuelle Stunden** können von einer Fraktion oder von 34 Abgeordneten zu einem aktuellen Thema beantragt werden. Dabei darf jeder Diskussionsbeitrag nicht länger als fünf Minuten dauern.
- **Untersuchungsausschüsse** können eingesetzt werden, wenn Abgeordnete das Gefühl haben, dass Regierung oder Verwaltung etwas „vertuschen“ wollen, oder wenn es um Skandale und Affären geht. Meist werden solche Untersuchungsausschüsse von der Opposition gefordert, wenn Mitglieder der Regierung oder der Regierungsparteien als belastet angesehen werden.

Die Rolle der Opposition

Da die Regierung im parlamentarischen System in der Regel von der Mehrheit der Regierungsfraktion oder – bei Koalitionsregierungen – der Regierungsfraktionen gestützt wird, kommt der **Opposition** im Bundestag eine besondere Rolle zu. Von ihr wird erwartet, dass sie das Programm und die Politik der Regierung kritisiert, und zwar so, dass dies öffentlichkeitswirksam ist. Neben der **Kritik** hat sie auch in besonderem Maß die **Kontrolle** der Regierungsarbeit vorzunehmen. Die dritte Aufgabe besteht darin, ständig **Alternativen** zur Regierungspolitik aufzuzeigen, nicht nur **sachliche**, sondern auch **personelle**. Die wichtigste personelle Alternative ist die Präsentation eines Kanzlerkandidaten und seiner Mannschaft, mit dem Ziel, bei der nächsten Wahl die Mehrheit für sich zu gewinnen.

Dass die Opposition, gleich welche der großen Parteien sie stellt, sich zunehmend des **Bundesrates** zur Durchsetzung ihrer politischen Anliegen bedient, gehört zu den umstrittenen Problemen des parlamentarischen Systems in Deutschland. Denn der Bundesrat wird - im Gegensatz zum Bundestag und zu den Länderparlamenten - **nicht** vom **Volk** gewählt. Er besteht aus Mitgliedern der Regierungen der Länder. Diese **Landesminister** üben **kein freies Mandat** aus, sondern sind an Weisungen ihrer Regierung gebunden. Das Recht zur **oppositionellen Blockade** hat der Bundesrat eigentlich nur bei den **Zustimmungsgesetzen**, weil diese in die politischen Belange der Länder eingreifen.

2.6 Die Aufgaben der Bundesregierung

Begriffe

Bundesregierung ◆ Steuerungsfunktion ◆ Durchführungsfunktion ◆ Bundeskanzler ◆ Vertrauensfrage ◆ Richtlinienkompetenz ◆ Ressort

Lernziele

Die **Bundesregierung** hat zwei **Grundfunktionen** zu erfüllen:

- Mit der **Steuerungsfunktion** soll sie den politischen Willen einer parlamentarischen Mehrheit in konkrete Gesetzesvorhaben bringen. Über Einzelentscheidungen hinaus soll sie eine politische Linie verfolgen, die sich im Rahmen der finanziellen Möglichkeiten bewegt.
- Mit der **Durchführungsfunktion** soll sie organisatorische, personelle und sachliche Maßnahmen zielgerichtet realisieren.

Das Grundgesetz hat zur Erfüllung dieser Funktionen eine besondere Verantwortung in das Amt des **Bundeskanzlers** gelegt. Er ist zuständig für die **Bildung der Bundesregierung**, indem er allein dem Bundespräsidenten seine **Minister** zur Ernennung oder Entlassung vorschlägt. Der Bundestag kann dem Bundeskanzler keine Minister aufzwingen. Auch entscheidet der Bundeskanzler allein, ob er die **Vertrauensfrage** (Art. 68 GG) stellen und damit u.U. eine Auflösung des Bundestages anstreben will.

Daneben hat der Bundeskanzler die **Richtlinienkompetenz**. Das heißt, er bestimmt die Richtlinien der Politik und trägt dafür die Verantwortung. Zwar leitet jeder Minister sein **Ressort**, seinen Geschäftsbereich, selbstständig und eigenverantwortlich, aber dies gilt nur innerhalb der vom Kanzler vorgegebenen Richtlinien. Das gibt dem Kanzler eine starke Stellung, auch wenn im Kabinett durchaus ein **Kollegialprinzip** vorherrscht, da alle wichtigen Entscheidungen kollegial behandelt und mit Mehrheit beschlossen werden.

Vom Bundeskanzler wird erwartet, dass er sein Kabinett straff führt und die Meinungsunterschiede, die zwischen Ministern auftreten, konsequent ausgleicht. Schließlich ist er das einzige Mitglied der Bundesregierung, das vom Bundestag gewählt ist und somit über eine besondere demokratische Legitimation verfügt. Und er ist auch der Einzige, der über ein Misstrauensvotum stürzen kann. Aufgrund der Machtbefugnisse, die das Grundgesetz dem Bundeskanzler verleiht, hat man die Bundesrepublik auch als **„Kanzlerdemokratie“** bezeichnet.

2.7 Mehr direkte Demokratie für den Wähler?

Auch wenn vom Grundgesetz her die **repräsentativen Elemente der Demokratie** eine starke Gewichtung erfahren haben, schließt das nicht aus, dass über die politische Diskussion nach Wegen gesucht wird, bei welchen Fragen und an welchen Stellen eine **direktere Beteiligung der Wähler** gefunden werden kann. Eine Verfassung ist prinzipiell veränderbar und sollte an die sich verändernden Gegebenheiten angepasst werden. Dabei sind allerdings Sorgfalt und Zurückhaltung geboten, damit Bewährtes nicht den politischen Tagesentscheidungen geopfert wird. Es ist ja nicht so, dass dem **politisch engagierten Bürger** keine Formen der **aktiven Beteiligung** offen stünden. Diese reichen von der Mitwirkung bei Unterschriftenaktionen über ein Engagement in Selbsthilfegruppen oder Bürgerinitiativen, der Teilnahme an Versammlungen und Demonstrationen, dem Verfassen von Leserbriefen oder Briefen an Abgeordnete, dem Besuch der Abgeordnetensprechstunde oder Eingaben an das Parlament bis zur möglichen Mitgliedschaft in Parteien. Es gibt vielfältige Möglichkeiten, die nur in geringem Maße von vielen genutzt werden.

Aufgaben

1. *Was versteht man unter einer repräsentativen Demokratie?*
2. Welche Argumente sprechen für, welche gegen eine direkte Demokratie?
3. Was kennzeichnet das Wahlrecht für die Bundestagswahlen?
4. Welche Aufgaben hat der Bundestag wahrzunehmen?
5. Welche Aufgaben werden der Opposition im parlamentarischen System zugewiesen?
6. Wieso hat der Bundeskanzler in Deutschland eine so starke Stellung?

zur Lernkontrolle

Lektion 3
Auf dem Weg zur Bürgergesellschaft

3.1 Einführung in die Thematik

In seiner ersten Regierungserklärung hat Willy Brandt 1969 den Anspruch formuliert:

„Wir wollen mehr Demokratie wagen. Wir werden darauf hinwirken, dass ... jeder Bürger die Möglichkeit erhält, an der Reform von Staat und Gesellschaft mitzuwirken ... . Mitbestimmung, Mitverantwortung in den verschiedenen Bereichen unserer Gesellschaft, wird eine bewegende Kraft der kommenden Jahre sein."

Der Aufbruchsstimmung folgte bald die Ernüchterung. Einander widersprechende Tendenzen bestimmten in den nachfolgenden Jahrzehnten das Bild. Auf der einen Seite entstanden **Bürgerinitiativen**, die ein **gesellschaftspolitisches Engagement** „von unten" bewirkten. Auf der anderen Seite entwickelten sich zunehmend **Skepsis** und **Verdrossenheit** gegenüber den **Parteien** und der **Politik** insgesamt, insbesondere in den letzten beiden Jahrzehnten. Das Unbehagen an den Parteien kann zugleich auch ein Ausdruck des **Unbehagens an der Modernität** sein. Die hochkomplexe und vor dem Hintergrund der Globalisierung sich immer mehr **vernetzende Gesellschaft** befindet sich in einem tiefgreifenden **Strukturwandel**. Der **demokratische Staat**, der durch die Parteien repräsentiert und organisiert wird, kann ohne eine **demokratische Bürgergesellschaft** die ihm gestellten Aufgaben nicht lösen; ebenso wie eine Bürgergesellschaft auf eine funktionierende **Parteiendemokratie** angewiesen ist. Beide sind mit einem System wechselseitig kommunizierender Röhren vergleichbar. Parteien haben trotz ihrer Machtinteressen dem Allgemeinwohl verpflichtet zu bleiben, und eine Bürgergesellschaft muss der Gefahr entgegenwirken, sich in verschiedene Einzelinteressen aufzulösen.

Vor diesem Hintergrund haben die Forderungen des damaligen Bundeskanzlers Willy Brandt nach mehr „Demokratie, Mitwirkung, Mitbestimmung und Mitverantwortung" in einer **demokratisch-pluralistischen Gesellschaft** nach wie vor ihre Gültigkeit.

Der „Weg zur Bürgergesellschaft" ist ein dynamischer Prozess, d.h. die Organisationsformen, Aktivitäten und Ziele sind offen und unterliegen einem ständigen Wandel.

Im ersten Teil dieser Lektion geht es um die Definition des Begriffs **„Bürgergesellschaft"**. Im zweiten Teil werden stellvertretend für eine Bürgergesellschaft **Bürgerinitiativen**, **Interessenverbände** und **Nichtregierungsorganisationen (NGOs)** behandelt.

Begriffsdefinition: Bürgergesellschaft

Unter einer Bürgergesellschaft soll hier eine Gesellschaft verstanden werden, in der eine Vielzahl von Bürgern sich zusammenschließt, um in der Demokratie politische Verantwortung „von unten" wahrzunehmen und durch Initiativen und Teilhabe an verschiedenen Projekten die gesellschaftspolitische Realität mitzugestalten.
Zur Bürgergesellschaft gehört das Bewusstsein von Zivilcourage, das Engagement gegenüber gesellschaftlichen Ungerechtigkeiten und daraus der Sinn für Solidarität.

3.2 Bürgergesellschaft

Begriffe		
	Bürgergesellschaft (Zivilgesellschaft) ◆ Bürgersinn ◆ Zivilcourage ◆ Solidarität ◆ Selbstverwaltung ◆ Autonomie ◆ Freiwilligkeit ◆ soziale Integration ◆ pluralistische Gesellschaft	
		Lernziele

3

Der Begriff **„Bürgergesellschaft“** ist umfassend und unbestimmt. Häufig spricht man auch von der **„Zivilgesellschaft“**. Beide Begriffe werden synonym verwendet. Eine Bürgergesellschaft besteht aus einer Vielzahl von höchst unterschiedlichen Organisationen, Zusammenschlüssen, Initiativen und Projekten. Dennoch gibt es eine Reihe gemeinsamer **Strukturmerkmale:**

- Bürgergesellschaft bezeichnet ganz allgemein eine **demokratische, gesellschaftliche Selbstorganisation von Bürgern**, die unabhängig vom Staat und außerhalb des Marktes tätig ist. Mit dem Begriff „Bürgergesellschaft“ verbindet sich auch die Vision, dass **Bürgersinn, Zivilcourage** und **Solidarität*** die Mentalität und das Handeln bestimmen.
- **„Demokratisch“** heißt, dass die Achtung der **Menschen-** und **Bürgerrechte** Ausgangs- und Bezugspunkt des Handelns sein muss. Damit grenzt sich die Bürgergesellschaft von Organisationen ab, die z.B. Rassismus oder Extremismus und Gewalt als Mittel bejahen.
- Das Attribut **„gesellschaftlich“** weist darauf hin, dass es sich nicht um rein private Aktivitäten, sondern um ein **öffentliches Engagement** handelt (z.B. eine Initiative für einen Kinderspielplatz in einem Stadtviertel).
- Wichtige Strukturmerkmale sind auch die **Selbstverwaltung**, die der Bürgergesellschaft **Autonomie** garantiert, und das **Prinzip der Freiwilligkeit** in Bezug auf das Engagement der Bürger.
- Und nicht zuletzt dürfen die Aktivitäten **nicht** auf **wirtschaftlichen Profit** ausgerichtet sein.

Der demokratische Staat ist auf eine aktive Bürgergesellschaft angewiesen, zumal die **moderne Gesellschaft** sich immer mehr **differenziert** und **individualisiert**. Das heißt, traditionelle und dauerhafte Bindungen an Institutionen und Organisationen verlieren zusehends an Bedeutung, während gleichzeitig immer mehr Bürger ein **zeitlich begrenztes** gesellschaftliches Engagement bevorzugen. Eine aktive Bürgergesellschaft trägt somit wesentlich zur **sozialen Integration** bei.

In einer **pluralistischen Gesellschaft** versteht sich der **Staat** als **Treuhänder**, dessen Aufgabe es ist, zwischen den unterschiedlichen Interessen der gesellschaftlichen Gruppen zu vermitteln und einen Konsens anzustreben, ohne das Gesamtinteresse aus den Augen zu verlieren. Seine Problemlösungen und Kompromisse können den unterschiedlichen Erwartungen und Forderungen der Gesellschaft jedoch nur bedingt gerecht werden. Hier kann eine aktive Bürgergesellschaft

---

* **Solidarität** bezeichnet das **wechselseitige Aufeinander-Angewiesensein** in einer Gesellschaft. Sie ergibt sich daraus, dass der Mensch nicht nur ein **Individuum**, sondern zugleich ein **Sozialwesen** ist. Die Mitglieder einer Gesellschaft haben die Verpflichtung, bei der Durchsetzung ihrer **Einzel-** bzw. **Gruppeninteressen** die Verantwortung für das **Gesamtwohl** zu beachten.

mit ihrer Vielzahl von unterschiedlichen Netzwerken, Initiativen und Projekten **Impulsgeber** und **Ideenlieferant** sein. Zugleich kann sie eine **Kontrollfunktion** ausüben, um auf wirtschaftliche, gesellschaftliche und politische Fehlentwicklungen und Defizite hinzuweisen, Korrekturen anzumahnen und durchzusetzen. Im Idealfall könnte sich ein Verhältnis **kritischer Partnerschaft** und **gegenseitiger Unterstützung** entwickeln. Dabei sind **Spannungen** und **Konflikte** nicht ausgeschlossen, vielmehr sind sie in der Realität der Normalfall, zumal viele neue soziale Bewegungen aus einer **Opposition gegen den Staat** entstanden sind.

Eine Konsequenz der pluralistischen Gesellschaft ist auch, dass zwischen Initiativen, Gruppen und Netzwerken, die im **gleichen Tätigkeitsbereich** aktiv sind, bisweilen kaum oder gar nicht überbrückbare **Interessengegensätze** entstehen. Im Extremfall können Organisationen sich wechselseitig blockieren. Diese Gefahr besteht natürlich auch im Zusammenwirken von Staat und Organisationen der Bürgergesellschaft.

3.3 Bürgerinitiativen

Begriffe

Bürgerinitiativen* ◆ *„Ein-Punkt-Bewegungen“* ◆ *Ablaufmodell einer Bürgerinitiative* ◆ *basisdemokratische Willensbildung* ◆ *unmittelbare politische Partizipation* ◆ *Bürgernähe* ◆ *Wertewandel* ◆ *plebiszitärer Charakter

Lernziele

Organisation und Ablaufmodell

Bürgerinitiativen sind spontane, zeitlich meist begrenzte, organisatorisch eher lockere Zusammenschlüsse einzelner Bürger. Sie bilden sich in der Regel aus einem konkreten Anlass. Man spricht daher auch von **„Ein-Punkt-Bewegungen“**. Bürgerinitiativen versuchen, ihr Anliegen entweder **direkt** durch **Selbsthilfe** durchzusetzen oder **mittelbar**, in dem sie die öffentliche Meinung mobilisieren und dadurch **politischen Druck** ausüben. Sie lösen sich wieder auf, wenn sie ihr Ziel erreicht haben oder wenn sie gescheitert sind. Abb. 3.1 zeigt ein Beispiel für das **Ablaufmodell** einer Bürgerinitiative.

Bürgerinitiativen sind **organisatorisch** sehr vielgestaltig. Die **Mitgliedschaft** ist **offen** und die **Willensbildung** vollzieht sich **basisdemokratisch**. Eine formelle, bürokratische Struktur ist ihnen meist fremd. Ein weiteres Charakteristikum ist die **Vielfalt möglicher Zielsetzungen**. Bürgerinitiativen engagieren sich in nahezu allen Bereichen: Verkehr und Stadtentwicklung, Sozialwesen, Bildung und Erziehung, Energie, Natur und Umwelt - jedes denkbare Anliegen kann zum Gegenstand einer Initiative werden.

Begriffsdefinition: **Bürgerinitiativen**

Eine Bürgerinitiative ist eine kollektive Selbstorganisation von Bürgern, die in einer begrenzten Sache eine politische Position formulieren und diese in möglichst kurzer Zeit durchsetzen wollen; manchmal geht es dabei auch nur um Partizipation (Teilhabe) an Entscheidungsprozessen. Ist der Sachverhalt politisch geklärt, löst sich die BI wieder auf; insofern ist eine BI meist zeitlich begrenzt.

Auch die **Aktionsformen** können sehr unterschiedlich und vielfältig sein. Sie reichen von Unterschriftenkampagnen, Flakat- und Flugblattaktionen oder begrenzten Regelverletzungen (z.B. Verkehrsbehinderungen, Platzbesetzungen) über die Erarbeitung oder Auftragsvergabe von wissenschaftlichen Gutachten bis zur Einlegung von Rechtsmitteln durch alle Instanzen.

Entstehung und Entwicklung

Die **Entstehungsgeschichte** der Bürgerinitiativen reicht in die frühen 70er Jahre zurück. Hintergrund war die **Aufbruchsstimmung**, die sich als Folge der **„68er-Bewegung“** und des Regie-

3

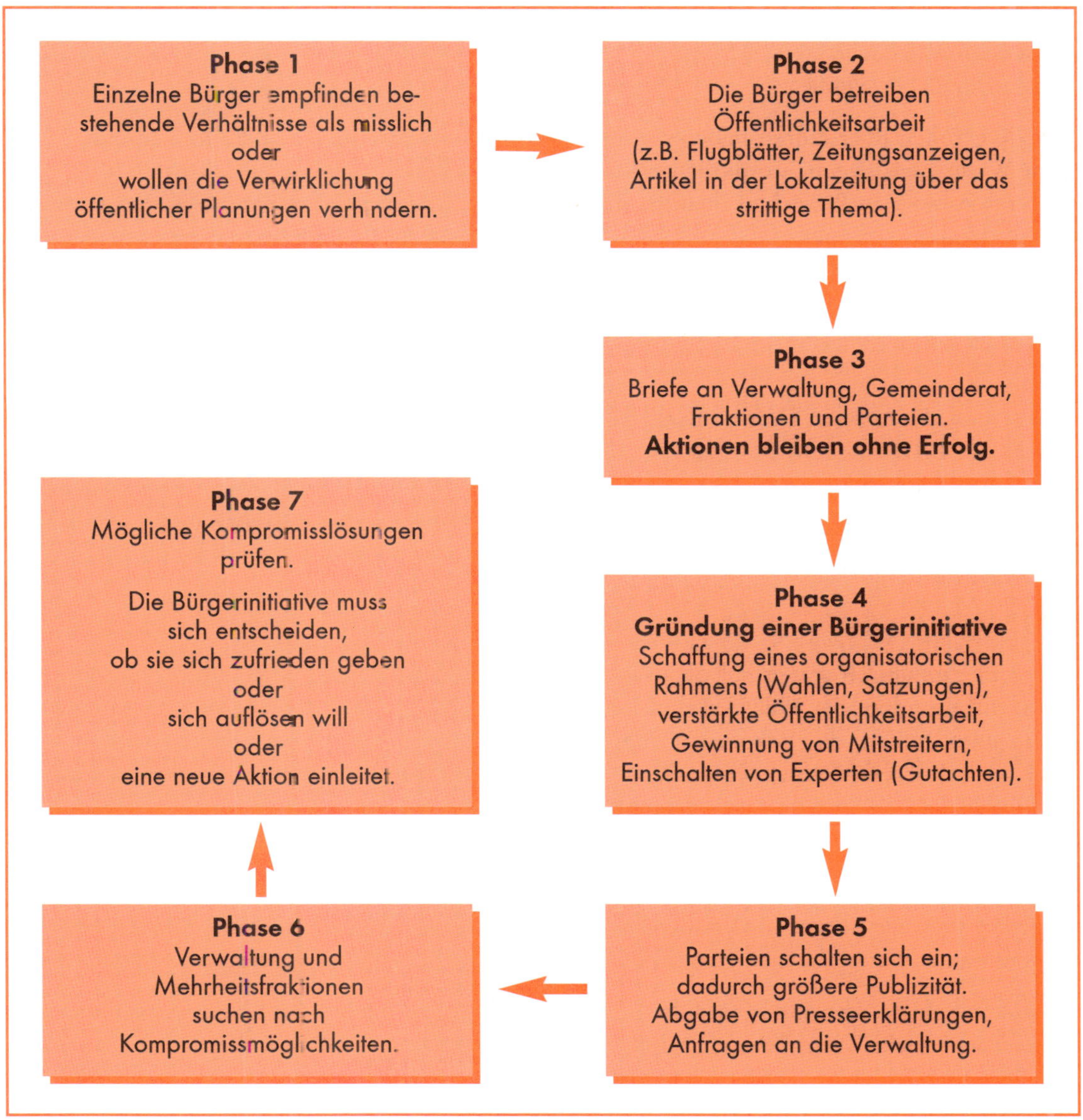

Abb. 3.1 Ablaufmodell einer Bürgerinitiative (Beispiel)

rungsantritts der **sozial-liberalen Koalition** unter Bundeskanzler Willy Brandt entwickelte. **Gesellschaftspolitische Sensibilität**, damit verbunden das Streben nach **unmittelbarer politischer Partizipation** (Teilnahme) am politischen Geschehen und die **Bürgerferne** vieler Verwaltungsentscheidungen auf kommunaler und regionaler Ebene waren wichtige Antriebskräfte. Daraus entstanden die Forderungen nach **Mitentscheidung** und **Mitverantwortung** sowie **Bürgernähe**.

Den entscheidenden Impuls gab jedoch ein **Wertewandel**, hervorgerufen durch die kritische Distanz und die Skepsis gegenüber einer Industriegesellschaft, die vorrangig auf Erwerb und Produktion konzentriert war. Diese ungehemmte Produktion, die die natürlichen Ressourcen ausbeutet und dabei Natur und Umwelt zerstört, wurde immer stärker als Bedrohung der eigenen Lebenswelt wie auch der der nachfolgenden Generationen empfunden. Träger dieses Wertewandels waren und sind überwiegend die Angehörigen der besser ausgebildeten und besser verdienenden Mittelschichten. Sie bilden auch bis heute eindeutig die Mehrheit der Aktiven in der Bürgerinitiativbewegung.

Seit den frühen 80er Jahren haben die **Umwelt-Bürgerinitiativen**, vor allem in Verbindung mit dem Widerstand gegen **Atomkraftwerke**, und die **Friedensbewegung** die Aktivitäten in sozialen und kulturellen Bereichen deutlich übertroffen. Auf beiden Gebieten entstanden **Langzeitinitiativen**, die nicht nur konkrete Einzelanliegen, sondern auch allgemeine Ziele verfolgen. Dabei änderten sich zwangsläufig einige Merkmale, die sonst für Bürgerinitiativen charakteristisch sind: an die Stelle eines lockeren, unbürokratischen Zusammenschlusses einer überschaubaren Anzahl von Personen traten **durchorganisierte „Institutionen“**, die zudem **überregional** kooperieren.

Heute sind die meisten Umwelt-Bürgerinitiativen Mitglieder von **Dachverbänden**, deren wichtigster der **BBU** ist, der **„Bundesverband Bürgerinitiativen Umweltschutz“**. Ein Teil der Bürgerinitiativen hat sich auch **politisch organisiert**, z.B. in der Partei Bündnis 90/Die Grünen; ein anderer Teil arbeitet mit **NGOs** oder mit **internationalen Organisationen** wie Greenpeace, dem WWF (World Wide Fund for Nature) oder amnesty international zusammen.

Gesellschaftspolitische Bedeutung und Probleme

Die Bürgerinitiativen trafen auf Skepsis, Misstrauen und teilweise heftige Ablehnung der Parteien, insbesondere der Volksparteien, und der staatlichen Verwaltungsorgane, die ihnen nicht selten unterstellten, das System der **repräsentativen Demokratie** überwinden zu wollen. Dennoch - als **Korrektiv*** **mit plebiszitärem Charakter**, der sich in der **basisdemokratischen Willensbildung** widerspiegelt, sind Bürgerinitiativen nicht nur mit den Verfassungsgrundsätzen einer repräsentativen Demokratie vereinbar, sondern leisten sogar einen positiven Beitrag zu deren Verwirklichung:

- Auf Seiten der **Bürger** fördern sie **Engagement** und die Übernahme von **Mitverantwortung** und damit Werte, die eine funktionierende demokratische Bürgergesellschaft ausmachen.
- Auf Seiten der **Verwaltung** und der **legislativen Organe** können sie auf kommunaler und Länderebene mehr **Transparenz**, **Sachgerechtigkeit** und **Bürgernähe** bewirken.

* **Korrektiv:** etwas, das dazu dient, Missstände oder Mängel auszugleichen.

Aber das Handeln von Bürgerinitiativen kann auch an Grenzen stoßen und sogar **kontraproduktiv** sein. Am Beispiel der Auseinandersetzung um den Neubau der B 31 Ost in Freiburg lassen sich einige Probleme aufzeigen. Der Streit zog sich über Jahrzehnte hin: 1969 leitete das Regierungspräsidium das Planfeststellungsverfahren ein. 1984 billigte der Gemeinderat das Konzept B 31 Ost/Stadttunnel, im selben Jahr folgte der Planfeststellungsbeschluss. Bürgerinitiativen – die Notgemeinschaft Schwarzwaldstr. E.V. und das Aktionsbündnis Dreisamtal – stritten gegeneinander. Klagen gegen den Planfeststellungsbeschluss wurden beim Verwaltungsgericht eingereicht. Der Rechtsstreit ging bis zum Bundesverwaltungsgericht. Schließlich wurde 1994 ein Vergleich zwischen Klägern und Bauherren (Bund, Land, Stadt) ausgehandelt. 2003 wurde das Projekt B 31 Ost fertig gestellt.

3

Dieser Konflikt wirft **grundsätzliche Fragen** auf:

- Ist eine Auseinandersetzung, die sich über Jahrzehnte hinzieht, noch gerechtfertigt, bedenkt man die **finanziellen Mehrkosten**, die durch den Anstieg der Baukosten sowie durch Verfahrenskosten entstanden sind, und die **immateriellen Belastungen**?
- Inwieweit werden berechtigte Anliegen missbraucht, um **Einzelinteressen** oder **Gruppen-** bzw. **Stadtteil-„Egoismen“** durchzusetzen?
- Ist der **basisdemokratische Willensbildungs-** und **Entscheidungsprozess** in Langzeitinitiativen nicht auch durch eine zwangsläufige **Bürokratisierung** und **Machtkonzentration** in den Händen selbst ernannter „Funktionäre“ bedroht?
- Untergraben manche Bürgerinitiativen dabei nicht ihre eigene **Glaubwürdigkeit**? Denn im Gegensatz zu den gewählten Vertretern in den legislativen Organen müssen sie sich für ihr Handeln **nicht** in **Wahlen** vor der **Gesamtbürgerschaft** verantworten.
- Zugespitzt stellt sich die Frage, ob nicht im Extremfall eine **durchsetzungsfähige Minderheit** die Mehrheit einfach **überstimmt**.

3.4 Interessenverbände

Begriffe

Interessenverbände: Verein, Interessenvereinigung, Verband ◆ organisierte Gesellschaft ◆ Typologie der organisierten Interessen ◆ Handlungsfelder ◆ Politikfelder ◆ Sanktions- und Drohpotenzial ◆ Artikulationsfunktion ◆ Kommunikationsfunktion ◆ Pressure-Group ◆ Lobby ◆ mittelbarer und unmittelbarer Einfluss ◆ Pluralismus ◆ pluralistischer Wettbewerb (der Interessen)

Lernziele

Typenvielfalt

Interessenverbände sind selbstverständlicher Bestandteil einer **organisierten Gesellschaft.** Bei der überwiegenden Mehrzahl dieser Gruppen handelt es sich um **Vereine**, insbesondere auf **lokaler Ebene**; dazu kommen außerdem auf **Landes-** und **Bundesebene Interessenvereinigungen**

und **Verbände**. Die **Mitgliedschaft** ist **freiwillig**, der **Organisationsapparat** ist **auf Dauer** angelegt.

In der Bundesrepublik ist das **Verbändewesen** stark verbreitet und fachlich sehr differenziert. Eine **Typologie der organisierten Interessen**, d.h. eine Zuordnung zu bestimmten Bereichen, könnte sich an folgenden **Handlungs-** und **Politikfeldern** orientieren:

- **Wirtschaft und Arbeitswelt**
  Dazu gehören die Wirtschaftsverbände, die Arbeitnehmerverbände, die Selbstständigen- und die Berufsverbände, die Gewerkschaften, die allgemeinen und die speziellen Verbraucherverbände.

- **Sozialer Bereich**
  Hier sind die wichtigsten die Wohlfahrtsverbände, z.B. der Caritasverband, das Deutsche Rote Kreuz, die Arbeiterwohlfahrt.

- **Freizeit und Erholung**
  Dabei sind an erster Stelle die Sportvereine und Sportverbände zu nennen, z.B. der Deutsche Fußball-Bund oder der Deutsche Turn- und Sportbund.

- **Religion, Kultur und Wissenschaft**
  Dazu gehören die Kirchen, wissenschaftliche und kulturelle Vereinigungen, Bildungswerke, Volkshochschulen u.a.

- **Ideeller und gesellschaftspolitischer Bereich**
  Dazu zählen u.a. Umwelt- und Naturschutzverbände, Greenpeace, amnesty international.

Eine klare Abgrenzung ist oft nicht möglich. So ist es z.B. schwer, den ADAC einem bestimmten Handlungsfeld zuzuordnen: er ist gleichzeitig Autosportclub, Interessenverband der Autofahrer, Reiseunternehmen und Dienstleistungsunternehmen.

Gesellschaftspolitische Bedeutung

Die **gesellschaftspolitische Bedeutung** der einzelnen Interessenverbände ist sehr unterschiedlich. Folgende **Faktoren** spielen dabei eine Rolle:

- **Art der Interessen**
  Ökonomische Interessen haben eindeutig das Übergewicht. Allgemeine, außerhalb der Produktions- und Arbeitswelt angesiedelte Interessen, z.B. aus den Bereichen Umwelt, Verkehr oder Freizeit, sind eher unterrepräsentiert.
- **Größe** (Anzahl der Mitglieder, Einzugsbereich)
- **Organisationsgrad** und **Organisationsfähigkeit**
- **Finanzmittel**

Alle Faktoren bestimmen maßgeblich auch die **Konfliktfähigkeit**. Diese zeigt sich in dem zur Verfügung stehenden **Sanktions-** und **Drohpotenzial**, das gegenüber anderen Verbänden oder staatlichen Institutionen zum Einsatz gebracht werden kann. Bei Gewerkschaften und Arbeitgeberverbänden sind dies z.B. Streik und Aussperrung. Und in der Auseinandersetzung mit politischen Parteien können Verbände mit dem Entzug von Wählerstimmen drohen. Eine solche Drohung ist vor allem bei knappen Mehrheiten im Parlament wirksam.

Aufgaben und Ziele

Bei den **Aufgaben** und **Zielen** lässt sich ein **Innen-** und ein **Außenverhältnis** unterscheiden.

- **Nach innen** haben Verbände eine **Artikulations-*** und **Kommunikationsfunktion.** Das heißt, sie informieren über fach- und verbandspezifische sowie gesellschaftspolitische Anliegen und Ziele, verbalisieren und bündeln die Interessen ihrer Mitglieder. Damit tragen sie zur **Integration** bei. Natürlich sind Verbände immer bestrebt, eine möglichst hohe **innere Geschlossenheit** zu erreichen, auch um damit ihren Forderungen in der **Öffentlichkeit** Nachdruck zu verleihen.

  Der **Meinungsbildungs- und Entscheidungsprozess** innerhalb der Gruppe muss bestimmten demokratischen Mindestanforderungen entsprechen, die im vereinsrechtlichen Teil des **Bürgerlichen Gesetzbuches** (BGB) und in der **Satzung** eines Verbandes geregelt sind.

3

- **Nach außen** versuchen Verbände auf **politische Entscheidungen** Einfluss zu nehmen, um ihre Gruppeninteressen durchzusetzen, Besitzstandsgarantien zu erhalten oder Gesetze und Regelungen zu verhindern, die den eigenen Interessen schaden. Darüber hinaus gibt es jedoch eine breite **Kooperation** zwischen einzelnen Verbänden und mit staatlichen Institutionen.

Generell ist die staatliche Verwaltung auf die Zusammenarbeit mit den Verbänden angewiesen, da diese sehr oft das notwendige **Fachwissen** für **Gesetzesentwürfe** und **Verordnungen** liefern. Diese **Einbindung von organisierten Interessen** in die **Politik**, die Mitwirkung bei der Formulierung und Ausführung von politischen Entscheidungen, hebt die strikte Trennung von Staat und Gesellschaft mehr und mehr auf.

Für die Verbände bedeutet dies eine „doppelte“ Aufgabenstellung: Sie müssen zum einen die Interessen ihrer Mitglieder dem Staat gegenüber repräsentieren und zum anderen die mit dem Staat eingegangenen Vereinbarungen und Zugeständnisse den Mitgliedern gegenüber verteidigen und durchsetzen.

Begriffsdefinition: organisierte Interessen

Darunter versteht man, dass sich in einer freien demokratischen Gesellschaft Menschen, die die gleichen Interessen verfolgen, zu einer festen Vereinigung zusammenschließen dürfen. Solche Vereinigungen bezeichnet man als Interessenverbände.
Sie wollen die materiellen oder ideellen Interessen ihrer Mitglieder verwirklichen und üben dazu Druck auf die Öffentlichkeit, auf Parteien, Parlamente und Regierungen aus. Während politische Parteien den Anspruch erheben, den staatlichen Gesamtwillen mitzugestalten, wollen Verbände nur ihre Einzelinteressen zur Geltung bringen. Im Gegensatz zu den politischen Parteien erstreben sie nicht die Macht im Staat.
Aufgrund der vielen Einzelinteressen hat es der demokratische Staat mit mehreren, konkurrierenden Interessenverbänden zu tun und dabei die Aufgabe, einen Ausgleich zwischen ihnen zu finden, um dem Gesamtwohl zu dienen.
Der Bürger wäre ohne die Hilfe von Interessenverbänden in wichtigen Bereichen hilflos. Deshalb ist die Freiheit, sich zu organisierten Interessen zusammenzuschließen (= Koalitionsfreiheit), eines der wichtigsten Grundrechte in einer demokratischen Gesellschaft.

* **artikulieren:** (Gedanken) mit Worten wiedergeben, formulieren

Adressaten und Einflussmöglichkeiten

Verbände können durch Druck und Beziehungen **mittelbar** und **unmittelbar Einfluss** auf **staatliche Entscheidungen** nehmen. Daher werden vor allem die finanz- und einflussstarken Verbände auch **„Pressure-Groups“** und **„Lobbys“*** genannt. Sie erzeugen **öffentlichen Druck**, indem sie die öffentliche Meinung durch die Medien mobilisieren, Kundgebungen und Großdemonstrationen veranstalten oder androhen, der ihnen nahestehenden Partei die Unterstützung bei Wahlen zu entziehen. Zugleich wenden sie **Methoden der internen Beeinflussung** an:

→ **gegenüber dem Parlament.**
Die Verbände wenden sich direkt an die **Abgeordneten** des Parlaments und betreiben **Kontaktpflege**. Sie liefern **Informationen** und das notwendige **Fachwissen** und machen sich somit auch aufgrund ihrer fachlichen Kompetenz unentbehrlich. Nach der Geschäftsordnung des Deutschen Bundestages können die **parlamentarischen Ausschüsse** „öffentliche Anhörungen von Sachverständigen, Interessenvertretern und anderen Auskunftspersonen vornehmen.“

Wichtiger ist jedoch die **personelle Durchdringung der Bundestagsfraktionen**. Die Verbände versuchen, ihre Vertreter über die Kandidatenaufstellung der Parteien für die Bundestagswahlen durchzusetzen. Die **„Verbandsfärbung“** der gewählten Volksvertreter liegt bei ca. 50%. Dabei sind die Interessenverbände aus dem **Wirtschafts-** und **Arbeitsbereich** stark vertreten.

→ **gegenüber Regierung und Verwaltung.**
Als Beeinflussungsfaktor spielt die **Ministerialbürokratie**, die die **Gesetzesentwürfe** vorbereitet, allerdings eine weitaus größere Rolle als das Parlament. Die Gemeinsame Geschäftsordnung der Bundesministerien regelt die **Beteiligung der Zentral- oder Gesamtverbände**. Schon auf der Ebene der Fachreferate informieren die Referenten, d.h. die Fachbeamten, die Verbände und fordern Unterlagen und Stellungnahmen an. In der Regel geschieht dies **nicht öffentlich** und **vertraulich**. In welchem Umfang die Verbände schon auf dieser Ebene ihre Interessen einbringen können, lässt sich nicht feststellen.

→ **gegenüber den Parteien.**
Da die **repräsentative Demokratie** eine **Parteiendemokratie** ist, sind die Parteien der „natürliche“ Ansprechpartner der organisierten Interessen. Ein Weg ist wie beim Parlament die **personelle Durchdringung** der Parteien. So stehen z.B. die Gewerkschaften überwiegend der SPD nahe, die Unternehmerverbände der CDU/CSU, der Mittelstand, die Freiberufler und die leitenden Angestellten der FDP, die Umweltverbände und die Frauenbewegung dem Bündnis 90/Die Grünen.

Ein wirksames Mittel zur Beeinflussung ist auch die **finanzielle Unterstützung** der Parteien. Trotz der gesetzlich vorgeschriebenen und mittlerweile verschärften Verpflichtung, die Herkunft der Spenden offen zu legen, hat es immer wieder Parteispendenskandale gegeben.

---

* **„Lobby“** ist ursprünglich die Bezeichnung für die Wandelhalle im britischen und amerikanischen Parlament, in der sich die Abgeordneten mit den Wählern und Interessenvertretern treffen.

→ **gegenüber der öffentlichen Meinung.**
Die **Öffentlichkeitsarbeit** ist in diesem Zusammenhang ein wichtiges Tätigkeitsfeld. Ziel ist es, die Öffentlichkeit über den Verband, seine Anliegen und Aktivitäten zu **informieren** und dabei **Sympathiewerbung** und **Imagepflege** zu betreiben. Aufklärungskampagnen werden gestartet, um die Positionen verbandsgefährdender Gegengruppen und staatlicher Entscheidungsträger zu kritisieren und in Frage zu stellen. Der Erfolg hängt davon ab, inwieweit es dem Verband gelingt, seine Gruppeninteressen als einen unverzichtbaren Beitrag zur Verwirklichung des Allgemeinwohls darzustellen.

Öffentlichkeitsarbeit geschieht zum einen durch die **Herausgabe eigener Medien**. Diese wenden sich vorrangig an die eigenen Mitglieder, um sie zu informieren und zu mobilisieren. Zum anderen wird versucht, aktiv auf die **Massenmedien** einzuwirken, um den eigenen Interessen **Nachrichtenwert** zu verleihen und sie als **veröffentlichte Meinung** darzustellen.

Für die Verbände haben die Massenmedien jedoch eine zweischneidige Wirkung. Denn die Berichterstattung ist nicht zwangsläufig positiv und daher fürchten viele Verbände die Medien, insbesondere wenn diese den **Lobbyismus**, also eine allzu enge Zusammenarbeit und „Kungelei" von Verbänden und politischen Entscheidungsträgern aufdecken.

→ **gegenüber der Europäischen Union.**
Die **Internationalisierung der Wirtschaft**, insbesondere die Vollendung des **europäischen Binnenmarktes**, zwingt die großen Interessenverbände, auf europäischer Ebene mit gleichgearteten Verbänden zu kooperieren und mit eigenen Vertretungen präsent zu sein. Mehr als 1000 **Verbändevertretungen** und **Lobbyagenturen** sind in Brüssel tätig, um auf den Meinungs- und Entscheidungsprozess der EU einzuwirken und zugleich die nationalen Mitglieder über EU-Vorhaben und Entscheidungen zu informieren. Die Adressaten sind vor allem die EU-Kommission, der Rat der EU (Ministerrat), das Europäische Parlament und, wenn es notwendig erscheint, auch die jeweiligen nationalen Staats- und Regierungschefs im Europäischen Rat.

Zu den Einflussmöglichkeiten gehören auch hier zunächst **informelle Kontakte** und zwar zu EP-Abgeordneten, Kommissions- und nationalen Ratsmitgliedern sowie europäischen Beamten. Die **Europäische Kommission** hat für ihre Beamten eigene **Verhaltensregeln** entwickelt, um **Interessenkonflikte** zu vermeiden (z.B. keine Geschenke, keine Angebote für Nebentätigkeiten). Darüber hinaus gibt es auch offizielle Wege. So hat die EU mit ihren **Beratenden Ausschüssen** ein **institutionalisiertes Verfahren der Beteiligung** errichtet. Im **Wirtschafts- und Sozialausschuss** (WSA) sind z.B. Arbeitgeber-, Arbeitnehmer- und andere Interessenorganisationen wie die Bauernverbände, die Verbraucherverbände und die Handelskammern vertreten. Hier können sie nicht nur ihre eigenen Interessen wahrnehmen, sondern auch ihr Sachwissen zur Verfügung stellen und sich dadurch als kompetente Berater Geltung verschaffen.

Interessenverbände – Garanten des Pluralismus!?

Eine moderne hoch industrialisierte, sich immer stärker differenzierende und zugleich vernetzende Gesellschaft, die ihren **freiheitlich-demokratischen Charakter** bewahren will, muss auf dem **Prinzip des Pluralismus** aufbauen. In diesem Zusammenhang spielen die **Interessenver-**

bände eine **Vermittlerrolle** zwischen dem Einzelnen und dem Staat. Sie sind die **Garanten des Pluralismus** und integrieren ihre Mitglieder in das gesellschaftlich-politische System, indem sie die **Teilnahme des Bürgers** an **Entscheidungsprozessen** wirkungsvoll organisieren. So gesehen sind Interessenbildungen unerläßlich auf dem **„Weg zur Bürgergesellschaft"**. Aber auch der **Staat** ist auf sie angewiesen, da er ohne ihre **Sachkompetenz** seine Aufgaben nicht erfüllen kann.

Kritiker bemängeln allerdings die ihrer Meinung nach bestehende Abweichung von **Ideal** und **Wirklichkeit** der **pluralistisch organisierten Gesellschaft**. Nicht alle Interessen seien verbandsmäßig organisiert, vor allem Randgruppen und sozial Schwache hätten keine Lobby. **Chancengleichheit** und **Machtgleichgewicht** zwischen den Gruppen existiere nicht, weil nicht alle in gleichem Maße konflikt- und durchsetzungsfähig seien. Darüber hinaus weise der innerverbandliche Meinungs- und Entscheidungsbildungsprozess zum Teil erhebliche **demokratische Defizite** auf. Und außerdem öffne sich das **etablierte Verbandssystem** nicht genug oder zu langsam gegenüber neu entstehenden Interessen.

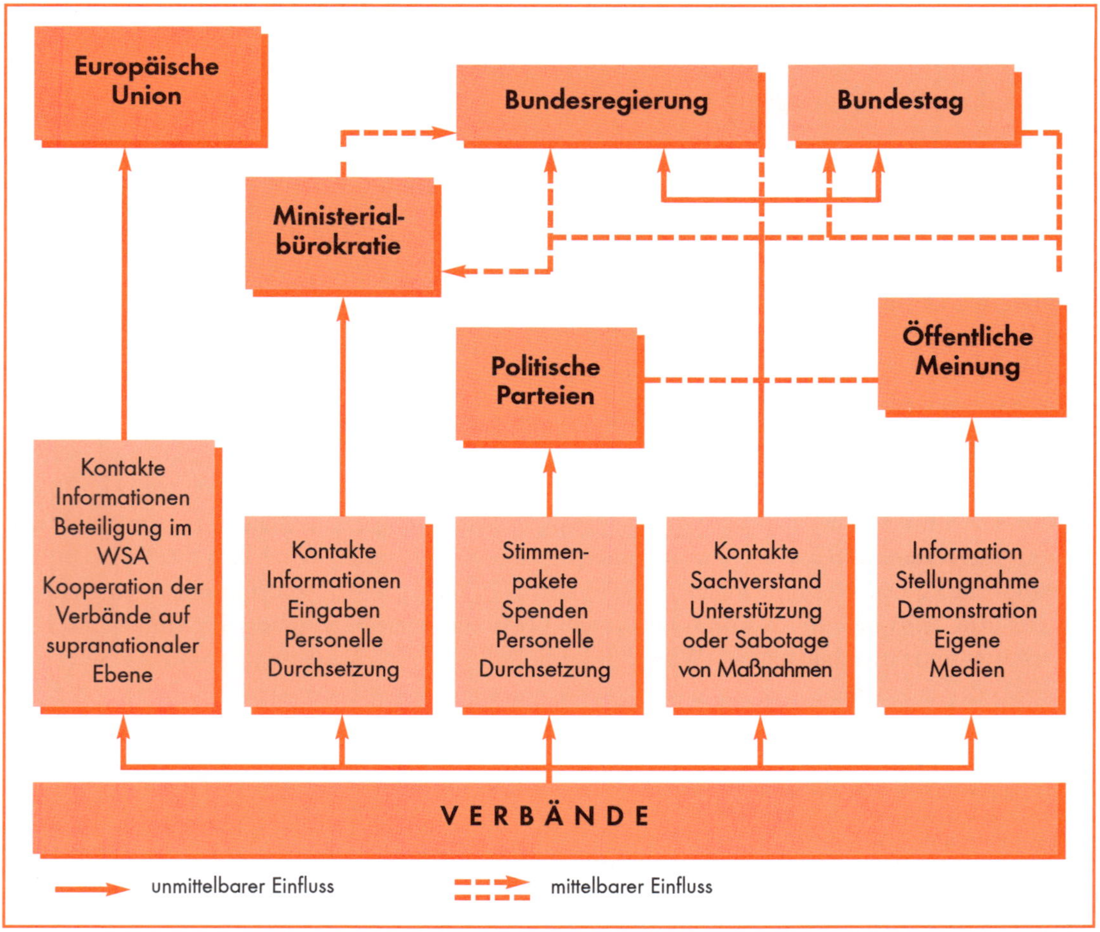

Abb. 3.2 Verbände und ihre Einflussnahme: Adressaten und Mittel
Quelle: W. Rudizio, *Die organisierte Demokratie*, Hannover 1982, S. 41 [ergänzt und abgeändert]

Die Kritik ist berechtigt, aber entscheidend für das **Funktionieren** einer pluralistisch organisierten Gesellschaft sind zwei Dinge. Erstens muss ein **Grundkonsens** über die **demokratischen Spielregeln** des **pluralistischen Wettbewerbs** gegeben sein. Zweitens muss der **Staat** seine Rolle als **Treuhänder** ausüben. Das heißt, er muss stark genug sein, um zwischen den **organisierten Interessen** ein Gleichgewicht herzustellen und gleichzeitig auch den **nicht organisierten Interessen** zu ihrem Recht zu verhelfen. Wenn der Staat diese Treuhandfunktion wirkungsvoll erfüllen will, müssen die **Parteien** vor allem **Problemlösungs-** und **Handlungskompetenz** besitzen. Diese darf sich nicht vorrangig von demoskopischen Umfragen leiten lassen, nur auf den „Machterhalt" schielen und sich u.U. von mächtigen und einflussreichen Interessenverbänden abhängig machen. Eine pluralistisch organisierte Gesellschaft funktioniert wie ein System wechselseitig kommunizierender Röhren, d.h., es kommt auf das an **Sachgerechtigkeit** orientierte Zusammenspiel von Verbänden und Parteien an.

3

3.5 Nichtregierungsorganisationen (NGOs)

Begriffe

Nichtregierungsorganisation (nongovernmental organization, NGO) ◆ Vereinte Nationen (United Nations, UN) ◆ Konsultativstatus ◆ ziviler Ungehorsam

Lernziele

Organisation, Tätigkeitsfelder und Ziele

Nichtregierungsorganisationen (**nongovernmental organizations**, **NGOs**) umfassen eine Vielzahl auf **freiwilliger Basis** gegründeter Organisationen und Vereinigungen. Sie verfolgen **materielle** und **ideelle Interessen**. Sie sind **autonom gegründet**, also nicht regierungsabhängig. Zur **Finanzierung** ihrer Programme und Aktionen dienen Beiträge und Spenden. NGOs agieren **lokal**, **regional** oder **international**, wobei sie zum Teil miteinander vernetzt sind. Die wichtigsten **Tätigkeitsfelder** sind die Bereiche Umwelt, Menschenrechte, Entwicklungshilfe und gesellschaftliche Entwicklungen.

NGOs werden von den **Vereinten Nationen** anerkannt. Sie erhalten nach einem Aufnahme- und Prüfungsverfahren einen **abgestuften Konsultativstatus**, d.h. ihre Vertreter – in der Regel nur diejenigen der **internationalen** NGOs – sind mit unterschiedlichen Rechten und Mitwirkungsbefugnissen im **Wirtschafts- und Sozialrat** der UN ausgestattet. Die Möglichkeiten der NGOs, Einfluss zu nehmen, sind vielfältig: Sie informieren, beraten, kooperieren mit den Sonderorganisationen der UN, z.B. mit der UNESCO. Darüber hinaus versuchen sie auch, sich bei den **Weltkonferenzen** Gehör zu verschaffen, indem sie aktiv teilnehmen oder durch die Veranstaltung von **NGO-Parallel-Konferenzen**, wenn sie nicht zugelassen sind.

Nach ihrem eigenen Selbstverständnis wollen NGOs einen Beitrag zur **Demokratisierung der internationalen Politik** leisten, indem sie durch Kontrolle und zum Teil heftige Kritik für mehr **Transparenz** bei **politischen Entscheidungsprozessen** kämpfen. Dabei nehmen sie für sich in Anspruch, öffentliche Interessen zu repräsentieren. Sie sehen sich in der Lage, an Problemlösungen konstruktiv mitzuarbeiten, da sie durch die transnationale Vernetzung ihre Ressourcen bündeln, Kompetenz vor Ort besitzen und somit schnell und flexibel auf neue Situationen reagieren können.

Gesellschaftspolitische Bedeutung und Probleme

NGOs leisten einen entscheidenden Beitrag zur **Verwirklichung einer Bürgergesellschaft.** Ihre Forderung, in internationalen Organisationen mitzuarbeiten und an Entscheidungsprozessen beteiligt zu werden, ist daher legitim und kann von Nutzen für die Demokratie sein.

Aber es gibt auch **Fragen** und **Probleme**, die die NGOs für sich klären müssen:

- Nichtregierungsorganisationen repräsentieren **bestimmte Interessen**, aber es bleibt offen, in welchem Umfang und Ausmaß die Öffentlichkeit hinter ihnen steht. Ihre Vertreter sind durch **keine öffentliche Wahl** legitimiert.
- Viele NGOs arbeiten **nicht** auf Basis **demokratischer Grundsätze**. Der **interne Entscheidungsprozess** liegt nicht selten bei wenigen Mitgliedern und es gibt **Defizite** in der **basisdemokratischen Meinungs-** und **Willensbildung**.
- Die Formen der **Aktivitäten** sind teilweise sehr **umstritten**. Wo sind die **Grenzen** des in vielen Fällen praktizierten **zivilen Ungehorsams**? Der **Aufruf zur Regelverletzung** und der manchmal auch praktizierte **Rechtsbruch** haben **keine Legitimationsgrundlage**. Zudem werden die eigenen Mitglieder dabei unter Umständen einer hohen Gefahr an Leib und Leben ausgesetzt. Aufsehen erregende Aktivitäten werden auch deshalb ausgeführt, um eine **internationale Medienpräsenz** zu erreichen und so Beachtung für ein Anliegen zu gewinnen. Doch das bisweilen bedenkliche Vorgehen mancher NGOs ist zugleich ein Beweis für das unzureichende Problembewusstsein und die fehlende Sensibilität von Regierungen und internationalen Institutionen. Denn diese sehen sich nicht selten erst durch solche spektakulären Ereignisse zu Reaktionen veranlasst.

NGOs sind sicherlich ein wesentliches Element in einer Bürgergesellschaft, da sie durch Kritik und politisches Engagement auf Missstände und Fehlentwicklungen hinweisen und insofern Öffentlichkeit herstellen. Sie müssen sich aber bei ihren Aktionen im Rahmen der Grundstruktur der repräsentativen Demokratie bewegen und getroffene Mehrheitsentscheidungen akzeptieren.

Aufgaben

1. *Erörtern Sie Leistung und Grenzen von Bürgerinitiativen in einer repräsentativen Demokratie.*
2. *Warum sind Interessenverbände ein selbstverständlicher Bestandteil einer demokratischen Gesellschaft? Wem dienen sie?*
3. *Inwiefern garantieren Interessenverbände den Pluralismus in einer Demokratie?*
4. *Beschreiben Sie, was man unter Nichtregierungsorganisationen versteht.*

zur Lernkontrolle

Lektion 4
Medien und Öffentlichkeit

4.1 Einführung in die Thematik

Im Schnitt hört jeder Deutsche täglich mehr als drei Stunden Radio und sitzt für ebenfalls etwas mehr als drei Stunden vor dem Fernseher. Ohne andere Medien, wie z.B. Zeitungen oder das Internet, überhaupt zu berücksichtigen, kann man wohl behaupten, dass das eine ganze Menge Lebenszeit ist, die jeder von uns in die **Mediennutzung** investiert. Warum tun wir das? Der amerikanische Kommunikationsforscher Denis McQuail geht davon aus, dass der Mensch durch die Nutzung von Medien bestimmte **Bedürfnisse befriedigt**: ein **Informationsbedürfnis**, ein Bedürfnis nach **persönlicher Identität** (z.B. Selbstfindung, Bestärkung individueller Wertvorstellungen), ein Bedürfnis nach **Integration** und **sozialer Interaktion** (z.B. mitreden zu können) und ein Bedürfnis nach **Unterhaltung**.*

Im Umkehrschluss könnte man sich aber natürlich auch fragen: Was haben die Medien davon, dass wir sie nutzen? Ohne eine Rangliste aufstellen zu wollen, ein paar mögliche Antworten: Geld, viel Geld sogar. Dazu nur eine Zahl: Im Jahr 2003 betrugen die **Werbeeinnahmen** aller Medien insgesamt rund 19 Mrd. Euro.

Die zweite Antwort wäre: **Macht** und **Einfluss**. Die empirisch gut belegte **Agenda-Setting-Theorie** der Medienwirkungsforschung definiert den Einfluss der Massenmedien genauer: Medien machen den Nutzer auf **Themen** aufmerksam. Frühere Theorien nahmen an, dass die Medien bestimmen, *was* wir denken; heute geht man eher davon aus, dass sie bestimmen, *worüber* wir denken.

Zu Beginn dieser Lektion werden Sie die **Aufgaben** und die **rechtlichen Grundlagen** der Medien kennen lernen und später auch einiges über die **Grenzen** von **Meinungsfreiheit, Informationsfreiheit** und **Medienfreiheiten** erfahren. Einen weiteren Schwerpunkt bilden die **duale Rundfunkordnung** und die **Presse**. Im Abschnitt **„Vom Ereignis zur Nachricht“** erfahren Sie, welche „Bearbeitungsprozesse“ ein Geschehen auf dem Weg zum Leser, Hörer oder Zuschauer durchläuft. Den Abschluss bilden die Themen **„Meinungsbildung“** und **„Machtkontrolle“** durch die Medien.

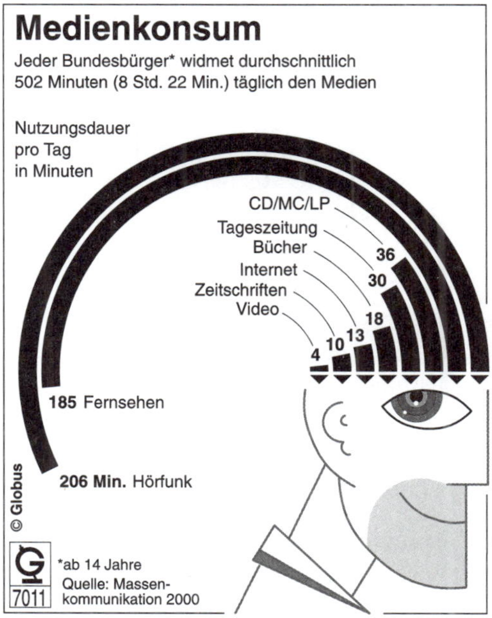

Abb. 4.1 Medienkonsum

* Denis McQuail, *Mass Communication Theory: An Introduction,* Sage Publications Inc, London, UK, 2000.

4.2 Aufgaben der Medien in einer Demokratie

Begriffe

Medien ◆ Massenmedien ◆ Printmedien: Zeitungen, Zeitschriften, Nachrichtenmagazine, Bücher etc. ◆ elektronische Medien: Rundfunk (Hörfunk/Radio und Fernsehen), Film ◆ Information ◆ Medienschaffende ◆ Mediennutzer ◆ Berichterstattung ◆ Recherche ◆ Objektivität ◆ Sorgfaltspflicht ◆ Kommentierung ◆ versteckter Meinungstransport ◆ Unterhaltung ◆ Bildung

Lernziele

Wenn man von den **Medien** spricht, meint man in der Regel die **Massenmedien.** Sie lassen sich unterteilen:

- in **Printmedien** (**Zeitungen, Zeitschriften, Nachrichtenmagazine**, auch **Bücher**) und
- in **elektronische Medien**, d.h. in **Rundfunk** (**Hörfunk** und **Fernsehen**) und **Film.**

In einer Demokratie begleiten und gestalten die Medien - und hier sind primär Zeitungen, Zeitschriften und Nachrichtenmagazine sowie Hörfunk (Radio) und Fernsehen gemeint - das **nationale** und **internationale (Tages)Geschehen.** Zunächst aber haben sie **vier wesentliche Aufgaben** zu erfüllen: zu informieren, zu kommentieren, zu unterhalten und zur Bildung beizutragen.

- **Information**

  Aufgabe der **Medienschaffenden** - d.h. der Redakteure und Journalisten - ist es, die Öffentlichkeit - d.h. die **Mediennutzer - umfassend** über Ereignisse aus den Bereichen Politik, Wirtschaft, Soziales, Wissenschaft, Kultur und Sport zu informieren.

  In einer demokratischen Gesellschaftsordnung heißt **Berichterstattung,** möglichst alle Daten und Fakten zu erheben und sie auf ihren **Wahrheitsgehalt** zu überprüfen. Außerdem gilt es, **Zusammenhänge** und **Hintergründe** aufzuzeigen, die es dem Mediennutzer (dem Leser, Hörer oder Zuschauer) ermöglichen, ein Ereignis zu verstehen und damit auch zu bewerten. Journalistische Arbeit ist also in erster Linie gewissenhafte **Recherche,** bei der zahlreiche Facetten eines Geschehens ins Blickfeld gerückt werden. Oberstes Gebot sollte dabei das **Bemühen um Objektivität** sein, auch wenn man es als „naturgegeben" hinnehmen muss, dass selbst bei genauer Beachtung der **journalistischen Sorgfaltspflicht** allein die Art und Weise, *wie* man *welche* Zusammenhänge herstellt, auf einer menschlich bedingten **Subjektivität** basiert.

- **Kommentierung**

  Wichtigster Grundsatz jeglicher Kommentierung ist, dass **Kommentar** und **Berichterstattung** deutlich voneinander **getrennt werden.**

Begriffsdefinition: **Medien**

Sie sind eine Sammelbezeichnung für Vermittler von Informationen, Unterhaltung und Werbung.
Medien sind ein Politikum: sie bestimmen zunehmend das Bild von der Wirklichkeit. Nicht nur Meinungen, sondern auch Moral- und Wertvorstellungen werden immer mehr durch die Medien beeinflusst. Da mediale Information stets von Menschen ausgewählt und präsentiert wird, fließen deren Absichten in Auswahl und Darbietung ein.

Die Trennung von Berichterstattung und Kommentar bereitet jedoch vielen Medienschaffenden Probleme. Natürlich gibt es z.B. in den Zeitungen die so genannte Meinungsseite und in Nachrichtensendungen oder Magazinen werden bestimmte Beiträge ausdrücklich als Kommentar ausgewiesen. Doch fast jeder Bericht enthält **Aussagen**, die über die **reine Faktenvermittlung** hinausgehen, die **interpretieren** und damit gleichzeitig **bewerten**. Und selbst die **Erklärung eines Sachverhalts** ist immer auch **subjektiv** gefärbt. Die Grenzen zwischen **„reiner“ Information** und **wertender Darstellung** sind oft fließend. Wichtig ist in jedem Fall, dass der betreffende Journalist bzw. Redakteur seine **Sorgfaltspflicht** erfüllt. Denn nur sehr geübten Mediennutzern gelingt es, die Mechanismen eines **„versteckten Meinungstransports“** zu durchschauen.

- **Unterhaltung und Bildung**

  Leser, Hörer und Zuschauer wollen durch die Medien nicht nur über das aktuelle Tagesgeschehen informiert werden, sie suchen auch nach Unterhaltung, d.h. nach Zerstreuung und Ablenkung. Was der Einzelne dabei unter Unterhaltung versteht und welche **Beiträge** oder **Programme** den **Unterhaltungsanspruch** wie erfüllen, wird von Machern, Kritikern und Mediennutzern oftmals heftig diskutiert. Für den einen ist es ausschließlich das Feuilleton der Zeitung oder die Übertragung klassischer Musik, ein anderer bevorzugt Spielfilme und ein dritter sieht Unterhaltung primär durch Sport, „Prominenten-Klatsch“, Soaps, Quizsendungen und Reality-Shows realisiert.

  Problematischer ist das Thema Bildung und Medien und hier insbesondere die Einstufung von **Bildungsprogrammen**, denen z.B. die **Dritten Programme** der öffentlich-rechtlichen Rundfunkanstalten ihre Gründung verdanken. Bildungsprogramme sind zunächst einmal von Hörfunk und Fernsehen produzierte **Sendungen** für **Schüler** und **Lehrer** zur Unterstützung des **Unterrichts** oder das **Telekolleg**, das **Erwachsenen** die Möglichkeit für einen höheren Schulabschluss bietet. Bildung im Sinne von **Wissenserweiterung** wird aber auch durch jedes andere Programm vermittelt, das sich auf anspruchsvolle Weise mit politischen, wirtschaftlichen, kulturellen und anderen Aspekten unserer Welt beschäftigt. Das Problem ist nur, dass Macher wie Mediennutzer oft glauben, Bildung könne und dürfe nicht auch gleichzeitig unterhalten.

4.3 Verfassungsrechtliche Grundlagen für die Medien

Begriffe

Meinungsfreiheit* ◆ *Informationsfreiheit* ◆ *Pressefreiheit* ◆ *Rundfunkfreiheit* ◆ *Filmfreiheit* ◆ *Zulassungspflicht* ◆ *Staatsferne* ◆ *Internet

Lernziele

Die Medien können ihre zuvor genannten Aufgaben nur erfüllen, wenn ihnen die **Verfassung Meinungs-, Informations-, Presse-, Rundfunk- und Filmfreiheit** gewährleistet. Die **Grundlage** dafür bilden in Deutschland seit dem 23. Mai 1949 Artikel 5 Absatz 1 und 2 des **Grundgesetzes:**

> (1) Jeder hat das Recht, seine **Meinung** in Wort, Schrift und Bild frei zu äußern und zu verbreiten und sich aus allgemein zugänglichen Quellen ungehindert **zu unterrichten**. Die **Pressefreiheit** und die **Freiheit der Berichterstattung durch Rundfunk und Film** werden gewährleistet. Eine Zensur findet nicht statt.

(2) Diese Rechte finden ihre Schranken in den Vorschriften der allgemeinen Gesetze, den gesetzlichen Bestimmungen zum Schutze der Jugend und in dem Recht der persönlichen Ehre.

Was verbirgt sich hinter den Begriffen?

- **Meinungsfreiheit**
  Die **Meinungsfreiheit** ist nach Artikel 19 der „Allgemeinen Erklärung der Menschenrechte" der UN vom 10.12.1948 ein **Menschenrecht**, das jedem unabhängig von seiner Nationalität zusteht. Das Grundgesetz schützt Meinungsäußerungen unabhängig davon, ob sie **richtig** oder **falsch, emotional** oder **rational** begründet sind. Ist Lügen also erlaubt? Nein - denn das Aufstellen und Verbreiten von **unrichtigen, unwahren Tatsachenbehauptungen** ist durch Art. 5,1 **nicht** grundgesetzlich abgesichert. Das Gleiche gilt im Übrigen auch für alle Aussagen, die den Tatbestand der **Volksverhetzung** erfüllen.

- **Informationsfreiheit**
  Die Informationsfreiheit, also die Möglichkeit sich aus **frei zugänglichen Quellen** zu unterrichten, wird im Gesetzestext zwar an zweiter Stelle genannt, ist aber deshalb keinesfalls zweitrangig. Grundvoraussetzung für das Funktionieren einer **repräsentativen Demokratie** ist die **unabhängige Meinungs- und Willensbildung.** Und diese Meinungs- und Willensbildung funktioniert nur, wenn **jeder Bürger** sich **umfassend** aus einem Angebot **unabhängiger** Quellen informieren kann.

- **Pressefreiheit**
  Das Grundgesetz schützt diesbezüglich sowohl das Recht des Einzelnen, **Pressetätigkeit** auszuüben, als auch die Presse als **Institution.** Unter dem Begriff **„Presse"** sind dabei alle zur **Verbreitung** an die **Allgemeinheit** bestimmten **Druckerzeugnisse** zu verstehen, also z.B. Zeitungen, Zeitschriften, Bücher, Flugblätter oder Plakate. Und im Gegensatz zu Hörfunk und Fernsehen bedarf die Presse **keiner staatlichen Zulassung**, d.h. die Pressetätigkeit und auch die Errichtung eines Presseunternehmens sind nicht an die Erteilung einer Lizenz oder sonstigen behördlichen Erlaubnis gebunden.

- **Rundfunkfreiheit**
  Rundfunk ist der Oberbegriff für **Hörfunk** (**Radio**) und **Fernsehen.**
  Für Fernseh- und Hörfunkbetreiber besteht zwar im Unterschied zur Presse eine **Zulassungspflicht,** dennoch ist die **„Staatsferne"** das wichtigste Merkmal des Rundfunks. Das heißt, ebenso wie die Presse unterliegt auch der Rundfunk in Deutschland **nicht** der **Aufsicht** und **Kontrolle** durch den Staat. Dies hat auch das **Bundesverfassungsgericht** in seinem berühmten **ersten Fernsehurteil** von **1961** noch einmal ausdrücklich festgestellt. Danach schließt Art. 5 GG aus *„... daß der Staat unmittelbar oder mittelbar eine Anstalt oder Gesellschaft beherrscht, die Rundfunksendungen veranstaltet."* Hintergrund dieses Urteils war der (missglückte) Versuch der **Adenauer-Regierung**, neben der ARD ein zentrales, privatwirtschaftlich finanziertes und bundesstaatlich kontrolliertes Programm, die **„Deutschland-Fernsehen GmbH"** einzurichten.

- **Internet**
  Und was sagt das Grundgesetz über das Internet? Der Begriff selbst kommt dort nicht vor; schließlich stammt das Gesetz aus dem Jahr 1949. Natürlich gelten aber auch für den me-

dialen Newcomer des späten 20. Jahrhunderts die Grundrechte der **Informations-** und **Meinungsfreiheit**. Ferner fällt der **Rundfunk im Internet** naheliegenderweise unter die Bestimmungen der **Rundfunkfreiheit** und die **elektronische Presse** kann sich genauso wie die „papiergebundene" Presse auf die **Pressefreiheit** berufen.

4.4 Die duale Rundfunkordnung

Begriffe

duale Rundfunkordnung ◆ öffentlich-rechtlicher Rundfunk ◆ private (= kommerzielle) Rundfunkanbieter ◆ Staatsvertrag ◆ Rundfunkgesetze ◆ Rundfunkstaatsvertrag ◆ Meinungsvielfalt ◆ Landesrundfunkanstalten ◆ ARD ◆ ZDF ◆ Programmauftrag ◆ Grundversorgung ◆ Einschaltquoten ◆ Finanzierung ◆ Rundfunkgebühren ◆ Werbung

Lernziele

4

Historischer Überblick

Mit dem Begriff **„duale Rundfunkordnung"** bezeichnet man das geregelte Nebeneinander von **öffentlich-rechtlichen** und **privaten (kommerziellen) Rundfunkanbietern** in Deutschland. Es ist die **vierte Rundfunkordnung** seit der Einführung des Rundfunks im Jahr 1923:

- In der **Weimarer Republik** gab es einen **privatwirtschaftlich** organisierten Rundfunk, der aber unter **staatlicher Aufsicht** und **Kontrolle** stand.
- Die **Nationalsozialisten** machten daraus einen **ideologisch gleichgeschalteten**, totalitären Zwecken dienenden **Staatsrundfunk**, der allein von der Partei bestimmt wurde.
- Ausgehend von der Erfahrung, dass der Rundfunk als Massenmedium von einer diktatorischen Regierung missbraucht werden kann, hatten die **westlichen Alliierten** nach dem Ende des Zweiten Weltkriegs dafür gesorgt, dass in **Westdeutschland** die Grundlagen für einen sich **selbst verwaltenden**, **staatsfreien** und **interessenunabhängigen öffentlich-rechtlichen Rundfunk** gelegt wurden. In der **DDR** blieb der Rundfunk ein **staatliches Medium**, das den Interessen der SED und der von ihr vertretenen Ideologie diente.
- Mit der Zulassung von **privatwirtschaftlichen Programmanbietern** begann 1984 die Ordnung des heutigen, dualen Rundfunksystems. Die Privaten haben das **Programmangebot** nicht nur „bunter", sondern vor allem auch **umfangreicher** gemacht:

Begriffsdefinition: **Rundfunk**

Rundfunk ist der technische und juristische Sammelbegriff für Hörfunk und Fernsehen. Im Unterschied zu den meisten anderen Staaten ist er in Deutschland öffentlich-rechtlich organisiert. Sein wichtigstes Kennzeichen ist die Staatsferne, d.h. die Unabhängigkeit von der Regierung. Zu seinen Grundpfeilern gehören Meinungsvielfalt und Zuverlässigkeit.
Neben den Öffentlich-Rechtlichen stehen seit 1984 viele privat organisierte Sender, die sich vor allem durch Werbeeinnahmen finanzieren.

1984 empfing ein bundesdeutscher Durchschnittshaushalt 3,5 Fernsehprogramme, zehn Jahre später waren es bereits 22. Bis heute hat sich die Zahl der Kanäle um ein Vielfaches erhöht. Dazu hat auch die Einführung der **Digitaltechnik** beigetragen, die von den Privaten ebenso wie von den Öffentlich-Rechtlichen zur Erweiterung ihres Angebots genutzt wird.

Rechtliche Grundlagen

Die wichtigste **rechtliche Grundlage** für das duale Rundfunksystem in Deutschland bildet der **Staatsvertrag über den Rundfunk im vereinten Deutschland***, den die Bundesländer am 31. August 1991 geschlossen haben und der seit September 2003 in der mittlerweile siebten geänderten Fassung vorliegt. Er umfasst in seinen **fünf Artikeln** - dem Rundfunkstaatsvertrag (Artikel 1), dem ARD-Staatsvertrag (Artikel 2), dem ZDF-Staatsvertrag (Artikel 3), dem Rundfunkgebührenstaatsvertrag (Artikel 4) und dem Rundfunkfinanzierungsstaatsvertrag (Artikel 5) - **Grundsatzregelungen** für den **öffentlich-rechtlichen** und den **privaten Rundfunk**.

Im **Rundfunkstaatsvertrag** sind u.a. Bestimmungen über die **allgemeinen Programmgrundsätze** von Öffentlich-Rechtlichen und Privaten, über Art und Umfang der **Werbung**, über die Sicherung der **Meinungsvielfalt** oder auch über die **Rundfunkfinanzierung** enthalten.

Der öffentlich-rechtliche Rundfunk

Der **öffentlich-rechtliche Rundfunk**, d.h. die **öffentlich-rechtlichen Medien** gehören der **Allgemeinheit.** Sie sind - wie zuvor erläutert - **staatsunabhängige Einrichtungen**, deren Aufgabe es ist, der Gesellschaft zu dienen. Sie haben eine **eigene Rechtspersönlichkeit** („Anstalten des öffentlichen Rechts") und besitzen das **Recht der Selbstverwaltung.**

Das öffentlich-rechtliche Rundfunksystem besteht aus **neun Landesrundfunkanstalten**, die in der **Arbeitsgemeinschaft der öffentlich-rechtlichen Rundfunkanstalten Deutschlands (ARD)** zusammengeschlossen sind und **gemeinsam** das bundesweite **Erste Programm** des Deutschen Fernsehens ausstrahlen. Die Rundfunk-

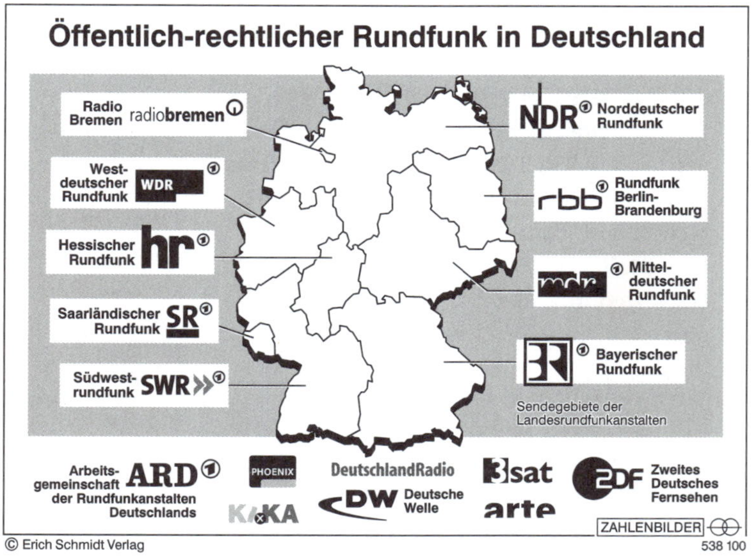

Abb. 4.2 Öffentlich-rechtlicher Rundfunk

* Der **Staatsvertrag** stellt eine **Erweiterung** des ursprünglich von neun Landesrundfunkanstalten im Jahr **1953** geschlossenen so genannten **Fernsehvertrages** dar. Außer dem Staatsvertrag gibt es noch **Rundfunkgesetze**, die das Rundfunkwesen in den **einzelnen Bundesländern** regeln. Diese Regelung erfolgt teilweise auch in Form von **Staatsverträgen mehrerer Länder**, z.B. für den Südwestrundfunk von den Ländern Rheinland-Pfalz und Baden-Württemberg.

anstalten verbreiten außerdem in ihren jeweiligen Sendegebieten die so genannten **Dritten Fernsehprogramme** und mehrere **Hörfunkprogramme**. Träger des zweiten Fernsehprogramms ist das **Zweite Deutsche Fernsehen (ZDF)**, das im Jahr 1961 von den Bundesländern als gemeinsame Anstalt errichtet wurde.

ARD und ZDF gestalten gemeinsam mit dem Österreichischen (ORF) und dem Schweizer Fernsehen (SRG) den Kanal 3sat. Daneben betreiben ARD und ZDF zusammen mit dem Französischen Fernsehen den zweisprachigen Kulturkanal arte sowie außerdem das Kinderfernsehen (KI.KA) und den Dokumentationskanal Phoenix. Ergänzt wird das Angebot mittlerweile durch eine Vielzahl **digitaler Programme**. Dabei handelt es sich zumeist um **Spartenprogramme**, d.h. Programme, deren Inhalte auf spezielle Bereiche (z.B. Spielfilm, Kultur, Dokumentation, Musik) beschränkt sind.

4

Öffentlich-rechtliche Medien unterscheiden sich von privaten in zwei wesentlichen Punkten – dem Programmauftrag und der Finanzierung.

◆ Programmauftrag

(1) Der öffentlich-rechtliche Rundfunk hat durch die Herstellung und Verbreitung von Hörfunk- und Fernsehprogrammen als Medium und Faktor des Prozesses **freier individueller** und **öffentlicher Meinungsbildung** zu wirken. ...

(2) Der öffentlich-rechtliche Rundfunk hat in seinen Angeboten und Programmen einen **umfassenden Überblick** über das internationale, europäische, nationale und regionale Geschehen in allen wesentlichen Lebensbereichen zu geben. ... Sein Programm hat der **Information**, **Bildung**, **Beratung** und **Unterhaltung** zu dienen. Er hat Beiträge insbesondere zur **Kultur** anzubieten.

(3) Der öffentlich-rechtliche Rundfunk hat bei der Erfüllung seines Auftrags die Grundsätze der **Objektivität** und **Unparteilichkeit** der Berichterstattung, die **Meinungsvielfalt** sowie die **Ausgewogenheit** der Angebote und Programme zu berücksichtigen.

Aus: Rundfunkstaatsvertrag, II. Abschnitt, Vorschriften für den öffentlich-rechtlichen Rundfunk, §11 Auftrag

Vergleichbare Vorgaben wie dieses Zitat aus dem Rundfunkstaatsvertrag finden sich in den jeweiligen Landesrundfunkgesetzen bzw. Staatsverträgen. Ihnen allen gemeinsam sind jedoch folgende Grundsätze: die **Verpflichtung zur Grundversorgung** durch ein umfassendes Programm und **Information, Bildung, Beratung** und **Unterhaltung** als „Säulen“, auf denen der Programmauftrag ruhen sollte. Forderungen, deren Erfüllung angesichts der **privaten Medienkonkurrenz** und der Angst vor schlechten **Einschaltquoten*** zusehends in Gefahr gerät.

◆ Finanzierung

Der Finanzbedarf der Sendeanstalten wird im Wesentlichen aus zwei Quellen gespeist: Einnahmen aus **Teilnehmergebühren (Rundfunkgebühren)** und aus **Werbung** (**Werbefunk** bzw. **Werbefernsehen**). Dazu ein Beispiel: Im Jahr 2003 beliefen sich die Erträge der damals noch zehn Landesrundfunkanstalten aus den Teilnehmergebühren auf rund 4,9 Mrd. Euro, die Werbeeinnahmen betrugen rund 118,2 Mio. Euro.

* **Einschaltquoten** geben Auskunft über die **Zuschauer-** und **Hörerbeteiligung**. Sie werden von der Nürnberger Gesellschaft für Konsumforschung (GfK) mittels technischer Geräte, die in repräsentativ ausgewählten Haushalten installiert sind, ermittelt.

Der Rundfunkstaatsvertrag bindet die öffentlich-rechtlichen Sender an **bestimmte Sendezeiten**, zu denen Werbung erlaubt ist (z.B. keine Werbung nach 20.00 Uhr sowie an Sonntagen und im ganzen Bundesgebiet anerkannten Feiertagen). Auch die **Dauer der Werbeeinschaltungen** pro Sendetag ist festgelegt (z.B. jeweils maximal 20 Minuten werktäglich im Jahresdurchschnitt für ARD und ZDF).

Einer der „Grundpfeiler" der öffentlich-rechtlichen Medien ist neben der Staatsferne eigentlich auch die möglichst weitgehende **Unabhängigkeit von wirtschaftlichen Interessen**. Hauptfinanzierungsquelle sollten daher die Teilnehmergebühren sein. Mittlerweile sind jedoch auch die Öffentlich-Rechtlichen in steigendem Maße auf Werbeeinnahmen durch Industrie und Wirtschaft angewiesen.

Private (kommerzielle) Rundfunkanbieter

Der Eintritt der **privaten Anbieter** von **Fernseh-** und **Hörfunkprogrammen** hat die Landschaft der elektronischen Medien in Deutschland nachhaltig verändert. Bis 1984 teilten sich ARD und ZDF den Markt, lebten in eingeschränkter Konkurrenz nebeneinander. Es wurde vom Monopol der öffentlich-rechtlichen Sendeanstalten gesprochen.

Mittlerweile haben Fernsehsender wie RTL, Sat 1 oder ProSieben und Spezialkanäle für Sport, Musik oder Nachrichten sowie private Radiostationen (insbesondere im Regional- und Stadtbereich) die Öffentlich-Rechtlichen im Kampf um die Gunst des Publikums in arge Bedrängnis gebracht. Mehr als 30 deutschsprachige Programme in Hörfunk und Fernsehen stehen dem technisch entsprechend gerüsteten Haushalt zur Verfügung. Zuständig für **Zulassung** und **Aufsicht** der privaten Anbieter sind im Übrigen die **Landesmedienanstalten**.

Und wie finanzieren sich die Privaten? Und welchen Programmauftrag haben sie zu erfüllen?

- Private Sender finanzieren sich vorwiegend aus **Werbeeinnahmen** und aus dem so genannten **Transaktionsfernsehen** (z.B. **Teleshopping, Anrufgebühren**). Dazu ein Beispiel: 2003 betrug das durch Werbung finanzierte Budget aller privaten Rundfunkanbieter rund 4 Mrd. Euro, während im gleichen Zeitraum für die Öffentlich-Rechtlichen Teilnehmergebühren in Höhe von rund 6,8 Mrd. Euro anfielen.

- Private Sender haben **keinen** ausdrücklichen **Programmauftrag**, d.h. sie haben das **Gebot der Grundversorgung** wie es für die Öffentlich-Rechtlichen besteht, **nicht** zu erfüllen. Damit sind sie von aufwändigen Redaktionen entlastet und nicht gehalten, ein teures, weltweites Netz von Korrespondenten zu unterhalten. Bei der Mehrzahl der privaten Anbieter rangiert die **Unterhaltung** eindeutig vor der Information und es gibt, zumindest bisher, **keine speziellen Bildungsprogramme**.

- Ein weiterer wichtiger Punkt ist die **Meinungsvielfalt**. Nach einem Urteil des **Bundesverfassungsgerichtes** aus dem Jahr 1986 ist es verfassungskonform, an den privaten Rundfunk **weniger hohe Ansprüche** in Sachen Meinungsvielfalt - und damit verbunden umfassender Information und Breite des Programmangebots - zu stellen. **Voraussetzung** ist allerdings, dass die **öffentlich-rechtlichen Rundfunkanbieter** dieses Defizit durch ihre **Grundversorgung** mit einem umfassenden Programmangebot ausgleichen.

Der Kampf um die Quote

Einschaltquoten bestimmen die **Preise**, die von den Sendeanstalten für ausgestrahlte **Werbesendungen** erhoben werden können. Insbesondere für Fernsehanbieter sind sie von großer Bedeutung. Werbeforscher erstellen **Zuschauerprofile**, sie ergründen, welche Personengruppe wann und wie häufig vor dem Bildschirm sitzt – Kinder, Jugendliche, Erwachsene, Hausfrauen oder Hausmänner, ältere Menschen. In Zeiten mit hoher Beteiligung einer enger umreißbaren Zuschauergruppe werden speziell auf diese **Zielgruppe** zugeschnittene Werbesendungen ausgestrahlt.

Es ist leicht einsehbar, dass die begrenzt zur Verfügung stehenden **Werbeetats der Firmen** zwischen den einzelnen privaten Sendern, aber auch zwischen Privaten und Öffentlich-Rechtlichen heiß umkämpft sind. Der zur Verteilung anstehende „Kuchen“ ist nicht grenzenlos vermehrbar. Dass dieser **Konkurrenzdruck** Auswirkungen auf die **Programmstruktur** hat, liegt nahe. Zu wichtigen, also **werbeträchtigen Sendezeiten** werden eher Sendungen mit einer **Massenanziehungskraft** angeboten als Programme, die nur **Minderheiten** ansprechen.

4

Doch der Kampf um die Quote hängt nicht nur mit den Werbeeinnahmen zusammen. Für die **öffentlich-rechtlichen Rundfunkanbieter** sind Einschaltquoten mittlerweile auch in der **werbefreien Sendezeit** oder bei **Programmen**, für die ein **generelles Werbeverbot** besteht (wie z.B. bei den Dritten Fernsehprogrammen), ein entscheidendes Kriterium ihrer Programmgestaltung.

4.5 Die Presse

Begriffe

Printmedien ◆ äußere und innere Pressefreiheit ◆ Verleger ◆ Herausgeber ◆ Grundsatzkompetenz ◆ Tendenzschutzparagraph ◆ Redaktionsstatute ◆ freiwillige Selbstkontrolle: publizistische Grundsätze (Pressekodex) des Deutschen Presserates

Lernziele

Pressefreiheit

Mit Artikel 5 Absatz 1 GG ist die **äußere Pressefreiheit** umrissen und garantiert (vgl. dazu Abschnitt 4.3). Damit ist ein Rahmen gesetzt, der an vielen Stellen der Ausfüllung bedarf. So konkretisieren **Gesetze** die **Anwendung der Presse- und Meinungsfreiheit** (z.B. das **Jugendschutzgesetz** oder die Gesetze zur Wahrung der **individuellen Persönlichkeitsrechte**).

Im Gegensatz zu den öffentlich-rechtlich organisierten elektronischen Medien sind die **Printmedien** durchweg **privatwirtschaftliche Unternehmen**. Mit dem **Verkauf** der Zeitungen oder anderer Publikationen soll Gewinn erwirtschaftet werden. **Wirtschaftsinteressen** müssen daher mit **publizistischen Interessen** in Einklang gebracht werden. Etwa ein Drittel der Einnahmen resultiert aus den **Verkaufserlösen**, die restlichen beiden Drittel müssen über **Werbeeinnahmen** erwirtschaftet werden. Verständlich, dass der Eigentümer bestrebt ist, die **Auflage** seines Produkts zu steigern. Je höher die Auflage, desto höher die Werbeeinnahmen. In diesem Zusammenhang stellt sich auch die Frage nach der **inneren Pressefreiheit**. Das heißt: Haben **wirtschaftliche Erwägungen** Einfluss auf die **journalistische Arbeit** in den Redaktionen? Und wer trifft die **Entscheidung**, was **veröffentlicht** wird und was nicht?

Verleger und Herausgeber

Der **Verleger** ist der **Eigentümer** der Publikation. Er übernimmt die **Kosten** und zeichnet für **Herstellung** und **Vertrieb** verantwortlich. Nur selten sind heute Verleger Einzelpersonen, viel häufiger treten **Verlagshäuser** und **Medienkonzerne**, wie z.B. Springer oder Bertelsmann, als Verleger auf. Neben Bücher, CDs, Videos und DVDs tritt die Zeitung, die Zeitschrift oder das Magazin und rundet das **Medienangebot** solcher Großunternehmen ab.

Das Recht des Verlegers, die **politische Richtung** seiner Publikation zu bestimmen, wird auch als **Grundsatzkompetenz** bezeichnet. Abgesichert ist dieses Recht durch den so genannten **Tendenzschutzparagraphen** (§118 des Betriebsverfassungsgesetzes). Danach haben die Redakteure keine Möglichkeit der Mitbestimmung bei inhaltlichen, personellen und wirtschaftlichen Fragen. Seit Beginn der 70er Jahre gibt es jedoch einzelne **Redaktionsstatute**, die die innere Pressefreiheit sichern sollen. Dabei handelt es sich um **freiwillige Vereinbarungen** mit den Verlegern, die den **Redakteuren Mitsprachemöglichkeiten** einräumen.

Der **Herausgeber** zeichnet verantwortlich für den **Inhalt** der Publikation und dadurch wird die **politische Orientierung** des Produkts ganz wesentlich von ihm mitbestimmt. Dort, wo Verleger und Herausgeber in Personalunion auftreten, sind politische und wirtschaftliche Zielsetzungen aufs engste miteinander verknüpft.

Chefredakteur, Redaktionskollegium, Redakteure

Sie sind die **Macher** der Publikation, gestalten deren Inhalt und Form. Verantwortlich für den Inhalt gegenüber Verleger und Herausgeber zeichnet der **Chefredakteur**, in manchen Fällen ein **Redaktionskollegium**, das einem kollektiven Chefredakteur gleicht.

Konflikte, die zwischen **Redaktionen** und **Verlegern** bzw. **Herausgebern** auftreten, sind bei dieser Konstruktion fast unvermeidlich. Für Redakteure zählt bei der Aufbereitung von Informationen zu politischen, wirtschaftlichen und gesellschaftlichen Ereignissen in der Regel vornehmlich ihr **journalistisches Selbstverständnis**. Verleger und Herausgeber hingegen haben oft auch andere, insbesondere wirtschaftliche Interessen im Auge.

Freiwillige Selbstkontrolle: der Pressekodex des Deutschen Presserates

Der **Deutsche Presserat** ist ein Zusammenschluss gleichberechtigter, unabhängiger und nicht an Weisungen gebundener Persönlichkeiten der Presse in Deutschland. Seine Aufgabe ist die einer **freiwilligen Selbstkontrollle**, d.h., es geht darum, Missstände im Pressewesen festzustellen und ihre Beseitigung zu erwirken. In den 70er Jahren hat der Presserat zusammen mit den Presseverbänden einen Katalog **publizistischer Grundsätze** erarbeitet (vgl. dazu nebenstehenden Auszug). Dieser **Pressekodex** dient der Wahrung der **Berufsethik**, bietet allerdings keine rechtliche Handhabe bei Verstößen. Somit kann der Presserat die Beachtung seiner Beschlüsse auch nicht erzwingen. Er kann jedoch öffentlichen Druck ausüben.

Gerade bei den **massenattraktiven Boulevardblättern** (*Bild-Zeitung, Münchner Abendzeitung, Kölner Express* etc.) ist es jedoch fraglich, ob ein ethischer Grundsatzkatalog im täglichen Kampf um die beste Schlagzeile ein wirksames Instrument ist.

Publizistische Grundsätze (Pressekodex) des Deutschen Presserates (Auszug)
Die im Grundgesetz der Bundesrepublik Deutschland verbürgte Pressefreiheit schließt die Unabhängigkeit und Freiheit der Information, der Meinungsäußerung und der Kritik ein. Verleger, Herausgeber und Journalisten müssen sich bei ihrer Arbeit der Verantwortung gegenüber der Öffentlichkeit und ihrer Verpflichtung für das Ansehen der Presse bewußt sein. ...

1. Achtung vor der Wahrheit und wahrhaftige Unterrichtung der Öffentlichkeit sind oberstes Gebot der Presse.
2. Zur Veröffentlichung bestimmte Nachrichten und Informationen in Wort und Bild sind mit der nach den Umständen gebotenen Sorgfalt auf ihren Wahrheitsgehalt zu prüfen. Ihr Sinn darf durch Bearbeitung, Überschrift oder Bildbeschriftung weder entstellt noch verfälscht werden. ...

3. Veröffentlichte Nachrichten oder Behauptungen, die sich nachträglich als falsch erweisen, hat das Publikationsorgan, das sie gebracht hat, unverzüglich von sich aus in angemessener Weise richtigzustellen.
4. Bei der Beschaffung von Nachrichten, Informationsmaterial und Bildern dürfen keine unlauteren Methoden angewandt werden. ...

7. Die Presse achtet das Privatleben und die Intimsphäre des Menschen. Berührt jedoch das private Verhalten eines Menschen öffentliche Interessen, so kann es auch in der Presse erörtert werden. Dabei ist zu prüfen, ob durch eine Veröffentlichung Persönlichkeitsrechte Unbeteiligter verletzt werden. ...

4

4.6 Die Grenzen von Meinungs-, Informations- und Medienfreiheit(en)

Begriffe

Medienfreiheiten ◆ Meinungsfreiheit ◆ Informationsfreiheit ◆ Schutz der persönlichen Ehre ◆ Schutz der Persönlichkeit ◆ Allgemeines Persönlichkeitsrecht ◆ Personen der Zeitgeschichte ◆ Personen des öffentlichen Lebens ◆ Recht am eigenen Bild ◆ Medienrechtsverstöße ◆ Gegendarstellung

Lernziele

Medienfreiheiten ist ein Sammelbegriff für die Presse-, Rundfunk- und Filmfreiheit.

Nach Artikel 5 Absatz 2 GG finden die **Meinungs-** und die **Informationsfreiheit** sowie die **Medienfreiheiten** *„ihre Schranken in den Vorschriften der allgemeinen Gesetze, den gesetzlichen Bestimmungen zum Schutze der Jugend und in dem Recht der persönlichen Ehre."* Eine **gesetzliche Einschränkung** dieser **Grundrechte** ist aber nur dann zulässig, wenn durch ihre Ausübung ein mindestens **gleichrangiges Rechtsgut** - wie z.B. der Schutz der Persönlichkeit - **verletzt** wird. Der Gesetzgeber muss also im Bedarfsfall eine **Güterabwägung** treffen.

Nachfolgend ein paar Anmerkungen zu den vermutlich bekanntesten Problemfeldern von Meinungs-, Informations-, Medienfreiheiten und allgemeiner Gesetzgebung.

Schutz der persönlichen Ehre

Das **Strafgesetzbuch (StGB)** führt in den §§185, 186 und 187 drei **Grundtatbestände zum Schutz der persönlichen Ehre** an – Beleidigung, üble Nachrede und Verleumdung.

- Unter **„übler Nachrede"** versteht man das Aufstellen und Verbreiten **ehrenrühriger Tatsachenbehauptungen**, deren Wahrheitsgehalt nicht nachgewiesen wird.

- Der Tatbestand der **„Verleumdung“** liegt vor, wenn eine **unrichtige Tatsachenbehauptung** wider besseres Wissen aufgestellt oder verbreitet wird.

- Eine **„Beleidigung“** muss dagegen keine unrichtige Tatsachenbehauptung sein. Sie kann schon bei einer **Meinungsäußerung** bzw. der Abgabe eines **Werturteils** vorliegen. Aber da Artikel 5 GG die Meinungsfreiheit garantiert, kommt hier die Güterabwägung zum Tragen. So hat das **Bundesverfassungsgericht** entschieden, dass der Schutz des privaten Rechtsguts zurücktreten muss und kann, wenn es sich um einen Beitrag zum „geistigen Meinungskampf“ handelt und zwar in einer *„die Öffentlichkeit wesentlich berührenden Frage durch einen dazu Legitimierten“*. Sind also die genannten **Voraussetzungen - geistiger Meinungskampf** plus **Legitimation**, z.B. durch Ausübung **journalistischer Tätigkeit** - gegeben, besteht für den Meinungsäußernden eine relativ große Chance, mit einer Beleidigung ungestraft „davonzukommen“. vgl. Politikerreden

Schutz der Persönlichkeit durch das Allgemeine Persönlichkeitsrecht

Das **Allgemeine Persönlichkeitsrecht** schützt im Wesentlichen fünf Bereiche der Persönlichkeit:

- die **persönlichen Aufzeichnungen** und das **nicht öffentlich gesprochene Wort**,
- die **informelle Selbstbestimmung** (Weitergabe von persönlichen Daten nur mit Zustimmung des Betroffenen),
- die **Privatsphäre**,
- die **Ausbeutung** einer Person zu wirtschaftlichen Zwecken,
- das **Persönlichkeitsbild** („guter Ruf“).

Der Schutz der Persönlichkeit gilt aber nur, falls für die Öffentlichkeit kein berechtigtes Interesse besteht, über Leben und Verhalten einer Person informiert zu werden. Ein **„berechtigtes Interesse“** besteht jedoch bei so genannten **Prominenten**, d.h. bei **Personen der Zeitgeschichte (Personen des öffentlichen Lebens)**.

Bisher hat die deutsche Rechtsprechung in **Streitfällen** zwischen **Personen der Zeitgeschichte** und den **Medien** (auch als **„Paparazzi-Urteile“** bezeichnet) nicht einheitlich, aber doch häufig zugunsten der Pressefreiheit und gegen den Persönlichkeitsschutz des Betroffenen entschieden. Dies könnte sich nun allerdings ändern: Im Dezember 1999 unterlag Caroline von Monaco vor dem **Bundesverfassungsgericht** mit einer Klage gegen mehrere deutsche Illustrierte, die Bilder aus dem Alltagsleben der Prinzessin veröffentlicht hatten. Die Karlsruher Richter verwiesen darauf, dass die Klägerin als **„absolute Person der Zeitgeschichte“** auch ohne ihre Einwilligung im **öffentlichen Raum** fotografiert werden darf. Der **Europäische Menschengerichtshof** in Straßburg beurteilte im Juni 2004 den Sachverhalt allerdings gegenteilig und sah in der Entscheidung des Bundesverfassungsgerichts einen Verstoß gegen das in der **Europäischen Menschenrechtskonvention** verankerte **Grundrecht** auf den **Schutz des Privatlebens**.

Das Recht am eigenen Bild

Zum Schutz der Persönlichkeitsrechte ist das Recht zur **Veröffentlichung von Abbildungen** (Zeichnungen, Fotos, Filmaufnahmen) von Personen **eingeschränkt**. Die einschlägigen gesetzlichen Bestimmungen dazu stehen im **Kunst-Urheber-Gesetz**. Grundsätzlich muss eine abgebildete, individuell erkennbare Person der Veröffentlichung ihres Bildes zustimmen. **Ausnahmen** gelten auch hier für **Prominente**.

Folgen von Rechtsverstößen

Bisher ging es nur um das, was rechtlich erlaubt respektive verboten ist. Deshalb noch ein kurzer Blick auf die **Folgen** von **Rechtsverstößen** durch die **Medien:**

- Eine Möglichkeit, sich als Betroffener zu wehren, ist die Klage nach **Zivilrecht,** z.B. auf **Unterlassung** oder **Berichtigung** eines Sachverhalts, auf **Erstattung** eines **materiellen Schadens** oder auch auf **Zahlung** von **Schmerzensgeld.**
- Daneben greift das **Strafrecht,** z.B. bei der Verletzung der **persönlichen Privatsphäre.** Nach §201 StGB macht sich strafbar, wer u.a. das nicht öffentlich gesprochene Wort eines anderen auf einen Tonträger aufnimmt und/oder eine solche Aufnahme verwendet. Die vorsätzliche Verletzung des **Rechts am eigenen Bild** kann mit einer Freiheitsstrafe bis zu einem Jahr oder einer Geldbuße geahndet werden.
- Die dritte Möglichkeit, sich gegen einen Rechtsverstoß durch die Medien zu wehren, stellt der **Anspruch auf Gegendarstellung** dar, der zusätzlich zu zivil- oder strafrechtlichen Klagemöglichkeiten genutzt werden kann. Eine Gegendarstellung kann allerdings nur als Antwort auf eine in den Medien aufgestellte **Tatsachenbehauptung** verlangt werden, bei **Meinungen** oder **Werturteilen** besteht **kein** Gegendarstellungsrecht.

4

4.7 Vom Ereignis zur Nachricht

Begriffe

Ereignis ◆ Information ◆ Nachricht ◆ Redakteure ◆ Rezipienten (Leser, Hörer, Zuschauer) ◆ Nachrichtenagenturen ◆ Korrespondenten ◆ „Schleusenwärter"-Funktion („gatekeeper"-Funktion) ◆ Agenda-Setting-Function (Thematisierungsfunktion) ◆ Kriterien der Nachrichtenauswahl ◆ journalistische Sorgfaltspflicht

Lernziele

Mediale Informationsflut

Allein ARD, ZDF, RTL, SAT.1 und ProSieben haben 2003 täglich insgesamt 7.200 Minuten Programm aus den Sparten Information, Fiktion, nonfiktionale Unterhaltung, Musik, Sport, Kinder- und Jugendsendungen, Sonstiges und Werbung ausgestrahlt. Andere Sender wie z.B. die Dritten, 3sat oder Kabel 1 waren natürlich ebenfalls 24 Stunden lang auf Sendung, womit noch ein paar Tausend Minuten hinzukommen. Neben den **TV-Angeboten** gab es außerdem über 330 **Hörfunksender** – das sind bei einem 24-stündigen Sendebetrieb fast 8.000 Stunden bzw. 475.200 Minuten Programm. Und dann noch die **Printmedien**: 2003 erschienen in der Bundesrepublik 381 Tageszeitungen mit einer Gesamtauflage von rund 29 Mio. Exemplaren. Diese Aufzählung ließe sich noch um einiges verlängern, aber der Eindruck dürfte schon genügen: Die Medien sind allgegenwärtig.

Aber diese riesige **mediale Informationsflut** ist lediglich die winzige Spitze des tatsächlich existierenden **„Ereignis-Eisbergs"**. Nur ein verschwindend geringer Teil dessen, was weltweit täglich passiert, wird von den Medien überhaupt wahrgenommen. Aus diesem Angebot sortieren **Redakteure** wiederum das meiste als im weitesten Sinne „zu unbedeutend" aus. Nur die Informationen, die nicht durchs Raster fallen, gelangen schließlich als **Nachricht** in den Druck oder auf Sendung. Dabei lässt es sich kaum vermeiden, dass mehrfaches **Auswählen, Filtern** und **Kürzen** auch die **Objektivität** reduziert. Und was den **Rezipienten**, d.h. den **Leser, Hörer** oder **Zuschauer** betrifft, so muss dieser auch noch zufällig zur richtigen (Sende)Zeit ein Medium nutzen, um in den Genuss einer Information zu gelangen.

Nachrichtenagenturen und Korrespondenten

Die Meldungen, die man tagtäglich in den Nachrichtensendungen hört oder in der Zeitung liest, werden von **Redakteuren** und **Journalisten** vermittelt, die in der Regel nicht selbst Zeugen eines Ereignisses waren. Ihre zentrale **Informationsquelle** sind **Nachrichtenagenturen.** In Deutschland bestimmen im Wesentlichen fünf Firmen den Nachrichtenmarkt: dpa (Deutsche Presse-Agentur), AFP (Agence France-Presse), AP (Associated Press), ddp (Deutscher Depeschendienst) und rtr (Reuters). Die Agenturen verfügen über ein Netz von **Korrespondenten** (Berichterstattern), die vor Ort Nachrichten recherchieren und an die Zentrale weiterleiten.

In den Agenturen kommt eine kaum bezifferbare Menge von Informationen zusammen. Bevor diese an die Rundfunkhäuser und Zeitungsredaktionen weitergeleitet werden, findet ein **erster Bearbeitungsprozess** statt. Das heißt, zwischen einem **Ereignis** und der **Mitteilung** darüber steht ein Mensch, der **zusammenfasst, auswählt, weglässt** - also ein (relativ) objektives Geschehen **filtert** und damit **mitteilbar** macht.

Größere Medienunternehmen, wie z.B. die öffentlich-rechtlichen Rundfunkanstalten oder die *Süddeutsche Zeitung*, unterhalten ein **eigenes weltweites Korrespondentennetz** und machen sich dadurch ein Stück weit unabhängig vom Quasi-Monopol der Nachrichtenagenturen. Manche dieser Korrespondenten arbeiten gleichzeitig für mehrere Sender oder Zeitungen.

„Schleusenwärter"-Funktion und Agenda-Setting-Function

Die nächste Stufe im **Nachrichtenauswahlprozess** bilden die journalistischen Mitarbeiter in den Medienunternehmen, also z.B. die Redakteure. Sie entscheiden, welche Meldung es ins Blatt oder in die Sendung schafft. Deshalb werden sie auch als **„Schleusenwärter"** (**„gatekeepers"**) bezeichnet. Die **„Schleusenwärter"-Funktion** ist eng mit der so genannten **Agenda-Setting-Function (Thematisierungsfunktion)** verbunden. Denn durch ihre Auswahl entscheiden Medienschaffende über die **„Tagesordnung" (Agenda)**, d.h. darüber, welche **Themen** in den **Medien** und damit in der **Öffentlichkeit** diskutiert werden. Etwas verschärft formuliert könnte man sagen: ein Thema, das nicht in den Medien vorkommt, ist keines.

Begriffsdefinition: **Agenda-Setting-Theorie**

Durch diese Theorie wird der Einfluss der Medien auf den Mediennutzer untersucht und definiert.
Demnach bestimmen Medien nicht so sehr, was wir denken, sondern vor allem worüber wir denken. Medien legen durch die Auswahl der Themen eine „Tagesordnung" (Agenda) fest, weisen den Themen einen Grad an Wichtigkeit zu. Damit prägen sie in starkem Maße das Bewusstsein der Öffentlichkeit in einer demokratischen Gesellschaft.

In diesem Zusammenhang stellt sich natürlich die Frage, nach welchen **Kriterien** die *gatekeepers* ihre Auswahl treffen. Oder anders formuliert: Was macht eine Meldung zur Nachricht?

Es gibt einen inoffiziellen **Kriterienkatalog** für **Nachrichtenfaktoren: Prominenz, Nähe, Gefühl, Sex, Fortschritt, Folgenschwere, Konflikt, Dramatik, Kuriosität, Nutzen:** Eine Meldung schafft den Sprung zur Nachricht also mit großer Wahrscheinlichkeit, wenn eine prominente Person beteiligt ist, wenn sich das Ereignis in räumlicher Nähe zum Rezipienten zugetragen hat (Meldungen aus Grönland sind für deutsche Leser eher uninteressant), wenn das Geschehen Emotionen weckt, wenn es eine erotische Komponente enthält, wenn die Meldung über Erfolge aus Industrie, Gesellschaft oder Technik berichtet, wenn sie einen Konflikt zwischen Beteiligten thematisiert, wenn das Ereignis dramatisch ist, von der Norm abweicht oder gewisse Auswirkungen auf einen größeren Personenkreis hat. Davon abgesehen, sollte die betreffende Meldung natürlich wahr sein, d.h. erste **journalistische Sorgfaltspflicht** ist immer die **Überprüfung des faktischen Gehalts**.

4.8 Meinungsbildung und Machtkontrolle

Begriffe

Meinungsbildung ◆ „Meinungsmache" ◆ Machtkontrolle ◆ „vierte Gewalt" ◆ demokratische Legitimation ◆ Kontrollinstanz ◆ Öffentlichkeit ◆ Transparenz ◆ Interessenkonstellationen ◆ Interessenvertreter der Bürger

Lernziele

Meinungsbildung durch die Medien

Aufgabe der Medien ist es, den **Bürgern** eine möglichst umfassende und fundierte **Meinungsbildung** zu ermöglichen. Diesem Zweck dient natürlich nicht nur die reine **Tatsacheninformation**, sondern auch die Vermittlung von **Hintergrundwissen** und **Zusammenhängen**. Meinungsbildung als „Rüstzeug" für den mündigen Bürger ist eine Sache. Doch wie verhält es sich mit der **These** von der (zumeist negativen) **„Meinungsmache"** durch die Medien oder einzelne Medienvertreter? Sicher ist, dass Medien durch die Auswahl bestimmter Themen und die Art, wie sie dargestellt werden, die **Stimmung** in der Bevölkerung **beeinflussen** können. Andererseits, geht es nicht jedem so, dass er bevorzugt die Zeitung liest oder die Sendungen sieht bzw. hört, durch die er sich in seiner **Meinung bestätigt** fühlt? Dies gibt einen Hinweis darauf, dass Medien nur **bedingt** meinungsbildend wirken können.

Die Medien als „vierte Gewalt"?

Machtkontrolle ist eine der Aufgaben, die die Medien für sich in Anspruch nehmen und die ihnen zumindest von einem Teil der Öffentlichkeit auch zugebilligt wird. In diesem Zusammenhang fällt oft das Schlagwort von der **„vierten Gewalt"**. Doch dieser Begriff ist irreführend. Denn Medien besitzen **keine demokratische Legitimation**, d.h. sie werden nicht gewählt und sind nicht befugt, staatliche Funktionen wahrzunehmen. Korrekter wäre es daher, von einer **zusätzlichen** Machtkontrolle durch die Medien zu sprechen als notwendige **Ergänzung** der **verfassungsmäßigen Kontrollinstanzen.**

Die bisherige Darstellung sollte **drei Prinzipien** verdeutlichen, die zu den Wesenszügen einer **parlamentarischen** bzw. **pluralistischen Demokratie** gehören und die es den Medien erst ermöglichen, diese zusätzliche Kontrollfunktion auszuüben:

- Über die Medien wird **Öffentlichkeit** und **Transparenz** der politischen und gesellschaftlichen Arbeit von Regierungen, Parlamenten oder Parteien, aber auch von Institutionen und Organisationen hergestellt.
- Die Medien verdeutlichen die verschiedenen **Interessenkonstellationen** innerhalb einer Gesellschaft. Parlamentarische Demokratie basiert darauf, dass widerstreitende Interessen vorgetragen und zu einem Ausgleich geführt werden können.
- Die Medien treten als **Interessenvertreter der Bürger** auf. Und dabei muss das Schwergewicht auf der Vertretung *aller* Bürger bzw. *aller* gesellschaftlich relevanten Gruppen liegen. Das heißt, Medien sollten sich weder kritiklos in den Dienst einer Partei stellen, noch ausschließlich für bestimmte etablierte Gruppen Partei ergreifen.

Im Übrigen wird Machtkontrolle durch die Medien weniger in der täglichen Berichterstattung und Kommentierung politischer, wirtschaftlicher, sozialer oder gesellschaftlicher Ereignisse geübt, als vielmehr dann, wenn **„dunkle Stellen"** in der politischen Sphäre der Gesellschaft zu erhellen sind. Journalismus, der bisher nicht aufgedeckten Rechtsbrüchen, „Mauscheleien" in der Personalpolitik, Intrigen der Politiker untereinander, Unwahrheiten vor dem Parlament, aktiven und passiven Bestechungen und vielem anderem mehr auf die Spur kommt, kann damit ein Stück Kontrolle übernehmen.

Aufgaben

1. *Erläutern Sie die verfassungsrechtlichen Grundlagen für die Medien nach dem Grundgesetz.*
2. *Fassen Sie in eigenen Worten die zentralen Kennzeichen der dualen Rundfunkordnung zusammen.*
3. *Erklären Sie Leistung und Grenzen der publizistischen Grundsätze des Deutschen Presserates.*

zur Lernkontrolle

Lektion 5
Kern der Gesellschaft: Die Familie

5.1 Einführung in die Thematik

Schon vor zwanzig Jahren schrieb die SPD-Politikerin Anke Martiny: *„Die mündige Bürgerin weiß, was sie will: eine gute Schulausbildung, eine Berufsausbildung mit Zukunftsperspektive, sozial abgesicherte Zeiten der Kindererziehung und sichere Rückkehrmöglichkeiten in den Beruf, abgefedert durch flexible Arbeitszeiten. ... Aus allen Untersuchungen ergibt sich, dass die Wünsche, Beruf und Familie zu vereinbaren, für Männer und Frauen den allerersten Rang einnehmen."*

5

Mit der Entwicklung einer Gesellschaft wandeln sich auch die **Rangordnung der Werte** und die ihr zugrunde liegenden **Wertvorstellungen.** Dieser **Prozess des sozialen Wandels** zeigt sich exemplarisch an der **Familie.**

Familien sind in mehrfacher Hinsicht die grundlegenden **Subsysteme*** von Wirtschaft und Gesellschaft: Sie sind **Anbieter von Produktionsfaktoren** und **Nachfrager von Konsumgütern.** Sie treffen Entscheidungen über die **Familienbildung** und über die Bildung von **Human-****, **Geld-** und **Sachvermögen.** Sie sind **primäre Sozialisationsinstanzen** für die nachwachsenden Generationen und Stätten der **Alltagskultur.**

Viel Verantwortung für die Familien also, die sich selbst in einem grundlegenden Umbruch befinden, denn der **gesellschaftliche Wertewandel** hat natürlich Folgen für die **individuellen Lebensentwürfe.** Ebenso wie die Gesamtheit der individuellen Entscheidungen zu rapiden gesellschaftlichen und sozialen Veränderungen führt, die die politischen Entscheidungsträger vor ganz neue Herausforderungen stellen: Immer mehr Ehen werden geschieden, immer mehr Menschen leben als Singles oder in kinderlosen Zweierbeziehungen. Die Zahl der Geburten sinkt, während gleichzeitig die Lebenserwartung steigt. Dadurch gerät der **Altersaufbau der Gesellschaft** aus den Fugen, mit schwerwiegenden Folgen für die **sozialen Sicherungssysteme**, die **Zukunft der Arbeit** und den **gesellschaftlichen Frieden.**

Drei Fragestellungen bestimmen den Darstellungsteil dieser Lektion: Wie haben sich die **Funktionen** der Familie im Laufe der Zeit geändert? Was ist aus der **klassischen Kleinfamilie** geworden? Welche **Folgen** haben die aktuellen **Veränderungen der Familienstruktur** für unsere Gesellschaft?

---

* **Subsystem:** System innerhalb eines Systems

** Der Begriff **„Humankapital"** steht in einem engen Zusammenhang mit den volkswirtschaftlichen Begriffen **„Kapital"** und **„Produktionsvermögen"**. Ausgangspunkt ist die Überlegung, dass Geld nur dann Kapitalcharakter gewinnt, wenn man es zu **Investitions-** und damit letztlich zu **Produktionszwecken** einsetzt. Folglich lässt sich der **finanzielle Aufwand**, der für die **Ausbildung von Arbeitskräften** und somit auch für die **Verbesserung der Arbeitsleistung** erbracht wird, als Humankapital bezeichnen.

5.2 Die Familie im Wandel der Zeiten

Begriffe

Familie ◆ Haushalt ◆ (klassische) Kleinfamilie ◆ Individualisierung der Gesellschaft ◆ Funktionsverlust ◆ Funktionswandel ◆ Wirtschaftsgemeinschaft ◆ Produktionsfunktion ◆ Konsumgemeinschaft ◆ Produktionsgemeinschaft ◆ Sozialisationsfunktion ◆ Schutzfunktion ◆ emotionale Funktion ◆ Geschlechterrolle ◆ Hausfrauenehe ◆ Emanzipation ◆ Familienpolitik

Lernziele

Definition des Begriffs „Familie"

Der Begriff „Familie" im heutigen Verständnis scheint klar und eindeutig zu sein: **Familie** sind die in einem **Haushalt** zusammenlebenden **verwandten** Personen, d.h. die **Eltern** oder **Elternteile** mit ihren unselbstständigen und noch nicht verheirateten **Kindern.** Diese so genannte **Kleinfamilie** stellte lange Zeit die **Normalform des Zusammenlebens** dar, hat aber inzwischen aufgrund der zunehmenden **Individualisierung der Gesellschaft** ihre **Monopolstellung** verloren.

Historisch betrachtet waren es zunächst vor allem **ökonomische Anforderungen**, die die **Beziehungen** zwischen den Familienmitgliedern bestimmten. Die **Kleinfamilie modernen Typus** ist im Vergleich dazu durch **emotionale Bindungen** gekennzeichnet.

Von der Produktionsgemeinschaft zur Konsumgemeinschaft

Wenn man im Folgenden sieht, wie die Familie den Verlust bestimmter Funktionen stets durch neue Funktionen ausgeglichen hat, wird deutlich, dass der heute allgemein beklagte **„Funktionsverlust"** der Familie zu sehr in eine negative Richtung weist. Objektiver ist der Begriff **„Funktionswandel"** im Sinne einer Tatsachenfeststellung. Dieser Funktionswandel ist nichts Neues, denn schon immer hat die Familie Aufgaben an den Staat abgetreten.

In Lebensbeschreibungen aus dem **Mittelalter** heiratete die Handwerkerwitwe einen Meister, damit der Betrieb weitergeführt werden konnte, und der Bauer suchte sich eine Bäuerin mit passendem Besitz. Ähnlich wie heute noch in vielen Ländern z.B. des islamischen Kulturkreises wurden **Ehen** nach **ökonomischen** oder **gesellschaftlichen Kriterien** geschlossen. Die Familie in der **vorindustriellen Zeit** war damit nicht nur eine **Lebensgemeinschaft**, sondern auch und vor allem eine **Wirtschaftsgemeinschaft**. Der griechische Begriff *oikos*

Begriffsdefinition: **Familie**

Unter einer Familie versteht man eine Lebensgemeinschaft, die heute überwiegend aus den Eltern und den unmündigen Kindern besteht. Man spricht in diesem Zusammenhang auch von der Kernfamilie. Die gesellschaftliche Bedeutung der Familie ist sehr vielfältig. Die Familie wird als Keimzelle des Staates bezeichnet, womit ihre Funktion als Vermittlungsinstanz gemeint ist. Das heißt, sie vermittelt dem Individuum die grundlegenden Verhaltensweisen, damit es sich als Teil der Gesellschaft zurechtfindet. Durch das Grundgesetz genießt die Familie in der Bundesrepublik Deutschland einen besonderen Schutz.

(deutsch: Haus; Haushalt) weist auf die Bedeutung der **Ökonomie** (wörtlich: die Lehre der Haushaltung) für die in diesem Haus versammelte Familie hin. Erst die Herausbildung eines **Bürgertums** im **18. Jahrhundert** und die gesellschaftlichen Umbrüche durch die **Industrialisierung** lösten diesen engen Zusammenhang auf:

- Die Einheit von Wohnen und Arbeiten wurde weitgehend in vielen Bereichen getrennt; **abhängige Erwerbsarbeit** fand von nun an meist **außerhalb der Familie** statt. Die Familie verlor also ihre **Produktionsfunktion**, die sie besonders im Bereich des Handwerks innehatte. Die Kinder wurden häufig nicht mehr als Arbeitskräfte im elterlichen Haus benötigt und verließen die Familie früher. Die Phase des Zusammenlebens der Eltern ohne Kinder dauerte länger, verstärkt durch die steigende Lebenserwartung. Heute ist die Familie in den **industrialisierten Staaten** eine **Konsumgemeinschaft**, nicht mehr eine **Produktionsgemeinschaft**.
- Die **allgemeine Schulpflicht**, die in Mitteleuropa seit dem 17. Jahrhundert nach und nach in allen Ländern eingeführt wurde, hatte zur Folge, dass ein wesentlicher Teil der **Sozialisationsfunktion*** der Familie an andere Stellen abgegeben wurde. Das **öffentliche Bildungssystem**, wie wir es kennen, bietet mehr Chancen als eine Unterrichtung der Kinder innerhalb der Familie und erhöht die Möglichkeit für eine selbstbestimmte Entwicklung.
- Die **Schutzfunktion** der Familie, die in einer Agrargesellschaft mit Einzelgehöften und Weilern eine zentrale Bedeutung hatte, ging spätestens dann verloren, als mit der Industrialisierung die **Erwerbstätigkeit** in Form von **Lohnarbeit** zu einem **Massenphänomen** wurde und **staatliche Sozialversicherungssysteme** aufgebaut wurden. Auch die Pflege von **Alten** und **Kranken** ging zunehmend auf **staatliche Institutionen** über.

5

Emotionalität als neue Funktion

Mit dem zunehmenden Schwinden der Produktionsfunktion breitete sich die Idee der **Ehe als Liebesgemeinschaft** aus. Nachdem die Ehepartner nicht mehr nur aus wirtschaftlichen Gründen aufeinander angewiesen waren, sollte diese „Lücke“ im Zusammenhalt durch **emotionale Bindungen** geschlossen werden.

Parallel dazu wurde die **emotionale Funktion** der **gesamten Familie** betont, was allerdings nur bei einer weitgehenden **Abgrenzung** der Familie nach außen möglich war. Diese Aufspaltung der **bürgerlichen Gesellschaft** seit der **Aufklärung** in **Privatheit** und **Öffentlichkeit** wird in fast jedem bürgerlichen Trauerspiel des 18. Jahrhunderts thematisiert: Die Bürger versuchen, ihre Türschwelle gegen Eindringlinge von außen zu verteidigen, und ihren privaten Bereich zu schützen.

Mit der neuen, emotionalen Funktion kam es auch zu einer neuen Definition der **Geschlechterrollen**: Die **Frau** soll als liebevolle Mutter und Gattin die **Seele der Familie** sein, der **Mann** ist der **Ernährer** und zuständig für die **Beziehungen zur Außenwelt**. Vor allem die Rolle der Frau kann sich nur in dem geschützten Rahmen der Familie erfüllen. Auch die Beziehung zu den Kin-

---

* **Sozialisation:** bezeichnet einen Prozess, durch den die in einer Gesellschaft herrschenden **Normen** und **Werte** vermittelt werden. Man unterscheidet zwischen primärer und sekundärer Sozialisation. Die **primäre** Sozialisation geschieht in der **Familie.** Nach dem 4. Lebensjahr setzt zunehmend die **sekundäre** Sozialisation ein. Das außerhalb der Familie liegende **soziale Umfeld** (Freunde, Schule, Arbeitswelt und Massenmedien) nimmt Einfluss auf die Entwicklung der Heranwachsenden zur Persönlichkeit.

dern wird emotionalisiert und die **Kindheit** als **eigene Lebensphase** in dem Augenblick entdeckt, in dem Kinder nicht länger als Arbeitskräfte benötigt werden. Die zunehmende **Emotionalisierung** und **Intimisierung** der Kleinfamilie kann man auch als **Gegenreaktion** auf eine Gesellschaft sehen, in der **Effektivität** und **rationelles Arbeiten** eine immer größere Rolle spielen. Abb. 5.1 zeigt im Überblick die wichtigsten Funktionen der Familie, wie sie sich aus heutiger Sicht darstellen.

Biostrukturelles Merkmal	Funktionen	entsprech. Verhaltensaspekt	Betroffene Personen	Aspekte der persönlichen Bedürfnisbefriedigung	Aspekte der Stabilität des Gesellschaftssystems
Geschlechtsunterschied zwischen den Eltern	Zeugung **(Reproduktion)**	Fortpflanzung Sexualität	Eltern	Fortpflanzungstrieb Befriedigendes Sexualleben	Sicherung des personellen Gesellschaftsbestandes Zufriedenheit der Gesellschaftsmitglieder
	Existenzsicherung **(Produktion)**	Arbeitsteilung	Eltern	Rationelle Bewältigung von Arbeit Freude an Arbeit/Selbstverwirklichung	Bewältigung der Produktionsaufgaben Zufriedenheit der Gesellschaftsmitglieder
Alters- bzw. Generationenunterschied zwischen Eltern und Kind	Erziehung **(Sozialisation)**	Erziehung (Pflege)	Kinder	Einführung in Umwelt	Einführung von Gesellschaftsmitgliedern in das bestehende System Zufriedenheit der Gesellschaftsmitglieder
			Eltern	Hegungstrieb	Zufriedenheit der Gesellschaftsmitglieder
Familie als Kleingruppe	Spannungsausgleich **(Regeneration)**	Freizeitgestaltung	Eltern/(Schul-)Kinder	Regenerierung Selbstverwirklichung	Wiederherstellung der Produktivkraft der Gesellschaftsmitglieder Zufriedenheit der Gesellschaftsmitglieder

Abb. 5.1 Die wichtigsten Funktionen der Familie*

Die klassische Kleinfamilie

Die **klassische Kleinfamilie** wird nach folgenden **Kriterien** definiert:

- Das Leitbild der Kleinfamilie basiert auf der Idee einer **lebenslangen Ehe**, zu der **Kinder** gehören.
- Im **klassischen Rollenverständnis** sorgt dabei - wie zuvor bereits erwähnt - die Ehefrau und Mutter für die emotionalen Binnenbeziehungen. Der Ehemann und Vater ist zuständig für die Außenbeziehungen und den Broterwerb.

* Mit kleinen Veränderungen entnommen aus: Wolfgang W. Weiß, *Familienstruktur und Selbstständigkeitserziehung.* Göttingen 1982, S. 38. (Aus: *Informationen zur politischen Bildung,* H. 206, 1985, S. 8, hg. von der Bundeszentrale für politische Bildung, Bonn.)

- Die Familie ist einerseits **relativ autonom** und weitgehend befreit von direkter, externer sozialer Kontrolle durch außerfamiliäre Institutionen, aber gleichzeitig abhängig von **außerhäuslicher Erwerbsarbeit** und **sozialen Dienstleistungen** der Umwelt. In diesem **Spannungsfeld** muss sie sich bewähren.
- Die Familie ist **privat**, grenzt sich ab und konzentriert sich größtenteils auf die **gemeinsame Wohnung.** Mit dem Wegzug der erwachsenen Kinder erfährt sie einen Wandel.

Den Gegensatz zur Kleinfamilie bildet die **Großfamilie.** Historiker verstehen darunter eigentlich eine Familie, bei der sich die **väterliche Gewalt** nicht nur über die **Blutsverwandten** erstreckt, sondern zusätzlich über das **Gesinde**, über **Knechte**, **Leibeigene** und **Sklaven.** Der Begriff wird aber auch verwendet für Familien, bei denen nicht nur zwei, sondern **mindestens drei Generationen** zusammen in einem Haushalt leben. Zu solchen Großfamilien gehören meist auch unverheiratete Onkel und Tanten. Diese Familienstruktur hat sich in Deutschland insbesondere in ländlichen Regionen noch bis ins 20. Jahrhundert hinein erhalten.

5

Hausfrauenehe und Emanzipation

Nach dem Zweiten Weltkrieg knüpfte die Politik der **Bundesrepublik** an dieses **bürgerliche Modell der Hausfrauenehe** an. **Nicht erwerbstätig** zu sein, wurde von und für **Ehefrauen** als ein Ausdruck von Wohlstand und Privilegien gedeutet. Im **Adenauer-Deutschland** konzentrierte sich **Familienpolitik*** daher auch vor allem auf **Absicherung** der Hausfrauenehe (Ehegattensplitting, Kindergeld, Mutterschutz).

Mit der **Demokratisierung** und **Liberalisierung** der deutschen Gesellschaft sahen dann viele Frauen in der **Erwerbstätigkeit** eine zentrale Möglichkeit der **Emanzipation.** Der entscheidende Wendepunkt kam in den **70er Jahren**, als Frauen, die sich nur und ganz ihrer Familie widmeten, als Nicht-Arbeitende an gesellschaftlichem Ansehen verloren. Die deutsche Familienpolitik reagierte zwiespältig auf diese Entwicklung. So wurde die Erwerbstätigkeit von Frauen einerseits **gefördert**, andererseits **kritisiert.** So konstatierte die Bundesregierung in ihrem zweiten Familienbericht 1974 „erhebliche Sozialisationsstörungen“ in den Familien, die ihre Ursache auch in der „bedauerlichen Zunahme der Erwerbstätigkeit verheirateter Frauen“ fände. Mit der **christlich-liberalen Koalition** ab 1982 wurden **familiäre Werte** stärker betont, ohne jedoch die zunehmende **Pluralisierung der Lebensformen** aufhalten zu können.

Begriffsdefinition: **Pluralisierung der Lebensformen**

Darunter versteht man, dass in einer Gesellschaft verschiedene Verhaltensweisen und unterschiedliche Wertvorstellungen nebeneinander bestehen. Neben der „normalen“ Familie gibt es viele andere Formen des Zusammenlebens wie Alleinerziehende, Ehen ohne Trauschein, Patchworkfamilien und homosexuelle Lebensgemeinschaften. Der demokratisch-liberale Rechtsstaat schützt diese Unterschiedlichkeit und bekennt sich zur Toleranz gegenüber Andersdenkenden.

---

* **Familienpolitik:** Liberale Verfassungsstaaten verpflichten sich grundsätzlich zum **Schutz** der Familie vor **staatlichen Eingriffen** in die **Privatsphäre** und übertragen zugleich die **Verantwortung** für die **Existenzbedingungen** der Familie mehr oder weniger ausdrücklich dem **Staat** (in der Bundesrepublik verfassungsrechtlicher Schutz der Familie nach Art. 6 GG). **Oberstes Ziel** der Familienpolitik ist die Herstellung und Sicherung der **Grundbedingungen** für **familiäres Zusammenleben** und für die **Funktionstüchtigkeit der Familien.**

Familienpolitik in der DDR

In der **DDR** verlief die Entwicklung anders. Schon 1945 wurde der Schwangerschaftsabbruch legalisiert. Ein Jahr später erhielten auf Druck der sowjetischen Militärbehörde die Frauen bei gleicher Arbeit gleichen Lohn. **Familienpolitik** beschränkte sich zunächst darauf, den **Frauen** die Möglichkeit zu geben, in das **Erwerbsleben** einzusteigen und die **Sozialisierung** der Kinder **staatlichen Organisationen** zu überlassen.

Ab 1950 wurden im Rahmen des **Mütter- und Kinderschutzgesetzes** großzügige **Beihilfen** bei der Geburt eines Kindes gewährt. Außerdem wurde der **volle Lohnausgleich** während des Mutterschaftsurlaubs eingeführt. Hinter allen Maßnahmen stand die politische Absicht, Frauen systematisch in den Arbeitsmarkt zu integrieren, vor allem wegen der ständigen Abwanderung von ausgebildeten Arbeitskräften in den Westen.

Trotz des Ausbaus von Kinderbetreuungseinrichtungen sank die Geburtenrate und mehr und mehr Frauen gingen in Teilzeitarbeit. Daher betrieb die Regierung ab 1972 **systematisch Familienförderung**. Krippen-, Kindergarten- und Hortplätze wurden ausgebaut, die Beurlaubung von Müttern wurde erleichtert und ein Babyjahr mit vollem Lohnausgleich (1976) eingeführt. Dazu kam, dass Mütter sich bei der Erkrankung eines Kindes für vier bzw. bei zwei Kindern für sechs Wochen von der Arbeit freistellen lassen konnten. 1987 wurde dann auch noch einmal das Kindergeld erhöht. Das Ergebnis war ein leichter Anstieg der Geburtenrate.

5.3 Umbrüche in der Familienstruktur: Die klassische Kleinfamilie in der Krise?

Begriffe

Normalbiographie* ◆ *Pluralisierung der Lebensformen: Singles, DINKs, Alleinerziehende, Ehen ohne Trauschein, Patchworkfamilien, homosexuelle Lebensgemeinschaften* ◆ *Individualisierung* ◆ *Reproduktionsfunktion* ◆ *Beziehungsmuster* ◆ *Wahlbiographie

Lernziele

Das Leitbild der **klassischen Kleinfamilie** prägte lange Zeit die **individuellen Biographien**. Die Wahrscheinlichkeit, einmal zu heiraten, betrug 1960 für die damals 18-jährigen Männer 96%, für die 16-jährigen Frauen 95%. Ohne Trauschein blieben im Grunde nur katholische Priester, Frauen, die aufgrund des Männermangels nach dem Zweiten Weltkrieg keinen Partner fanden, und wenige andere, die aber mehr oder weniger offenen Sanktionen der überwältigenden Mehrheit ausgesetzt waren. Deutlich über 90% der Kinder unter 6 Jahren lebten mit beiden Elternteilen zusammen, nur etwa 5% der Kinder wurden unehelich geboren.

Die **Normalbiographie** eines Mannes wurde also bestimmt von: Schule - Ausbildung - Beruf - Auszug aus dem Elternhaus - Gründung einer Familie. Die Biographien der Frauen sahen ähnlich aus, auch wenn die Berufstätigkeit (falls vorhanden) mit der Eheschließung beendet war.

Mittlerweile scheint die klassische Kleinfamilie in der **Krise** zu sein. **Ursachen** dafür sind u.a.:

- **Geringere Heiratsneigung und steigende Scheidungszahlen**
  Die Zahl der Eheschließungen hat sich seit 1960 (alte Bundesländer) merklich verringert und immer mehr Ehen werden nach relativ kurzer Zeit wieder aufgelöst. In manchen Großstädten wird jede zweite Ehe wieder geschieden. Und auch die Zahl derer, die nach einer Scheidung eine neue Ehe eingehen, ist rückläufig.

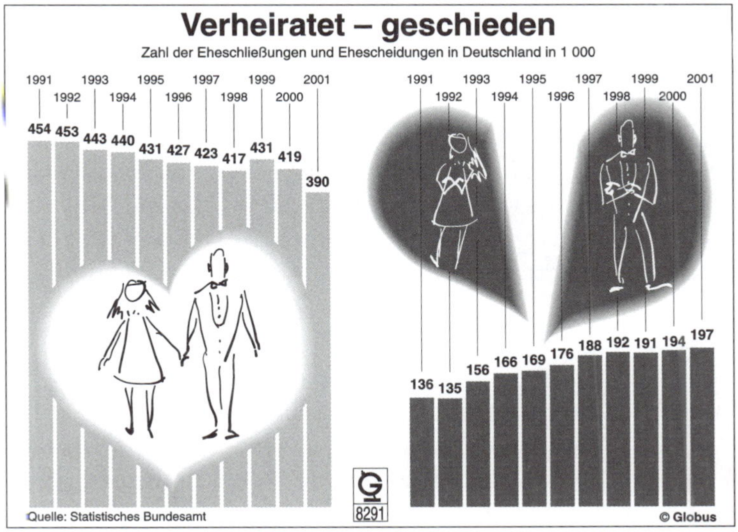

Abb. 5.2 Verheiratet – geschieden

- **Sinkende Geburtenraten**
- **Pluralisierung der Lebensformen**
  Singles, DINKs (double income no kids; doppeltes Einkommen, keine Kinder), **Alleinerziehende, Ehen ohne Trauschein, homosexuelle Lebensgemeinschaften** und **Patchworkfamilien*** werden gesellschaftlich zunehmend akzeptiert, auch wenn eine **rechtliche Gleichstellung** mit der „Normalfamilie" **noch fehlt.**

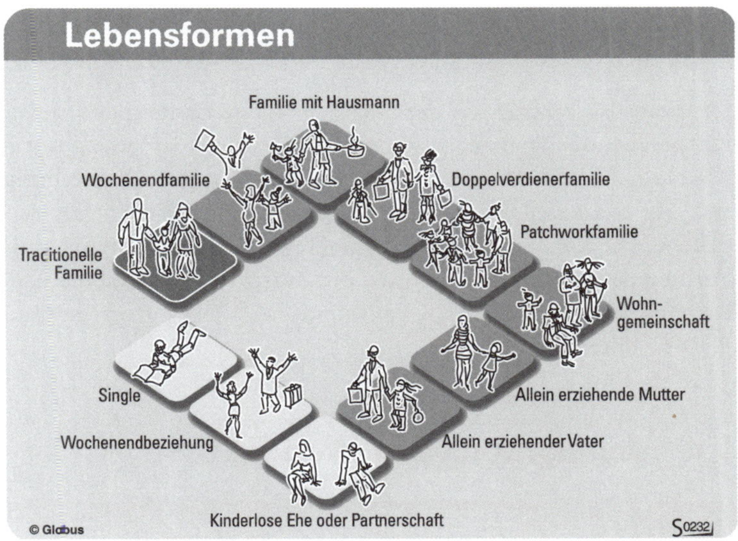

Abb. 5.3 Lebensformen

Die **Umbrüche** in der **Familienstruktur** sind auch das Ergebnis veränderter Wertvorstellungen. Ausdruck dieses **Wertewandels** sind u.a.

- **die Individualisierung der Gesellschaft.**
  Sie führt dazu, dass **Werte**, die die **Freiheit des Individuums** betonen (z.B. Autonomie oder Selbstverwirklichung) an Bedeutung gewinnen, während **Werte**, die diese **Freiheit einschränken**

* **Patchworkfamilie:** Familie, in der außer den gemeinsamen Kindern auch Kinder aus früheren Beziehungen der Eltern leben.

(z.B. Rücksichtnahme, Verzicht und Dienst für andere) an Bedeutung verlieren. Wenn Selbstverwirklichung und Selbstbestimmung immer wichtiger werden, dann werden Ehe und Kinder als einschränkende Faktoren tendenziell eher abgelehnt.

- **eine „familienfeindliche" Arbeitswelt.**
  Die Neigung, Ehe und insbesondere Kinder als einschränkenden Faktor zu betrachten, wird begünstigt durch eine Arbeitswelt, die zunehmend **Mobilität** und **beliebige zeitliche Verfügbarkeit** fordert. Der ideale Arbeitnehmer ist der Single, die Familie erweist sich hier als Störfaktor der Verplanbarkeit.
- **die Emanzipation der Frau.**
  Sie hat die biographische Selbstverständlichkeit von Ehe und Mutterschaft eingeschränkt.
- **der Bedeutungsverlust der Reproduktionsfunktion.**
  Da **Reproduktion** (Zeugung) und **Sexualität** immer weiter voneinander **abgelöst** werden, wird die Reproduktionsfunktion der Familie in Frage gestellt. Eine Rolle spielt dabei auch die **Abwendung** von den **Moralvorstellungen** der **Kirche** und der **bürgerlichen Gesellschaft**, die zu einer Veränderung sexueller Normen führte.

Die Pluralisierung privater Lebensformen und die zunehmende Individualisierung der Gesellschaft führen also inzwischen dazu, dass die **Familie nicht** länger als *einzige* **Möglichkeit der Lebensführung** betrachtet wird, sondern neben vielfältige **andere Beziehungsmuster** tritt. Das heißt, die Normalbiographie wird von der **Wahlbiographie** abgelöst.

Die Frage ist, ob und wie der Staat auf solche Formen der Individualisierung reagieren soll. Trotz entsprechender Statistiken sollte man allerdings vorsichtig mit der Prognose über das Ende der Kleinfamilie sein. Denn ob sich ein **grundlegender Einstellungswandel** abzeichnet oder ob es sich nur um einen **Trend** handelt, lässt sich noch nicht sagen; dafür fehlt die historische Perspektive. Die Daten der letzten Jahrzehnte reichen nicht aus, um den Niedergang der klassischen Formen des Zusammenlebens zu prognostizieren, zumal die Familie eine Institution ist, die in allen Gesellschaften über die Jahrhunderte hinweg trotz gewandelter Bedingungen ihren festen Platz behalten hat.

5.4 Demographischer Wandel*

Begriffe

demographischer Wandel ◆ Bevölkerungszahl ◆ Geburtenrate ◆ Geburtendefizit ◆ Bevölkerungsrückgang ◆ Lebenserwartung ◆ Migration ◆ Geburtenrückgang ◆ Durchschnittsalter ◆ soziale Sicherung ◆ Altersversorgung ◆ Generationenvertrag ◆ umlagefinanziertes Rentensystem

Lernziele

---

* **Demographie:** Beschreibung von **Struktur** und **Bewegung** einer **Bevölkerung** mit Hilfe der **Statistik**. Dabei geht es im Wesentlichen um Bevölkerungszahlen (Geburten- bzw. Sterbeziffern, Abwanderung, Zuwanderung) sowie um die Zusammensetzung der Bevölkerung nach Alter, Geschlecht, Familienstand usw. und die Veränderung dieser Kategorien im Zeitablauf.

„Kinder kriegen die Leute (n)immer."

„Kinder kriegen die Leute immer", behauptete Bundeskanzler Konrad Adenauer und lehnte mit dieser These eine aktive Förderung der Familien ab. Für die ersten Jahrzehnte der Bundesrepublik sollte er mit seiner Behauptung Recht behalten; inzwischen sieht die Realität allerdings anders aus. Der zuvor beschriebene Umbruch führt dazu, dass die Leute eben nicht immer Kinder bekommen, zumindest nicht genug. Im Schnitt müssten 100 deutsche Frauen 210 Kinder zur Welt bringen, damit die **Bevölkerungszahl** stabil bleibt. Tatsächlich hat sich aber die **durchschnittliche Kinderzahl** pro Frau von 2,5 in den 60er Jahren auf inzwischen 1,35 **halbiert.** Mit dieser **Geburtenrate** liegt Deutschland laut einer Studie der Weltbank auf Platz 185 unter 190 Staaten.

Auch ausländische Frauen, die in Deutschland leben, passen sich diesem Trend an. Noch niedriger als der gesamtdeutsche Schnitt ist die durchschnittliche Kinderzahl je Frau in den neuen Bundesländern. Mit 0,77 wurde hier der niedrigste je gemessene Wert weltweit erreicht.

Deutschland ist das erste Land der Welt, in dem die Zahl der **Sterbefälle** ständig **über** der Zahl der **Geburten** liegt. Diese Bilanz ist seit 1969 (frühere DDR) bzw. 1972 (alte BRD) im Minus. Derzeit beträgt das Defizit, also die Differenz zwischen Geburten und Sterbefällen, etwa 72.000 pro Jahr. Nach Berechnungen des Statistischen Bundesamtes wird sich dieses **Geburtendefizit** bis zum Jahr 2050 auf 576.000 verachtfachen. Mit anderen Worten: Aufgrund des **demographischen Wandels** ist jede nachfolgende Kindergeneration um ein Drittel kleiner als die Generation ihrer Eltern.

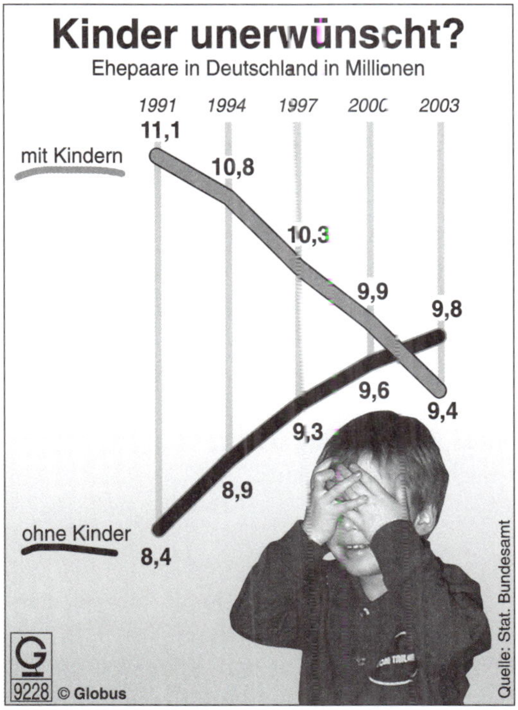

Abb. 5.4 Kinder unerwünscht?

Begriffsdefinition: **Demographischer Wandel**

Mit dem Begriff bezeichnet man die Veränderungen im Altersaufbau einer Gesellschaft. Sie ergeben sich hauptsächlich durch die Faktoren Geburtenrate und Sterberate. Ein Wandel kann aber auch durch Auswanderung und Zuwanderung geschehen. Zu Beginn der Industrialisierung im 19. Jahrhundert gelang es vor allem durch medizinische Fortschritte die Sterberate zu senken, so dass bei etwa gleich bleibender Geburtenrate die Bevölkerungszahl stark anstieg. Heute stellt sich das Problem anders, weil die Geburtenrate stark gesunken ist und der medizinische Fortschritt dazu geführt hat, dass viele Menschen eine höhere Lebenserwartung haben. Die Folge ist eine Überalterung der Gesellschaft.

Die Folge ist ein **Rückgang der Bevölkerung**. Bleibt die **Lebenserwartung** gleich hoch wie bisher, dann wird die deutsche Bevölkerung **ohne Zuwanderung** jährlich um 200.000 Personen abnehmen, das entspricht der Einwohnerzahl von Städten wie Freiburg oder Kassel. Ohne weitere Zuwanderungen würden in Deutschland im Jahr 2050 nur noch 51 Mio. Menschen leben (zum Vergleich 2004: 82 Mio.) und 2100 nur noch 24 Mio., also so viele wie Anfang des 19. Jahrhunderts.

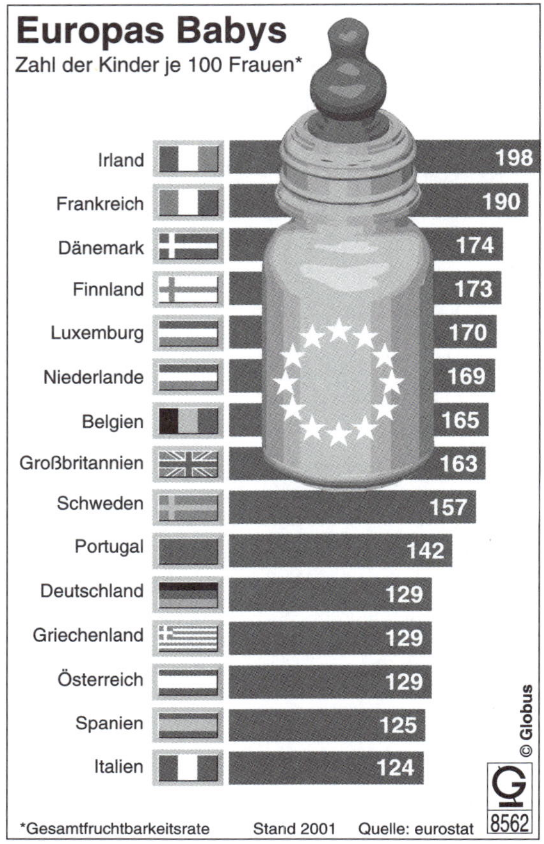

Abb. 5.5 Europas Babys

Mit dieser Entwicklung steht Deutschland allerdings nicht allein da: Die niedrigste Geburtenrate Westeuropas hat mit 124 Kindern auf 100 Frauen Italien. Auch Griechenland, Österreich und Spanien haben ähnlich niedrige Geburtenraten und werden sich vermutlich noch schneller als Deutschland entvölkern, weil weniger Menschen in diese Länder einwandern.

Die **Migration** ist auch der wesentliche Grund dafür, dass der Rückgang der Bevölkerung in Deutschland lange Zeit kaum wahrgenommen wurde. Deutschland hat sich faktisch zum **Einwanderungsland** gewandelt. Mittlerweile leben hier 12 Mio. Menschen, die nicht in Deutschland geboren wurden oder nicht die deutsche Nationalität besitzen. Das ist die weltweit zweitgrößte zugewanderte Bevölkerung nach derjenigen der USA.

Während in Deutschland und vielen anderen industrialisierten Ländern die Bevölkerung abnimmt, ist der Trend zu wachsender Bevölkerung weltweit allerdings ungebrochen: Die UN rechnet in einer Studie mit einem **Wachstum der Weltbevölkerung** in den nächsten drei Jahrhunderten von derzeit 6,3 auf 9 Mrd. Menschen. Die Bevölkerung Afrikas hätte sich in dieser Zeit verdoppelt, die Europas halbiert. Der **demographische Wandel** vollzieht sich also **international** und **gegenläufig**. Migrationsbewegungen aus verarmten, bevölkerungsreichen Regionen in ein sich entvölkerndes Europa werden aller Voraussicht nach die Folge sein.

7 Mrd.

Gründe für den Geburtenrückgang

Theoretisch wollen die Deutschen Nachwuchs. 2,2 Kinder wünschen sich junge Deutsche im Schnitt; das sind mehr als notwendig, um die Bevölkerungszahl konstant zu halten. Praktisch werden viel weniger Kinder geboren. Offensichtlich klaffen also Wunsch und Realität weit auseinander. Die **niedrigen Geburtenzahlen** lassen sich auf ein ganzes Bündel von **Ursachen** zurückführen:

Weltbevölkerung 1804 1 Mrd.
2011 7 "

- Der **gesellschaftliche Wertewandel** hat zur Folge, dass die **klassische Kleinfamilie** nur als *eine* unter vielen anderen Möglichkeiten gesehen wird.

- Gleichzeitig ermöglichen **Verhütungsmittel** und ein **liberaleres Abtreibungsrecht** den Frauen die **Kontrolle** über die Zahl der Kinder.

- Das deutsche **Bildungs-** und **Berufssystem** macht es den **Berufseinsteigern** schwer. Vor allem **Hochschulabsolventen** sind im internationalen Vergleich **relativ alt**. Das ist gerade für Frauen **kaum vereinbar** mit einer Schwangerschaft. Ist ihre berufliche Position endlich gesichert, ist es häufig zu spät, ein Kind zu bekommen. So haben über 44% der westdeutschen Frauen zwischen 36 und 39 Jahren, die in einem kinderlosen Haushalt leben, einen Studienabschluss.

- Deutschland ist international eines der **Schlusslichter** bei der Versorgung der Familien mit **ganztätiger Kinderbetreuung**. So besuchen beispielsweise nur 8,5% der deutschen Kinder unter drei Jahren eine Kinderkrippe. In Frankreich sind es sechsmal so viele. **Berufstätigkeit** und **gleichzeitige Kindererziehung** sind damit in Deutschland nur unter großen Schwierigkeiten möglich.

- Kinderlosigkeit kann auch **medizinische Ursachen** haben. Etwa jedes sechste Paar mit Kinderwunsch ist von Fruchtbarkeitsstörungen betroffen, mit steigender Tendenz. Die Gründe dafür reichen von Alkoholmissbrauch und Allgemeinerkrankungen bis hin zu Giften wie Dioxinen, Pestiziden oder künstlichen Östrogenen aus der Tiermast.

Überalterung der Gesellschaft

Mit der **sinkenden Kinderzahl** steigt gleichzeitig das **Durchschnittsalter der Gesellschaft**. Außerdem wächst die **Lebenserwartung** ständig. Wurde ein 1900 geborener Mann nur durchschnittlich 41 Jahre alt, stieg die Lebenserwartung inzwischen auf 75 Jahre. Bei Frauen nahm die Lebenserwartung sogar von 44 auf 81 Jahre zu. Im Jahr 2050 wird nach Hochrechnungen des Statistischen Bundesamtes die Lebenserwartung der Männer bei 81 Jahren liegen, die der Frauen bei 86 Jahren.

Die Folgen dieser Entwicklung sind vielschichtig:

- **Folgen für die soziale Sicherung**
  Das System der **Altersversorgung** in Deutschland basiert auf dem so genannten **Generationenvertrag**, d.h. auf der **Solidarität** zwischen der Generation der **jüngeren Beitragszahler** und der der **älteren Rentenempfänger**. Solidarität zwischen den Generationen bedeutet, dass die jüngere, arbeitende Generation durch ihre Beiträge die Renten mitfinanziert, in der Erwartung, dass die nachfolgende Generation die gleiche Verpflichtung übernimmt. Dieser „Vertrag" ist natürlich kein Vertrag im juristischen Sinne, sondern eine unausgesprochene Übereinkunft. (Vgl. dazu auch Lektion 8.) Allerdings nimmt das **umlagefinanzierte* deutsche Rentensystem** keine Rücksicht darauf, ob die „Vertragspartner" durch eigene Nachkommenschaft für künftige Beitragszahler „sorgen". Das heißt bei der Berechnung der **Rentenansprüche**, der so genannten **Anwartschaften**, spielt die Tatsache, ob jemand Kinder hatte oder keine und, wenn ja, wie viele, keine Rolle.

---

* **Umlage:** Betrag, dessen Zahlung auf mehrere Personen umgelegt (verteilt) wird.

Eltern mit Kindern sind sogar in finanzieller Hinsicht benachteiligt, weil sie aufgrund der Kosten für ihren Nachwuchs **weniger** für die **private Altersvorsorge** ausgeben können und so im Alter bisweilen schlechter gestellt sind als Arbeitnehmer ohne Kinder.

Andererseits ist zu bedenken, dass **Kinderlose** aufgrund ihrer **höheren Sozialabgaben** und der meist **längeren Lebensarbeitszeit** mehr in die Alterssicherung der Solidargemeinschaft investieren.

Dennoch gerät das System der Altersversorgung zusehends in Schieflage, da wegen der Überalterung der Gesellschaft immer weniger Junge für immer mehr Alte sorgen müssen.

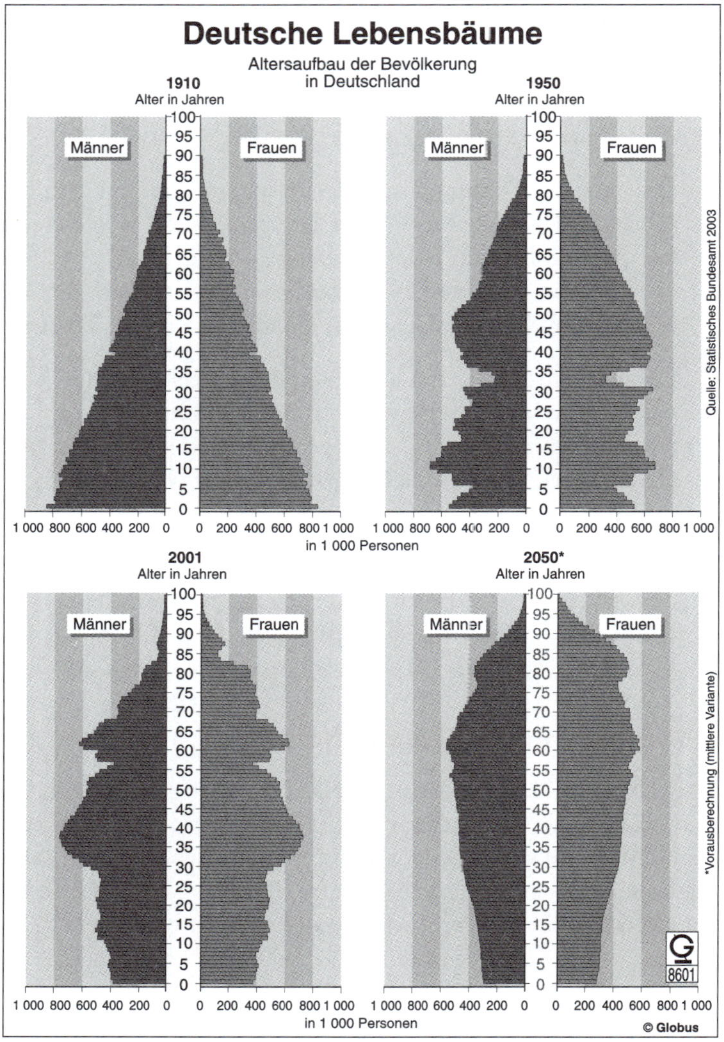

Abb. 5.6 Deutsche Lebensbäume

- **Folgen für die Wirtschaft**
  Ein Rückgang der Bevölkerung scheint auf den ersten Blick ein Segen für den Arbeitsmarkt zu sein: Weniger potenzielle Arbeitnehmer konkurrieren um Arbeitsplätze, die Arbeitslosenrate sinkt, vielleicht winkt bei entsprechender Abnahme der Bevölkerungszahl sogar eine Entlastung des Arbeitsmarktes. Die **Prognosen** sind allerdings weniger positiv: So sagen z.B. manche Studien einen **generellen Mangel** an Arbeitskräften oder zumindest an dringend benötigten **Fachleuten** voraus.

- **Folgen für die Gesellschaft**
  Eine zunehmende Belastung der sozialen Sicherungssysteme könnte zu einem „Verteilungskampf" zwischen Alt und Jung um die knappen Ressourcen führen, eine Art „Kampf der Generationen" mit ungewissem Ausgang.

Lösungsansätze

Lösungsansatz 1: Mehr Geld für Familien und Kinderbetreuung?

Den **„geheimen Geburtenstreik“** der gut ausgebildeten deutschen Frauen sehen viele in direktem **Zusammenhang** mit der schlechten Versorgung der Familien mit **ganztägiger Betreuung der Kinder**. Folgt man dieser These, ist ein Ausbau der Kinderbetreuung nicht nur ein zentraler Faktor für die **Gleichstellung der Geschlechter**, sondern auch eine notwendige Bedingung für mehr Geburten.

Anhänger dieser These verweisen gern auf das Beispiel Frankreich. Die durchschnittliche Kinderzahl liegt hier mit 1,9 deutlich höher als in Deutschland (1,35). Ermöglicht wird das durch ausreichend Kinderkrippen und staatlich bezuschusste Tagesmütter, so dass viele Frauen einige Monate nach der Geburt wieder in den Beruf einsteigen können. Die Hälfte der Kinder unter drei Jahren besucht die Kinderkrippe, in Deutschland sind es nur 8,5%. Ganztagesschulen sind in Frankreich die Regel, in Deutschland hingegen weit weniger vorhanden.

In Deutschland wird in diesem Zusammenhang diskutiert, ob nicht nach schwedischem Modell ein **Elterngeld** eingeführt werden soll. Durch dieses als Gehaltsersatz gedachte Geld sollen Frauen, die nach der Geburt ihres Kindes bis zu einem Jahr zu Hause bleiben wollen, finanziell unterstützt werden.

Gegner dieses Lösungsansatzes verweisen darauf, dass in Deutschland die Geburtenrate gerade da am niedrigsten ist, wo es das größte Angebot an Kindertagesstätten gibt, nämlich in den neuen Bundesländern. Betreuung allein erhöhe also nicht die Kinderzahl. Als weiteres Gegenbeispiel werden die USA genannt. Dort fehlt Familienpolitik fast völlig, dennoch ist die Geburtenrate ebenso hoch wie in Frankreich.

*Elterngeld: 14 Monate zwischen 300 u. 1800 € ≈ 67% des Einkommens

Lösungsansatz 2: Zuwanderung?

Wollte man die Überalterung Deutschlands allein durch Zuwanderung ausgleichen, dann müsste Deutschland laut einer Studie des Bielefelder Bevölkerungsforschers Herwig Birg bis 2050 188 Mio. Menschen aufnehmen, eine vollkommen illusorische Zahl. Ganz ohne Zuwanderung würde sich Deutschland allerdings rapide entvölkern.

Das Statistische Bundesamt geht in einer neuen Prognose zur Bevölkerungsentwicklung von einem **positiven Zuwanderungssaldo** von 200.000 Personen pro Jahr aus. Dieser gleicht jedoch das **Geburtendefizit nicht** aus; er verlangsamt höchstens den Rückgang der Bevölkerung.

Die Quantität, d.h. der Umfang der Zuwanderung allein löst das Problem ohnehin nicht. Seit Ende der 80er Jahre tragen Zuwanderer nicht mehr zur Sanierung der Sozialkassen bei, sondern belasten diese. Das ist vor allem eine Folge der **Arbeitslosigkeit der Migranten**, die doppelt so hoch liegt wie die der Deutschen. Zuwanderung muss also aktiv gesteuert werden, damit vor allem **junge, gut ausgebildete Menschen** kommen. Durch diese Abwerbung ihrer Eliten verlieren allerdings die Abwanderungsländer gerade diejenigen, die sie selbst für den wirtschaftlichen Aufholungsprozess brauchen. Außerdem wird ein weltweiter Wettbewerb um die besten Köpfe einsetzen und Deutschland ist bislang nicht in der Lage, den Fachkräften aus anderen Ländern eine langfristige Perspektive zu bieten.

Lösungsansatz 3: Neue Arbeitswelt?

Die Frage nach dem **Wert der Arbeit in der Familie** im Verhältnis zum **Wert der Arbeit im marktvermittelten Erwerbsleben** muss unter Umständen neu gestellt werden. Bisher wurde die Arbeit in der Familie **ökonomisch** als **nicht produktiv** verstanden, praktisch ist das einer der Faktoren, der zu sinkenden Geburtenraten führt. Allerdings wird die Frage diskutiert, ob ein **„Lohn für Hausarbeit und Kindererziehung"** eine gesellschaftlich notwendige Anerkennung der Arbeit von Eltern ist.

Parallel zur Frage nach dem Wert von Erziehungsarbeit muss auch die Frage nach einer **Rhythmisierung der Lebensarbeitszeit** stehen. Bislang absolvieren wir den Großteil unserer Lebensarbeitszeit in den Jahren, in denen wir Kinder bekommen und großziehen. Kaum sind die Kinder selbstständig und außer Haus, gehen wir in Rente und genießen Jahrzehnte der Freiheit und Freizeit, die meist aus Sozialabgaben jüngerer Eltern finanziert werden, die gleichzeitig für ihre Kinder sorgen müssen. Eine Verteilung der Arbeit, bei der jüngere Menschen mehr Zeit für ihre Kinder haben und ältere Menschen länger im produktiven Arbeitsleben bleiben, käme sowohl den Menschen als auch dem System der Altersversorgung entgegen.

Fazit

Bei all diesen vorhergesagten Entwicklungen sollte man mit Vorsicht bedenken, dass die **Auswirkungen des demographischen Wandels** von der **Politik** maßgebend beeinflusst werden können. Walter Link, der die Enquetekommission* „Demographischer Wandel" leitete, bemerkte zu Recht bei der Vorlage des Abschlussberichts an den Bundestag:

*„Ich halte (...) nichts von öffentlich gemalten Horrorszenarien. Eine optimale Bevölkerungsgröße und Altersstruktur gibt es nicht. Was es gibt, ist die Herausforderung an die Gesellschaft und die Politik, veränderte demographische Rahmenbedingungen zur Kenntnis zu nehmen und sich ihnen zu stellen."***

Aufgaben

1. Welchen Wandel hat die Familie durch den Prozess der Industrialisierung erfahren?
2. Nennen Sie Gründe, warum die klassische Kleinfamilie heute in der Krise steckt.
3. Vor welchen Schwierigkeiten und Aufgaben steht die Familienpolitik heute?

zur Lernkontrolle

* **Enquetekommission:** Für jeweils eine Legislaturperiode eingesetzte Arbeitsgruppe aus Abgeordneten und Sachverständigen beim Deutschen Bundestag zur Vorbereitung von Entscheidungen über umfangreiche und bedeutsame Sachkomplexe.

** Quelle: *Das Parlament*, Nr. 19-20, 10./17. Mai 2002, Seite 5.

Lektion 6
Bildung und Chancen

6.1 Einführung in die Thematik

In modernen Gesellschaften ist Bildung ein zentraler Wert. Die Zukunft des Einzelnen, aber auch die der Gesellschaft hängt direkt mit der **Qualität der Bildung** bzw. **des Bildungssystems** zusammen. Ein gutes Bildungssystem fördert nicht nur die **wirtschaftliche Entwicklung**. Es sorgt auch für die **Vermittlung** von **Werten** und **Normen**, die für das gesellschaftliche Zusammenleben unerlässlich sind.

In Deutschland hatte der Begriff der Bildung schon immer einen hohen Stellenwert. Hierbei ging es nicht nur um die **kulturelle**, sondern auch um die **wirtschaftliche Entwicklung**, für deren Blüte zu Beginn des 20. Jahrhunderts vor allem das deutsche Bildungssystem verantwortlich gemacht wurde. Der Stolz auf das deutsche Bildungssystem erhielt spätestens mit der internationalen **PISA-Studie (2000)** einen Dämpfer, da die deutschen Schüler dabei verhältnismäßig schlecht abschnitten.

Die Veröffentlichung der Studie hat eine breite Diskussion um die **Reform** des deutschen Bildungssystems ausgelöst. Doch wie sieht dieses System eigentlich aus? Und welches System gab es in der **DDR**? Wo und mit welchen Kompetenzen wird in der **heutigen Bundesrepublik Bildungspolitik** gemacht? Um diese Themen geht es in den ersten Abschnitten der Lektion.

Danach stehen folgende Fragen im Mittelpunkt: Welchen **Stellenwert** besitzt Bildung in modernen Gesellschaften, welchen speziell in Deutschland? Wie ist der Zusammenhang zwischen **Bildung** und **sozialem Stand**? Wie sieht die Verbindung zwischen **Bildung** und **Arbeitsmarkt** aus? In diesem Zusammenhang werden auch die beiden Schlagworte **„Lebenslanges Lernen“** und **„Lernende Gesellschaft“** diskutiert.

6

6.2 Begriff und Begriffsgeschichte

Begriffe

Bildung ◆ Kompetenzen: intellektuelle, ethische, handlungspraktische ◆ Personalisation ◆ Sozialisation ◆ Qualifikation ◆ Allgemeinbildung ◆ institutionalisiertes Bildungssystem

Lernziele

Der Begriff **„Bildung“** bezeichnet den **Erwerb** bzw. den **Besitz** von **intellektuellen**, **ethischen** und **handlungspraktischen Kompetenzen**. Diese Kompetenzen betreffen **drei Kernbereiche** der **Entwicklung eines Individuums**:

- Die **Personalisation**, d.h. die Entwicklung der **Persönlichkeit** hin zu **Autonomie**, **Selbstständigkeit** und **Selbstbestimmung**.
- Die **Sozialisation**, d.h. den Prozess, durch den die in einer **Gesellschaft** herrschenden **Normen** und **Werte** vermittelt werden. Die Sozialisation ist die Voraussetzung für **verantwortungsvolles Handeln** in der Gesellschaft.

- Die **Qualifikation**, d.h. den Erwerb von **Fähigkeiten**, die es dem Einzelnen ermöglichen, sich auf dem **Arbeitsmarkt** zu orientieren.

Was unter den einzelnen Kompetenzen konkret verstanden wird, hängt vom jeweiligen gesellschaftlichen System und der historischen Situation ab. So wird im derzeitigen Umbruch von der **Industrie-** zur **Dienstleistungsgesellschaft** und mit der Herausbildung neuer Technologien auf dem Arbeitsmarkt ein **Wandel der Kompetenzen** gefordert, der sich allerdings hauptsächlich auf den Bereich der Qualifikation bezieht. Dieser Aspekt stand bis zum **Ende des 18. Jahrhunderts**, als sich der Begriff mit dem Aufstieg des **Bürgertums** zur kulturell bestimmenden Schicht als **Wertvorstellung** durchzusetzen begann, noch im Hintergrund. Bildung bedeutete, ausgehend von den Ideen der **Aufklärung**, vor allem die Entwicklung einer **individuellen**, **selbstverantwortlichen** und **mündigen Persönlichkeit** durch Erfahrungen und Wissen. Im Laufe des **19. Jahrhunderts** trat die **Aneignung von Wissen** in den Vordergrund und die Allgemeinbildung wurde als höchster Wert formuliert.

Allgemeinbildung bezeichnete vor allem umfassende Kenntnisse auf dem Gebiet der klassischen Sprachen und der Geschichte. Zuständig für die Vermittlung dieses **Kanons*** wurde ein immer stärker **institutionalisiertes Bildungssystem**, das vornehmlich aus Schulen und Hochschulen bestand. Ein wichtiges Datum sind hier die **Preußischen Reformen**. Diese ermöglichten die Einrichtung einer **staatlichen Schulordnung** mit Volksschulen und Gymnasien (1812), die Durchsetzung der **allgemeinen Schulpflicht** und die Gründung einer **Universität** in Berlin (1810). Ihr Leitsatz lautete: „Freiheit der Forschung und Lehre". Dies ist auch heute noch das zentrale Prinzip des akademischen Systems in Deutschland. Freilich konnten im 19. Jahrhundert hauptsächlich die **höheren Schichten** der Bevölkerung an der Bildung teilnehmen. Der Einbezug nahezu der **gesamten Bevölkerung** ins Bildungssystem ist eine Errungenschaft der **zweiten Hälfte des 20. Jahrhunderts** und ein Prozess, der in den wenigsten Ländern der Welt abgeschlossen ist.

6.3 Das Bildungswesen in Deutschland

Unter **„Bildungswesen"** wird nicht nur die **organisatorische Seite** der verschiedenen Bildungseinrichtungen verstanden, gemeint sind auch die Entscheidungen über **Inhalte** und **Ziele**, die durch die Bildung erreicht werden sollen. Der Begriff **„Bildungssystem"** bezieht sich mehr auf die Art und Weise, wie **Bildungs-** und **Ausbildungssituationen** aufgebaut sind.

Das nationalsozialistische Regime und die Teilung Deutschlands nach dem Zweiten Weltkrieg bedeuteten für die gesamte deutsche Geschichte und damit auch für das Bildungssystem einen prägenden Einschnitt. Der **Aufbau der Bildungssysteme** in den **beiden deutschen Staaten** wurde überlagert durch den Kalten Krieg und bestimmt durch die jeweilige Ideologie, mit der sich die Bundesrepublik und die DDR legitimierten. Die Bundesrepublik knüpfte hierbei zunächst an das Bildungssystem an, das sich bereits während des Kaiserreichs (1871-1918) bzw. der Weimarer Republik entwickelt hatte. Trotz einer größeren Reformphase in den 60er Jahren des 20. Jahrhunderts kann man davon sprechen, dass die Wurzeln unseres derzeitigen Bildungssystems gut 100 Jahre alt sind, da sich ja auch die fünf **neuen Bundesländer** nach der Wiedervereinigung mit geringen Abweichungen an das **westdeutsche Bildungssystem** angeschlossen haben.

---

* Unter einem **Kanon** versteht man in diesem Zusammenhang eine allgemein anerkannte, festgelegte **Abfolge von Inhalten** für jedes Fach, die jeder Schüler kennen muss.

Das Bildungssystem in der Bundesrepublik

Begriffe

mehrgliedriges und föderales Bildungssystem ◆ Kulturhoheit der Länder ◆ allgemein bildendes Schulwesen ◆ Grundschule ◆ weiterführende Schulen ◆ Hauptschule ◆ Realschule ◆ Gymnasium ◆ Bildungsexpansion ◆ Gesamtschule ◆ Berufliche Vollzeitschulen ◆ Sonderschule ◆ berufliche Ausbildung ◆ duales System ◆ Berufsschule ◆ Ausbildungsplatz ◆ (Fach)Hochschulreife ◆ Studium ◆ Weiterbildung ◆ „Lebenslanges Lernen"

Lernziele

Das **Bildungssystem** der Bundesrepublik ist ein **mehrgliedriges und föderales System**. Die Basis bildet das **allgemein bildende Schulwesen**, auf das entweder die **berufliche Ausbildung** oder das **Studium** an einer Hochschule bzw. Fachhochschule folgt. Nach dem Abschluss eines Bildungsganges sorgen verschiedene Institutionen für die Möglichkeit der **Weiterbildung**. Für die Ausgestaltung der einzelnen Bereiche sind die **Bundesländer** zuständig. Man bezeichnet dies auch als **Kulturhoheit der Länder**.

6

◆ Allgemein bildendes Schulwesen

Das allgemein bildende Schulwesen ist seit den 60er Jahren mehrfach reformiert und ergänzt worden. Das **Hamburger Abkommen (1964)** besiegelte das Ende der achtjährigen Volksschule und sah die Einführung eines **mehrgliedrigen weiterführenden Schulsystems** im Anschluss an die Grundschule vor. Ergänzt wurde dieses durch **Sonderschulen** und **private Schulen**, zu denen z.B. kirchliche Schulen und Waldorfschulen zählen. Anfang der 70er Jahre wurde die **Gesamtschule als Alternativmodell** zum mehrgliedrigen Schulsystem eingeführt; mittlerweile hat sie sich in den meisten Bundesländern eher als Ergänzung etabliert.

→ Die Grundschule

Nach der **vorschulischen Erziehung**, die zumeist in Kindergärten erfolgt, beginnt für die meisten Kinder die **Grundschule** als erster Teil des allgemein bildenden Schulwesens. Diese ist **vier-** oder **sechsjährig** (in Berlin und Brandenburg) angelegt. Am Ende der Grundschule steht der **Übergang** zu einer der **weiterführenden Schulen**. Trotz der zweijährigen **Orientierungsstufe**, die fast im gesamten Bundesgebiet den Wechsel zwischen den einzelnen Schularten erleichtert, werden an diesem Punkt die Weichen für den späteren Werdegang des Kindes gestellt. Die Entscheidung für oder gegen eine der weiterführenden Schulen hängt ab von den durch Leistung erworbenen **Noten** des Kindes, der Empfehlung durch den **Grundschullehrer** und - und das ist letztlich entscheidend - vom Willen der **Erziehungsberechtigten**. Oftmals spielen bei deren Entscheidungsprozess nicht nur die Leistung des Kindes, sondern auch Statusdenken eine Rolle.

→ Die Hauptschule

Die Hauptschule mit **Abschluss** nach dem **neunten Schuljahr** war zunächst als Schule für die Mehrheit der Bevölkerung vorgesehen. Sie löste die bisherige Volksschuloberstufe ab und sollte mit einer rein fachlichen Bildung und einem stärker differenzierten Unterrichtsprogramm den Anforderungen der modernen Gesellschaft in stärkerem Maße gerecht werden. Zugleich sollte die Möglichkeit der beruflichen Perspektiven erweitert werden.

Das ist der Hauptschule nicht gelungen, so dass sie mittlerweile als **„Sorgenkind"** des deutschen Bildungswesens gilt. Denn schon rein **quantitativ** ist die Hauptschule in keinem Bundesland mehr die größte Schulart; in manchen Ländern steht sie im Hinblick auf die Schülerzahl sogar hinter dem Gymnasium und der Realschule.

Aber auch **qualitativ** konnte sich die Hauptschule von allen Schularten am wenigsten entwickeln. Sie verzeichnet nicht nur die mit Abstand höchste Quote an **Schulabbrechern**; auch das **Unterrichtsklima** gilt in vielen Hauptschulen als ungünstig. Als Ursache dafür werden u.a. hohe **Fehlraten** auf Schüler- wie auf Lehrerseite und **Disziplinprobleme** angeführt. Daneben nimmt das Spektrum an **beruflichen Möglichkeiten**, die ein Hauptschulabschluss bietet, immer weiter ab, so dass sich viele Hauptschulen nur über die Einführung eines **freiwilligen zehnten Schuljahres** mit der Möglichkeit eines qualifizierenden Abschlusses retten können.

→ **Die Realschule**

Im Gegensatz zum Modell der Hauptschule hat sich das der Realschule bewährt. Sie hat ein relativ kontinuierliches Wachstum an Schülerzahlen zu verzeichnen. Dafür sind mehrere Faktoren verantwortlich, wobei das spezifische Programm dieser Schulart - die Verbindung von **theoretischer Allgemeinbildung** und **praktischer, berufsorientierter Vorbereitung** - eine eher untergeordnete Rolle spielt. Wichtiger ist, dass der vergleichsweise **höhere Abschluss** der Realschule, die nach dem **zehnten Schuljahr** erworbene **mittlere Reife**, zum einen mittlerweile auch in weiten Teilen der beruflichen Ausbildung de facto zu einer Voraussetzung geworden ist und zum anderen den Zugang zu vielen weiterführenden schulischen Einrichtungen eröffnet. Außerdem verfügt die Realschule wegen der Attraktivität des Abschlusses über ein höheres Prestige.

→ **Das Gymnasium**

Noch größere Zuwächse als die Realschule verzeichnet das Gymnasium. Im Jahr 2002 besuchten etwa 2,3 Mio. Schüler im gesamten Bundesgebiet Gymnasien; rund 30% eines Altersjahrgangs erreichen mittlerweile das **Abitur (die allgemeine Hochschulreife)**. In den 50er Jahren besuchten etwa 10% eines Jahrgangs das Gymnasium; nur 5% schlossen es erfolgreich ab. Dieser Prozess der **Bildungsexpansion**, also des Einbezugs

Begriffsdefinition: **Bildungssystem**

Mit dem Begriff wird die Organisation der Bildung und Ausbildung für die nachwachsende Generation bezeichnet. In der Bundesrepublik werden die Einrichtungen der allgemeinen Bildung von den Einrichtungen der beruflichen Bildung getrennt. Innerhalb der allgemeinen Bildung herrscht ein mehrgliedriges System: nach dem Besuch von Kindergarten und Grundschule (Primarbereich) treten die Kinder in die Hauptschule, die Realschule oder in das Gymnasium über (Sekundarbereich I und II). Daneben gibt es, allerdings nur selten, auch Gesamtschulen, in denen alle drei Schularten integriert sind. Die allgemeine Schulpflicht beginnt mit dem 6. Lebensjahr und dauert 9 Jahre.
Der tertiäre Bereich ermöglicht nach der Hochschulreife ein Studium an der Universität oder die Ausbildung an einer der vielen Fachhochschulen.
Das gesamte Bildungssystem steht unter staatlicher Aufsicht, wobei die einzelnen Länder die politische Entscheidungskompetenz haben.
Durch die Bildungsabschlüsse wird den Jugendlichen meist der soziale Rang in der Gesellschaft zugewiesen.

weiterer Teile der Bevölkerung in die höhere Bildung zeigt, dass das Gymnasium einen **Strukturwandel** erfahren hat – von einer hoch selektiven* Schulart zu einer für Jugendliche aus allen Teilen der Bevölkerung. Dabei haben zwar alle gesellschaftlichen Schichten von der Bildungsexpansion profitiert, der bei weitem größte Teil der Gymnasiasten stammt aber noch immer aus den höheren Schichten. Dabei spielt sicher auch eine Rolle, dass Eltern mit Abitur großen Wert darauf legen, dass ihre Kinder ebenfalls ein Gymnasium besuchen und das Abitur ablegen.

Das Gymnasium hat auch eine Reihe von **Reformen** erlebt, so z.B. die Einführung von **Grund-** und **Leistungskursen** in der Oberstufe, die zur individuellen Spezialisierung der Schüler beitragen sollten. In einigen Bundesländern wurde diese Reform aber wieder zum Teil **rückgängig** gemacht, mit dem Ziel, zu einer gehobenen breiten **Allgemeinbildung** zurückzukehren. Eine weitere Reform, die sich derzeit vollzieht, ist die **Verkürzung der Gymnasialzeit** von neun auf acht Jahre **(G8)**. Damit beginnt sich die deutsche Bildungspolitik auch an anderen EU-Ländern zu orientieren.

→ Die Gesamtschule

Die Reformbewegung der 60er Jahre führte nicht nur innerhalb des traditionellen Systems zu Veränderungen, sie brachte auch eine neue Schulart hervor. Die Gesamtschule war ursprünglich als **Alternative** zum **mehrgliedrigen Schulsystem** konzipiert und sollte dieses allmählich ersetzen. Der recht frühzeitigen und nur schwer zu korrigierenden Festlegung auf eine bestimmte Schulart, die den späteren Lebensweg schon nach dem 10. Lebensjahr entscheidend vorzeichnete, setzte das Konzept der Gesamtschule die Idee der **sozialen Integration** und der **individuellen Förderung** entgegen. Ohne Rücksicht auf soziale Unterschiede sollten alle Schüler in einer Schule unterrichtet werden. Die Einteilung nach Jahrgängen wurde beibehalten; innerhalb derer sollten die Schüler allerdings je nach individuellen Stärken und Schwächen gefördert werden. Daraus ergab sich zum einen ein flexibles Kern- und Kursgruppensystem, zum anderen erfolgte die Abkehr vom traditionellen Auswahlverfahren durch Benotung.

Schwierigkeiten erwuchsen der Gesamtschule durch ihre **Einbindung in das Bildungssystem.** Da sie nur als Ergänzung durchgesetzt wurde, mussten sich ihre **Abschlüsse** denen der anderen Schularten anpassen. Dies hatte u.a. – zumindest in den oberen Jahrgängen – eine Rückkehr zur **Notengebung** zur Folge. 1982 wurde der Gesamtschulabschluss nach 10 Jahren als mittlere Reife anerkannt; außerdem besteht mittlerweile die Möglichkeit, an der Gesamtschule nach Besuch der Oberstufe das Abitur zu absolvieren.

Begriffsdefinition: Bildungsexpansion

Mit dem Begriff wird die Tatsache bezeichnet, dass seit den 60er Jahren des 20. Jahrhunderts weitere Teile der Bevölkerung in die höhere Bildung einbezogen wurden. Vorher hatten fast nur Jugendliche aus den bürgerlichen Schichten daran Anteil. Durch die Bildungsexpansion erfuhr das traditionelle Gymnasium einen Strukturwandel; mittlerweile erreichen 30% eines Jahrgangs das Abitur. Eine weitere Folge der Expansion ist, dass immer mehr Berufe einen höheren Schulabschluss verlangen. Trotz der Expansion gehört die Bundesrepublik zu den Staaten, in denen sich die soziale Schichtung noch immer deutlich in den Bildungsabschlüssen widerspiegelt.

* **selektiv:** auf Auswahl, Auslese beruhend

Ein anderes Problem betraf die **Ausbreitung.** Diese war länderspezifisch nicht nur **quantitativ**, sondern auch **qualitativ** unterschiedlich. Denn neben dem beschriebenen Modell der **integrierten Gesamtschule** entstand auch das Modell der **kooperativen Gesamtschule,** bei dem alle drei Schultypen (Hauptschule, Realschule und Gymnasium) unter einem Dach zusammengefasst, die Unterrichtsinhalte jedoch getrennt vermittelt werden. Obwohl von Politikern immer wieder die Forderung erhoben wurde und wird, die Gesamtschule zur übergreifenden Regelschule zu machen, hat sie das Bildungssystem nicht umfassend zu reformieren vermocht.

→ **Berufliche Vollzeitschulen**

Neben dem Gymnasium führen in der **beruflichen Bildung** andere Wege zu einer höherwertigen Qualifikation: der **Fachhochschulreife.** Meistens haben die Fachhochschüler vor der Studienaufnahme eine berufspraktische bzw. eine anderweitige Vorbildung erhalten. Mehr als zwei Drittel haben eine Lehre abgeschlossen, wollen sich aber weiter qualifizieren. Je nach Bundesland sind die Ausbildungsgänge, die zur Fachhochschulreife führen, verschieden. Neben dem **Berufskolleg** steht die **Berufliche Vollzeitschule**; der Weg kann aber auch über die **Berufsschule** und danach die **Berufsaufbauschule** führen. Fachhochschulen suchen eine enge Verbindung von **theoretischer** und **praktischer Ausbildung.** Sie sollen eine auf wissenschaftlicher Grundlage beruhende Bildung vermitteln, die zu staatlichen Abschlussprüfungen führt und zu einer selbstständigen Tätigkeit im Beruf befähigt. Die Fachhochschulen sind in den 70er Jahren aus dem Zusammenschluss von Ingenieursschulen und Höheren Fachhochschulen für Wirtschaft, Sozialarbeit, Sozialpädagogik, Kunst, Gestaltung und einer weiteren Vielzahl spezieller Ausbildungsgänge auf Fachschulniveau entstanden.

→ **Sonderschulen**

Nicht alle Kinder werden in das beschriebene Schulsystem, zu dem sich noch private Schulen gesellen, integriert. Jeweils etwa 3% eines Jahrgangs – zumeist **geistig** oder **körperlich behinderte** sowie **verhaltensauffällige Kinder** – besuchen **Sonderschulen**, in denen sie ihren Fähigkeiten entsprechend gefördert und idealerweise auf die **Reintegration** in die **Regelschule** vorbereitet werden sollen. Dass das eher selten gelingt, hängt auch mit spezifischen Problemen dieser Schulart zusammen. Zum einen werden Kinder mit einem äußerst **unterschiedlichen Leistungsspektrum** gemeinsam unterrichtet, was die individuelle Förderung erschwert. Zum zweiten trägt das **lernschwache Klima** nicht zur besten Entwicklung der Schüler bei. Deshalb wird der Ruf nach **Integrationsschulen**, in denen behinderte und nicht behinderte Schüler gemeinsam unterrichtet werden, lauter.

◆ **Die berufliche Ausbildung**

Die berufliche Ausbildung schließt sich in vielen Fällen an den Schulabschluss an. Überwiegend vollzieht sie sich im **dualen System.** Dieses System sieht vor, dass ein Teil der Ausbildung im **Betrieb** durchgeführt wird und ein Teil in der **Berufsschule.** Die so vollzogene Trennung zwischen Theorie (Schule) und Praxis (Betrieb) beinhaltet, dass man, um die Ausbildung zu beginnen, auf einen **Ausbildungsplatz** in einem Unternehmen angewiesen ist – eine Tatsache, die aufgrund der sinkenden **Ausbildungsbereitschaft** bzw. **Ausbildungskapazität** der deutschen Unternehmen mehr und mehr zum Problem wird. Denn dadurch wird ein Verdrängungswettbewerb auf die freien Ausbildungsplätze angestoßen, der zu Lasten derjenigen Jugendlichen geht, die einen niedrigeren Schulabschluss haben. Leidtragende dieser Entwicklung sind oft auch Frauen und Bewerber ausländischer Herkunft.

- **Studium an einer Hochschule**
  Mit abgelegter **(Fach-)Hochschulreife** besteht die Möglichkeit, ein Studium an einer Hochschule aufzunehmen. Innerhalb des Hochschulwesens unterscheidet man zwischen **wissenschaftlichen Hochschulen** (Universitäten, theologische, pädagogische, Kunsthochschulen etc.), an denen auch bzw. vor allem Grundlagenforschung betrieben wird, und **Fachhochschulen**, die sich eher der Ausbildung und der angewandten Forschung widmen. In der Festlegung ihres **wissenschaftlichen Programms** sind die Hochschulen **autonom**, also nicht wie z.B. die **Schulen** einem auf Länderebene entworfenen **Lehrplan** verpflichtet. Diese „Freiheit der Forschung und Lehre" wird ergänzt durch Selbstständigkeit in der **Verwaltung**, in der **Berufung von Hochschullehrern** und in der **Abnahme von Prüfungen.** Hier wird aber auch die Grenze der Unabhängigkeit sichtbar, da einige Prüfungen, z.B. Staatsexamina am Ende eines Lehramtsstudiums, von Beamten des jeweiligen Landes kontrolliert werden. Auch in der **Finanzierung** sind die Hochschulen **nicht autonom**: die jeweiligen Bundesländer tragen 90% der Kosten, die Bundesregierung beteiligt sich u.a. an den Baukosten. Weitere Gelder (so genannte **Drittmittel**) müssen von den Hochschulen bei Institutionen zur Forschungsförderung beantragt werden. Die wichtigste dieser Institutionen ist die Deutsche Forschungsgemeinschaft, aber auch viele große Unternehmen haben Stiftungen eingerichtet, die Forschungsprojekte finanzieren.

  Das gesamte Hochschulwesen steht derzeit vor großen Herausforderungen. Die **Bildungsexpansion** mit ihrem enormen

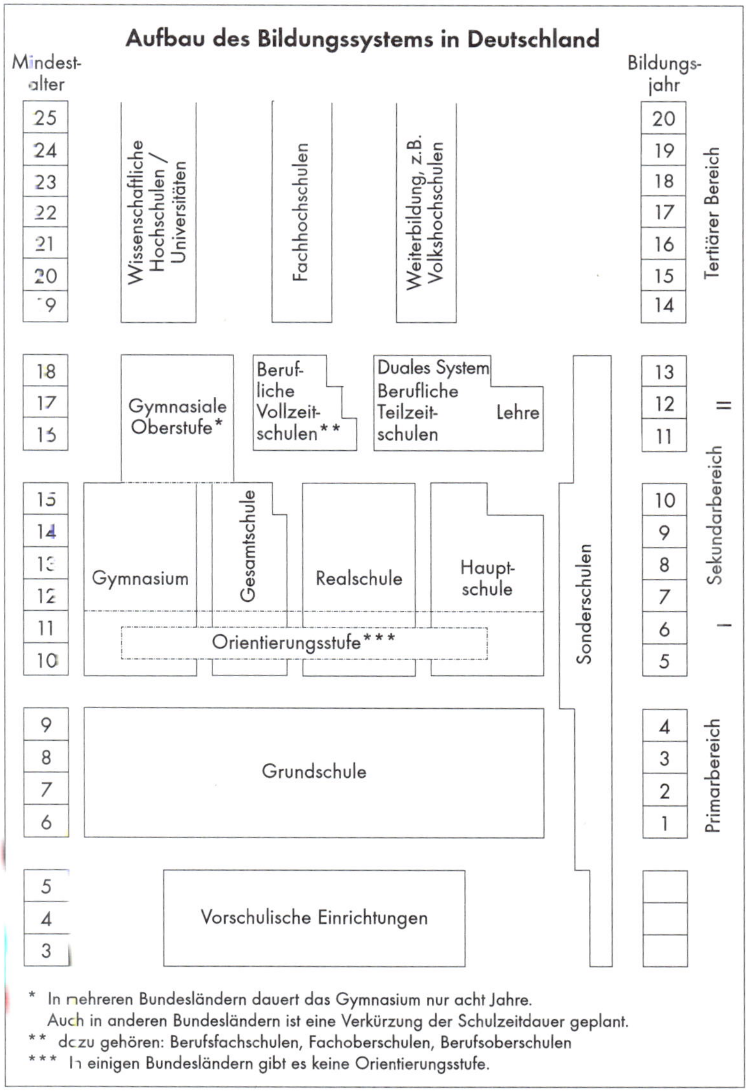

Abb. 6.1 Aufbau des Bildungssystems in Deutschland*

* Quelle: *Aufbau des Bildungssystems in Deutschland:* Kleines Schullexikon, Bettina Mahler, Stefan Schröder, Cornelsen, Frankfurt/Main, 1991, S. 16.

Anstieg der Abiturientenzahlen hat u.a. dazu geführt, dass immer mehr Jugendliche ein Studium beginnen. Dabei hat im Übrigen der Anteil der Frauen kontinuierlich zugenommen: mittlerweile sind etwa 50% der Studierenden weiblich. Auf der Seite der Lehrenden sieht das Verhältnis allerdings nach wie vor viel ungünstiger aus.

Die **steigenden Studentenzahlen** haben an vielen Hochschulen bereits zu einer **Überlastung** geführt, die die Qualität der Ausbildung gefährdet. Verschärft wird die Situation durch **finanzielle Sparmaßnahmen**. Zu den **Reformen**, die derzeit diskutiert werden, gehört u.a. die Einführung **neuer Studiengänge** zur **Verkürzung der Studiendauer**. Dies auch vor dem Hintergrund, dass die Studenten in Deutschland ohnehin das im internationalen Vergleich höchste Abschlussalter aufweisen.

- **Die Weiterbildung**
  Als letzter Teil des Bildungssystems ist die Weiterbildung zu nennen. Derzeit wird ihre Wichtigkeit gerade in Bezug auf den **Arbeitsmarkt** immer wieder hervorgehoben. Weiterbildung wird u.a. organisiert von Kammern, Betrieben, Kirchen, Parteien und Volkshochschulen. Die Bedeutung des Begriffs „Weiterbildung" hat sich im Laufe der Zeit etwas gewandelt. Verstand man früher darunter die Aneignung spezifischer Kenntnisse auf einem bestimmten Gebiet, so wird Weiterbildung heute vielfach mit der Idee des **„Lebenslangen Lernens"** verbunden. Gemeint ist damit die **kontinuierliche Aktualisierung** und **Neuorientierung** von **Kenntnissen** und **Kompetenzen**, die nicht mehr auf einen Bereich beschränkt sind, sondern geradezu zur **Flexibilität** anhalten sollen (vgl. dazu auch Abschnitt 6.4).

Das Bildungssystem der DDR

Begriffe

einheitlich zentralstaatlich geregeltes Bildungssystem* ◆ *Polytechnische Oberschule (POS)* ◆ *duales System* ◆ *Erweiterte Oberschule (EOS)* ◆ *Weiterbildung (Fern- und Abendstudien)

Lernziele

Anders als in der Bundesrepublik entwickelte sich in der DDR ein **einheitlich zentralstaatlich geregeltes Bildungssystem**. Gemäß der marxistisch-leninistischen Ideologie bestand die wichtigste Aufgabe darin, Gleichheit von Bildungschancen für alle herzustellen und eine „sozialistische Intelligenz" zu schaffen. Dies hatte zur Folge, dass sich Kinder von Regimegegnern oder z.B. von Künstlern und Pfarrern massiven Benachteiligungen im Bildungssystem ausgesetzt sahen.

Den Kern des Bildungssystems bildete die **Polytechnische Oberschule (POS)**, eine zehnjährige Gesamtschule, die die einzige Regelschule war. Die POS sollte besonders durch den Schwerpunktbereich des Polytechnischen* Unterrichts als Vorbereitung auf den Einstieg in die **Berufsausbildung** gelten, die ähnlich wie im Westen in einem **dualen System** (**Berufsschulen** und **Staatsbetriebe**) organisiert war.

Ab der neunten Klasse konnten leistungsstarke Schüler die **Erweiterte Oberschule (EOS)** besuchen, an der man nach dem **zwölften Schuljahr** die **Hochschulreife** erwarb. Das gleiche Ziel ließ sich innerhalb des staatlich organisierten **Weiterbildungssystems** mit **Fern-** und **Abendstudien** er-

* **Polytechnische Bildung** bezeichnet eine umfassende **naturwissenschaftlich-technische Ausbildung**, wie sie für alle Schulen der kommunistischen Staaten verbindlich war.

reichen. Der Zugang zu einer **Hochschule** oder **Universität** wurde allerdings vor allem nach **politischer Loyalität** und **ökonomischem Bedarf** an bestimmten Fächern vergeben. Die im Vergleich zur Bundesrepublik höheren Abiturientenzahlen in den 60er Jahren schlugen sich also nicht „automatisch" in höheren Studentenzahlen nieder.

Flankiert wurde das Schulsystem von **Spezialklassen** und **Spezialschulen**, in denen etwa 3% eines Jahrgangs z.B. in den Bereichen Sport, Musik, Mathematik oder Fremdsprachen gefördert wurden.

Nach der **Wiedervereinigung** übernahmen die fünf neuen Bundesländer mit geringen Modifikationen das Bildungssystem der Bundesrepublik. Die wichtigsten Änderungen hierbei waren die Einführung von **Fachhochschulen**, der Wegfall des parteipolitisch organisierten **Weiterbildungssystems** und die Einrichtung eines **mehrgliedrigen Schulsystems**.

Bund, Länder und Gemeinden: das Bildungssystem als kooperativer Kulturföderalismus

6

Begriffe

Bildungspolitik (zentrale und dezentrale) ◆ Träger des öffentlichen Bildungssystems ◆ Kulturhoheit der Länder ◆ kooperativer Kulturföderalismus ◆ Konferenz der Kultusminister (KMK) ◆ Bund-Länder-Kommission (BLK) ◆ europäischer Einigungsprozess ◆ Förderprogramme

Lernziele

Artikel 30 des Grundgesetzes legt fest: *„Die Ausübung der staatlichen Befugnisse und die Erfüllung der staatlichen Aufgaben ist Sache der Länder, soweit dieses Grundgesetz keine andere Regelung trifft oder zuläßt."* Da das Grundgesetz in Bezug auf die **Bildungspolitik** kaum andere Regelungen vorsieht, ist diese in erster Linie Aufgabe der **Länder**; allerdings besitzt auch die **Bundesregierung** bildungspolitische Kompetenzen. Wir haben es in Deutschland also mit einer **Mischung** aus **dezentralem** und **zentralem System** zu tun: Innerhalb der Bundesrepublik wird die Bildungspolitik dezentral, d.h. in den Ländern, geregelt. In den einzelnen Bundesländern ist sie zentralisiert: d.h., es gibt in **jedem Bundesland** ein **Ministerium**, das für die Belange der Bildung zuständig ist (**Kulturhoheit der Länder**). Diese Zentralität bedeutet auch, dass den einzelnen **Gemeinden** nur eine sehr geringe Entscheidungskompetenz zukommt. Ihre Bedeutung liegt mehr in der Umsetzung der erlassenen Richtlinien. **Bund**, **Länder** und **Gemeinden** sind also die wichtigsten **Träger des öffentlichen Bildungssystems**.

Begriffsdefinition: **„Lebenslanges Lernen"**

Durch den rasanten technologischen und gesellschaftlichen Wandel genügt es nicht mehr, dass man einmal in seinem Leben einen Qualifikationsabschluss erreicht. Wichtiger als der Erwerb von fertigen Kenntnissen ist angesichts der Tatsache, dass Wissen schnell veraltet, die Fähigkeit, Problemlösungsstrategien bei neuen Herausforderungen anzuwenden. Deshalb stehen in Schule und Ausbildung künftig selbstständiges Lernen und Teamfähigkeit im Mittelpunkt. Von jedem wird künftig die Bereitschaft erwartet, sich ein ganzes Leben lang fortzubilden und sich flexibel auf neue Berufsfelder einzulassen.

- Die **Länder** tragen den größten Teil der **Bildungsausgaben**. Und sie haben, was das Schulwesen betrifft, den größten Zuständigkeitsbereich. Dieser umfasst im Wesentlichen:
  - das **Personal** und dessen **Besoldung**.
  - **Aufsicht, Planung, Organisation** und **Leitung** des Schulwesens.
  - **Struktur** des Schulsystems (**Schularten**, Dauer der **Schulpflicht** etc.).
  - Ziele und Inhalte des **Unterrichts**. Dafür werden **Lehrpläne** erstellt, die für jedes Fach und jeden Jahrgang inhaltliche und methodische Richtlinien des Unterrichts vorgeben.

- Die **Bundesregierung** mit dem **Bildungsministerium** ist vor allem für die **außerschulische Bildung** und die **Ausbildungs- und Forschungsförderung** verantwortlich. Damit sollen zum einen Bedingungen für eine effektive und innovative Forschung geschaffen werden, zum anderen sollen Begabte und ökonomisch schwächer Gestellte finanzielle Unterstützung, z.B. für ein Hochschulstudium, erhalten - das **Bundesausbildungsförderungsgesetz (Bafög)**, das 1970 erstmals beschlossen wurde, ist dafür ein Beispiel.

- Die **Gemeinden** sind die Träger der **Schulen**. Das bedeutet, dass sie für die Ausstattung und die bauliche Gestaltung der Schulen zuständig sind. In Bezug auf das Lehrpersonal und auf inhaltliche Aspekte des Unterrichts haben sie aber ebenso wenig Kompetenzen wie die Schulen selbst.

Diese auf „mehrere Schultern" verteilten Kompetenzen erschweren ein einheitliches bildungspolitisches Handeln. Zur **Verbesserung der Zusammenarbeit** der unterschiedlichen **Entscheidungsträger** wurden **übergreifende Institutionen** geschaffen. Diese trugen dazu bei, dass aus der **Kulturhoheit der Länder** ein **kooperativer Kulturföderalismus** wurde - das föderale Prinzip bleibt erhalten, die einzelnen Bundesländer stimmen sich jedoch in wichtigen Punkten untereinander ab. Die Grenzen ergeben sich naturgemäß durch die parteipolitischen Unterschiede.

Die wichtigste Institution des kooperativen Kulturföderalismus ist die ständige **Konferenz der Kultusminister (KMK)**, die 1948 ins Leben gerufen wurde. Die Kultusminister der Bundesländer beraten und koordinieren in regelmäßigen Treffen übergreifende Aspekte der Bildungs- und Kulturpolitik. Die KMK ist zwar ein **überregionales**, aber **kein übergeordnetes Gremium**, d.h. ihre **Beschlüsse** haben rechtlich gesehen nur den Charakter von **Empfehlungen**. Dennoch gelten diese seit jeher bei der Ausgestaltung des bundesdeutschen Bildungswesens als **zentrale Richtlinien**.

Agiert die KMK nur zwischen den einzelnen Ländern, so ist es die Aufgabe der 1970 ins Leben gerufenen **Bund-Länder-Kommission (BLK)** für Bildungsplanung und Forschungsförderung, zwischen den **Ländern** und der **Bundesregierung** zu vermitteln. Hier geht es vor allem um die Umsetzung bildungspolitischer Richtlinien des Bundes und um die Unterstützung der Länder durch den Bund. Allerdings haben auch die **Beschlüsse** der BLK **keinen verpflichtenden Charakter**; die Entscheidungskompetenz der Länder bleibt bestehen.

Ein weiterer Faktor wird in den kommenden Jahren immer wichtiger werden: die **Europäische Union**. Auf verschiedenen Ebenen hat der **europäische Einigungsprozess** schon zu **Reformanstößen** geführt. So soll die Schaffung von **Masterstudiengängen**, wie es sie in vielen EU-Ländern bereits gibt, zur Erleichterung der Anerkennung der Abschlüsse in den unterschiedlichen Ländern führen. Durch die Einrichtung von **Förderprogrammen** wie dem ERASMUS-Programm ist das Studium an einer **ausländischen Hochschule** für viele Studierende bereits eine Normalität - hier zeigt sich die Bildungspolitik auch als Motor des europäischen Zusammenwachsens. Aber auch in den **Schulen** macht sich der Faktor Europa bemerkbar. Das zeigt sich nicht nur an der **Verkür-**

zung der Schulzeitdauer im **Gymnasium** von neun auf acht Jahre, sondern auch an der Akzeptanz **internationaler Vergleichstests** wie der **PISA-Studie**, sowie daran, dass man sich in der Debatte um Reformen im Schulwesen stärker als bisher an anderen europäischen Ländern orientiert.

6.4 Der Stellenwert der Bildung in der Gesellschaft

Begriffe

Bildung als Menschenrecht ◆ Chancengleichheit ◆ Auslesefunktion der Bildung ◆ Durchlässigkeit der sozialen Schichten ◆ Bildungsunterschiede ◆ Risikogruppe ◆ Humankapital-Theorie ◆ (Re-)Integration ◆ Bildungsförderung ◆ Beschäftigungspolitik ◆ „Lebenslanges Lernen" ◆ Kompetenzen: methodische, strategische, soziale ◆ „Lernende Gesellschaft"

Lernziele

6

Chancengleichheit: Theorie und Praxis

Der enge Zusammenhang zwischen dem **Bildungssystem** und dem **politischen System** eines Staates liegt auf der Hand, hat doch das Bildungssystem die Aufgabe und die Möglichkeit, die an ihm Teilnehmenden im Sinne der Werte der jeweiligen Gesellschaft zu erziehen. Das wird natürlich auch von autoritären Regimen und Diktaturen genutzt; in diesen ist aber die Rolle der Zensur zentral, um dafür zu sorgen, dass Bildung *nicht* zum Instrument der Kritikfähigkeit wird. Das **Recht auf Bildung**, das die **Vereinten Nationen** 1948 als ein **Menschenrecht** formulierten, geht dagegen von der Überzeugung aus, dass eine **zensurfreie Bildung** Verantwortungsgefühl, Kritikfähigkeit und Toleranz vermittelt. Bildung ist also hier ausgerichtet auf **humanitäre Werte** und **ethische Normen**, die zum Funktionieren einer liberalen und demokratischen Gesellschaft unerlässlich sind.

Das Recht auf Bildung als ein Menschenrecht beinhaltet aber auch den Gedanken der **Chancengleichheit**: Durch Bildung soll jedem Mitglied einer Gesellschaft, unabhängig von seinem sozialen Stand, die Möglichkeit gegeben werden, jede Position in der Gesellschaft zu besetzen. Damit wird der Bildung die **Auslesefunktion** zugewiesen, die in der Vergangenheit die Geburt hatte. Die Position des Einzelnen in der Gesellschaft soll sich also nicht mehr nach der **Herkunft**, sondern nach **Begabung** und **Leistungsbereitschaft** bemessen. Die Gerechtigkeit einer Gesellschaft lässt sich dann nach dem Grad der **Durchlässigkeit der sozialen Schichten** bestimmen. Dabei reicht es meist nicht, allen Mitgliedern der Gesellschaft gleiche Startchancen zu geben, d.h. allen die prinzipielle Möglichkeit einzuräumen, jede Schulart zu besuchen. Um auch Personen aus **schwächeren Sozialschichten** zu einer optimalen Teilnahme an der Bildung zu verhelfen, ist es nötig, in diesen Schichten gezielte **Förderungen** einzurichten.

Obwohl es in Deutschland solche Förderprogramme gibt, und obwohl man insgesamt von einer Bildungsexpansion sprechen kann, ist die Durchlässigkeit der Schichten in Bezug auf das Bildungssystem recht gering. Die **Verteilung** auf die **drei weiterführenden Schularten** folgt immer noch in hohem Maße der **Zugehörigkeit zur sozialen Schicht** (siehe Abbildung 6.2). Der jeweilige **Schulabschluss** ist in Deutschland der zuverlässigste **Indikator** für den späteren **Beruf** und damit für die soziale Schicht. Bei der Wahl der weiterführenden Schule spielen, wie in Abschnitt

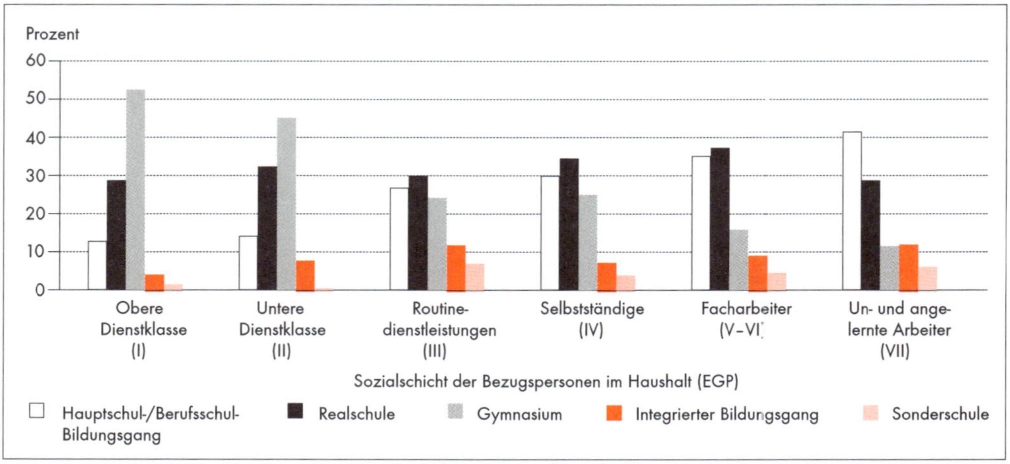

Abb. 6.2 15-Jährige nach Zugehörigkeit zur Sozialschicht und Bildungsgang 2000 (in %)

6.3 erläutert, außer der Leistung des Kindes vor allem die Empfehlungen der Lehrer und die Entscheidung der Eltern eine Rolle. Auch bei gleichen Leistungen besuchen Kinder aus höheren Schichten eher die höheren Schulen als Kinder aus niedrigen Schichten.

Problematisch ist, dass die **Bildungsunterschiede** zwischen den höheren und den niedrigen Schichten in keinem anderen europäischen Land so hoch sind wie in Deutschland. Dies hat u.a. auch die **PISA-Studie** gezeigt. Man kann also immer noch davon sprechen, dass das deutsche Bildungssystem **soziale Unterschiede** eher **reproduziert**, als Chancengleichheit durch Bildung herzustellen. Davon betroffen sind natürlich besonders die unteren Bevölkerungsschichten und hier in erster Linie die Gruppe der **Migranten**. Dabei spielen mangelhafte Deutschkenntnisse durchaus eine wichtige Rolle; ebenso wichtig ist aber die Tatsache, dass so genannte **Problembezirke** mit einem hohen Anteil an ausländischer Bevölkerung nicht genügend bildungspolitische Förderung erfuhren und erfahren. Dazu kommt, dass gegenüber Migranten noch immer Vorurteile herrschen und sie bei der Suche nach Ausbildungsplätzen oft benachteiligt werden.

In ganz anderem Maße gehören nach wie vor die **Frauen** zu den benachteiligten Personen - und das trotz höherer Bildung. Frauen haben im Durchschnitt **höhere Bildungsabschlüsse** als Männer; beim Übergang auf den **Arbeitsmarkt** können sie sich aber wesentlich weniger durchsetzen. Offensichtlich spielen hier tiefsitzende Vorurteile, was „typische" **Männer-** und **Frauenberufe** betrifft, noch immer eine entscheidende Rolle.

Die **Schere**, die sich in Deutschland zwischen den sozialen Schichten in Bezug auf **Ausbildung** und **Beruf** auftut, birgt **gesellschaftspolitische Gefahren** in sich und fordert Reformen. Die PISA-Studie hat gezeigt, dass 10% des untersuchten Jahrgangs zur so genannten **Risikogruppe** zählen, d.h., nicht in der Lage sind, einfachste Texte zu verstehen - und diese Gruppe besteht keineswegs nur aus Schülern, deren Muttersprache nicht Deutsch ist. Je geringer aber die Bildung ist, desto geringer sind die Möglichkeiten auf dem Arbeitsmarkt und die Chancen zur **Integration** und zur **Teilnahme** an der **Gesellschaft**. Damit ist die Gefahr gegeben, dass die Loyalität dem Staat und der Gesellschaft gegenüber sinkt und die Anfälligkeit für radikale und intolerante

* Quelle: Baumert & Schümer. 2001.

	Schulabgängerinnen	Schulabgänger
ohne Hauptschulabschluss	5,3%	8,9%
mit Hauptschulabschluss	20,9%	27,4%
Realschulabschluss (oder gleichwertiger Abschluss)	40,5%	35,7%
(Fach-)Hochschulreife	33,2%	27,9%
mit Ausbildungsstelle	49%	54%

Abb. 6.3 Schulabschluss und Ausbildungsplatz nach Geschlecht (2002)*

Ideologien steigt. Hier tut sich also ein dringender bildungspolitischer Handlungsbedarf auf, der durch den **demographischen** und **strukturellen Wandel** der Bevölkerung noch verstärkt wird. Damit ist z.B. die Tatsache gemeint, dass Kinder allein erziehender Eltern oder Kinder berufstätiger Eltern oft außerhalb der Schule keine genügende Betreuung und Förderung erfahren, was in vielen Fällen einen ungünstigen Einfluss auf ihre Bildungschancen hat.

6

Bildung, Arbeitsmarkt und „Lebenslanges Lernen"

Nicht nur die Gesellschaft ist auf ein funktionierendes Bildungssystem angewiesen, auch die **Wirtschaft** profitiert davon. **Forschungsstarke Hochschulen** können **Innovationen** liefern, von denen Unternehmen profitieren. Die Diskussion um die Schaffung so genannter **Elite-Universitäten** für besonders begabte Studenten und mit ausgewähltem Lehrpersonal hängt eng mit diesem Gedanken zusammen. Unternehmen profitieren aber auch von gut ausgebildeten **Mitarbeitern**. Diese Idee findet ihren Ausdruck in der **Humankapital-Theorie**. Demnach wird auch die **Arbeitskraft** als ein **Investitionsgut** begriffen. Wird in ihre **Weiterbildung** investiert, steigt ihr Wert für den Produktionsprozess, da sich ihre **höhere Qualifikation** für das Unternehmen auszahlt. Damit führen Investitionen in die Bildung langfristig zu **wirtschaftlichem Wachstum**. Auch wenn der direkte Zusammenhang zwischen Bildungsinvestitionen und wirtschaftlichem Wachstum mittlerweile in Frage gestellt ist, bleibt die Tatsache bestehen, dass Unternehmen auf gut ausgebildete Fachkräfte angewiesen sind. Gleichzeitig lässt sich Bildung aber auch für jeden Einzelnen durchaus als Investition begreifen, da sie der entscheidende Faktor für die **(Re-)Integration** in den **Arbeitsmarkt** ist.

Je höher die Bildung, desto besser normalerweise die Position auf dem Arbeitsmarkt. Umgekehrt ist das **Fehlen eines Bildungsabschlusses** unbestritten das größte **Hemmnis** für den Eintritt in den Arbeitsmarkt, stärker noch als Herkunft und Geschlecht. Dabei ist die Situation in den neuen Bundesländern noch dramatischer als in den alten: Jede zweite Person ohne Bildungsabschluss hat hier keine Arbeit. **Bildungsförderung** kann demnach als positiver Beitrag zur **Beschäftigungspolitik** verstanden werden.

Dies zeigt die entscheidende Rolle, die Bildung und Weiterbildung für den Einzelnen sowie für Wirtschaft und Gesellschaft spielen. Aus der Idee, dass eine kontinuierliche Weiterbildung in unserer Gesellschaft notwendig sei, hat sich das Konzept des **„Lebenslangen Lernens"** entwickelt.

* Quelle: *Aus Politik und Zeitgeschichte* (Beilage zur Wochenzeitung *Das Parlament*), 28/2004, S. 33.

Vom herkömmlichen Weiterbildungsgedanken unterscheidet es sich in Bezug auf den **Zeitrahmen**, die **Inhalte** und die **Funktionen**.

Wie der Begriff schon sagt, ist „Lebenslanges Lernen" ein **zeitlich unbegrenzter Prozess**, der sich nicht nur in Phasen der Ausbildung oder Arbeitslosigkeit, sondern auch in Phasen der Beschäftigung vollzieht. Das Fehlen einer zeitlichen Begrenzung spiegelt sich auch in den **Inhalten** wider. Das heißt, es geht nicht mehr in erster Linie um den Erwerb abgeschlossener Kenntnisse auf einem bestimmten, umgrenzten Gebiet. Zentral sind **drei Punkte**:

- Die ständige **Aktualisierung** der vorhandenen Kenntnisse auf einem **möglichst weiten Gebiet**.
- Der Erwerb von **methodischen** und **strategischen Kompetenzen**, die beim selbstständigen Lernen helfen sollen (z.B. die Fähigkeit, Texte schnell zu erfassen oder selbstständig Probleme zu lösen).
- Die Aneignung von **sozialen Kompetenzen** wie der Fähigkeit zur **Teamarbeit** und der Erhöhung der eigenen **Flexibilität**.

Damit bezieht sich das „Lebenslange Lernen" auf drei **Funktionen**: auf die **Qualifikation**, auf die **Sozialisation** und auf die **persönliche Entwicklung** des Einzelnen. Auf dem Arbeitsmarkt dient „Lebenslanges Lernen" dazu, **Arbeitsplätze zu sichern**, die **Wettbewerbsfähigkeit** der Betriebe zu erhöhen oder Arbeitnehmern die **Reintegration** nach einer Zeit der Beschäftigungslosigkeit zu erleichtern. „Lebenslanges Lernen" soll aber auch dem Einzelnen bei der Orientierung in Zeiten **gesellschaftlichen** und **technologischen Wandels** helfen.

Unter dem Schlagwort der Entwicklung einer **„Lernenden Gesellschaft"** wird das Konzept des „Lebenslangen Lernens" von Bund und Ländern gefördert. Dabei geht es besonders um die Unterstützung von Weiterbildungsmöglichkeiten in Regionen mit hoher Arbeitslosigkeit und um die Abstimmung zwischen Angebot und Nachfrage der Weiterbildungsangebote. Des weiteren sollen Richtlinien entwickelt werden, die die Anerkennung von nicht formal, also im Eigenstudium erworbenen Kenntnissen erleichtern.

Nicht zuletzt durch die PISA-Studie ist die **Bildungspolitik** in die öffentliche Diskussion geraten und steht vor neuen Herausforderungen. Wenn diese bewältigt werden sollen, bedarf es künftig **höherer Investitionen** in den Bereich der Bildung. Zugleich müssen auch **grundlegende strukturelle Reformen** in Schule und Hochschule durchgeführt werden. Kurzfristige Lösungsansätze führen dabei jedoch kaum zu Erfolgen.

Aufgaben

1. *Was versteht man unter dem Begriff „Bildungsexpansion"?*
2. *Wie sind in Deutschland die bildungspolitischen Kompetenzen verteilt und welche Konsequenzen hat das?*
3. *Warum ist das Recht auf Bildung gemäß den Vereinten Nationen ein Menschenrecht?*
4. *Was versteht man unter „Lebenslangem Lernen" und inwiefern unterscheidet sich der Begriff vom herkömmlichen Konzept der Weiterbildung?*

zur Lernkontrolle

Lektion 7
Die Zukunft der Arbeit

7.1 Einführung in die Thematik

Seit den **70er Jahren** des letzten Jahrhunderts wird gerade in Deutschland die **Diskussion** über die **Zukunft der Arbeit** oder präziser über die **Zukunft der Erwerbsarbeit** besonders intensiv geführt. Es gab verschiedene **Auslöser**:

- Zwei so genannte **Ölpreisschocks** Mitte der 70er und Anfang der 80er Jahre stürzten die Wirtschaft der alten Bundesrepublik in tiefe **Rezessionen**. Das Ende der Vollbeschäftigung, die in den 60er Jahren erreicht worden war, kündigte sich an. **Arbeitslosigkeit** in Form von **Massenarbeitslosigkeit** entstand und verunsicherte die Gesellschaft.
- Die **technische Entwicklung** ersetzte menschliche Arbeit, machte sie vielfach überflüssig. Dieser Prozess war zwar nicht neu, er hielt schon seit der Industrialisierung an. Allerdings wurden neue Entwicklungen wie die **Mikroelektronik** oder die **Robotertechnik** als neue Qualität der **Arbeitsplatzvernichtung** empfunden. Menschenleere Fabriken, in denen Roboter produzieren, und elektronische Rechner, die ohne menschliche Gehirne auskommen, schienen die unmittelbare Zukunft zu sein.
- **„Die Grenzen des Wachstums“ („The Limits to Growth“)** – dieser Slogan bestimmte ab Beginn der 70er Jahre die öffentliche Diskussion. Auslöser war der 1972 unter dem gleichnamigen (englischen) Titel veröffentlichte **„Bericht des Club of Rome zur Lage der Menschheit“**. Er wurde von vielen als unumstößliche Diagnose des Zustands der westlich-industriellen Volkswirtschaften und Gesellschaften aufgefasst.

Es galt, nach **Alternativen** zu suchen. **„Alternativ“** wurde eines der **Schlüsselwörter** in **Politik** und **Gesellschaft** und findet sich noch heute in einigen Bundesländern im Parteinamen der Grünen (beispielsweise bei der Grün-Alternativen Liste [GAL] in Hamburg), der einzigen aus dieser Zeit herrührenden, erfolgreichen Parteigründung der alten Bundesrepublik.

1976, nur wenige Jahre nach den *Grenzen des Wachstums*, erschien das Buch *Haben oder Sein* des Psychotherapeuten, Sozialwissenschaftlers und Philosophen **Erich Fromm**. Fromms Gedanken passten zum **Anti-** oder **Postmaterialismus** der **alternativen Gesellschaftsentwürfe**. Die Begriffe „Haben“ und „Sein“ stehen für zwei konträre Existenzweisen. Die Existenzweise des **Habens** beruht auf der Orientierung am **materiellen** und **geistigen Besitzstand** und dem Streben nach äußeren Dingen wie **Geld**, **Ruhm** oder **Macht**. Die von Fromm propagierte Existenzweise des **Seins** steht für die Möglichkeit eines erfüllten, nicht entfremdeten Lebens, in dem der aktive Mensch seine **Fähigkeiten schöpferisch** und **selbstlos** einsetzt. Fromm befasste sich auch mit den Voraussetzungen für eine am Sein orientierte Gesellschaft und machte dabei sehr konkrete Vorschläge wie die Einführung eines **garantierten Grundeinkommens**. *Haben oder Sein* wurde einer der wichtigen „Gedanken- und Ideenspeicher“ für Alternativentwürfe zur herkömmlichen Art des Wirtschaftens und Arbeitens.

Im Mittelpunkt des ersten Teils dieser Lektion steht die Diskussion um den von vielen Experten prognostizierten **Schwund der Erwerbsarbeit**, insbesondere auch mit Blick auf das so genannte **Normalarbeitsverhältnis.** Der zweite Teil setzt sich mit dem Thema **Strukturwandel der Arbeitsgesellschaft** auseinander. Wichtige Stichworte sind hier u.a. der **demographische Wandel**, der Trend zur **Wissensgesellschaft** sowie das Gegensatzpaar **„Flexibilität“** und **„Sicherheit“**.

7.2 „Wenn der Arbeitsgesellschaft die Arbeit ausgeht“

Begriffe

Erwerbsarbeit ◆ Arbeitsgesellschaft ◆ Eigenarbeit ◆ gemeinnützige Arbeit ◆ Bürgerarbeit ◆ Bürgergesellschaft (Zivilgesellschaft) ◆ steuerfinanzierte Grundsicherung (Bürgergeld)

Lernziele

Das Verständnis von Arbeit als **Erwerbsarbeit** hat sich erst im Laufe des 19. und 20. Jahrhunderts herausgebildet. Arbeit im Haus und für die Familie, also **„Haus-(Frauen-)Arbeit“**, war von diesem neuen Arbeitsverständnis ausgeschlossen. Arbeit fand nun am **Arbeitsplatz** statt. Auch der Arbeitsplatz war ein Produkt der Industrialisierung, ein Ort **kontinuierlicher** und **klar abgrenzbarer Tätigkeit** mit zeitlich bestimmten **Anwesenheitspflichten**. Erwerbsarbeit wurde zur zentralen Säule einer so genannten **Arbeitsgesellschaft**, wie der Historiker **Jürgen Kocka*** schrieb.

Ende des 20. Jahrhunderts war diese Arbeitsgesellschaft offensichtlich in die **Krise** gekommen. Die Wahrnehmung dieser Krise war in der **alten Bundesrepublik** besonders ausgeprägt, möglicherweise deshalb, weil sie in den **60er Jahren** eine zuvor nie gekannte **Glanzzeit** dieser Arbeitsgesellschaft erlebt hatte. Vollbeschäftigung und ein „leergefegter“ Arbeitsmarkt, Ausbau der an die Erwerbsarbeit geknüpften sozialen Sicherungssysteme, „Wohlstand für alle“ und sozialer Aufstieg - diese Begriffe und Bilder hatten sich in den Köpfen festgesetzt.

1982 begann die erste Diskussion; ihr Motto wurde von dem Soziologen **Ralf Dahrendorf** formuliert: *„Wenn der Arbeitsgesellschaft die Arbeit ausgeht“*. Zwei Jahre später forderte der Publizist **Joseph Huber** unter dem Begriff der **Dualwirtschaft** eine neue **Balance** zwischen **Erwerbsarbeit** und **Eigenarbeit****: *„Alle sind bei relativ geringem Zeitaufwand erwerbstätig, und produzieren und verdienen damit viel genug, um sich einen befriedigenden Konsum und viel Freizeit zu leisten. (...) Richtig ergänzt, tragen Erwerbsarbeit und Eigenarbeit dazu bei, die heutige Massenarbeitslosigkeit zu überwinden und Arbeit sinnvoller zu machen, indem die Arbeitswelt wieder in die Lebenswelt eingebettet wird.“**** Der zuvor auf „Erwerbsarbeit“ verengte Begriff „Arbeit“ wird hier also wieder erweitert.

Verfolgt man die **Diskussion** in der **Wissenschaft** und in den **Medien**, so war der Grundtenor, dass die Erwerbsarbeit nicht mehr für alle ausreicht.

---

* Jürgen Kocka, *Thesen zur Geschichte und Zukunft der Arbeit*. In: *Aus Politik und Zeitgeschichte*. B 21/2001.

** **Eigenarbeit** meint Arbeit, die man für sich selber verrichtet, **ohne** dafür einen **finanziellen Ausgleich** zu erhalten. Eigenarbeit stärkt die Persönlichkeit und gibt ihr ein Stück Autonomie.

*** Aus: Joseph Huber, *Die zwei Gesichter der Arbeit.* Frankfurt/Main 1984, S. 222.

◆ Der Amerikaner **Jeremy Rifkin** propagierte mit seinem Buch *Das Ende der Arbeit und ihre Zukunft*, das in Deutschland 1995 erschien, einen **dritten Sektor** jenseits des **marktwirtschaftlichen** und des **staatlichen Sektors**. Rifkin war einer der Väter der berühmt gewordenen Formel des **Wachstums ohne Arbeitsplätze (jobless growth)**. Als Konsequenz aus dem Niedergang der Massenbeschäftigung und einer wachsenden Zahl Arbeitsloser und Unterbeschäftigter in Folge der dritten industriellen Revolution schlug er vor, die **brachliegende Arbeitskraft** in sinnvoller Weise für **gemeinnützige Arbeit** einzusetzen. Tätigkeitsfelder könnten beispielsweise die medizinische Grundversorgung, die Erziehung, der Umweltschutz oder der Wohnungsbau sein. Rifkin fordert den Staat auf, dieses Engagement im dritten Sektor zu fördern.

Abb. 7.1*

◆ Der Italiener **Orio Giarini** und der Deutsche **Patrick Liedtke** sind die Autoren eines 1998 für den Club of Rome erstellten neuen Berichtes. Auch sie schlugen als Lösung für die Unterbeschäftigung vor, **bezahlte Arbeit** durch **unbezahlte Arbeit** zu **ergänzen**.

◆ Wiederum in den USA entwickelte **Frithjof Bergmann** sein Konzept der **„Neuen Arbeit"**, das in Deutschland vor allem durch sein 1997 veröffentlichtes Buch *Neue Arbeit, Neue Kultur* bekannt wurde. Bergmann suchte die Lösung der Arbeitsmarktprobleme in **neuen Tätigkeitsfeldern** außerhalb der Erwerbsarbeit. Weil es davon immer weniger gibt, sollen die Menschen eigene Interessen und Fähigkeiten entwickeln. Dafür soll eine **Bezahlung** sichergestellt werden. Darüber hinaus schlägt Bergmann vor, die Abhängigkeit vom Einkommen zu reduzieren und zwar durch vermehrte **Selbstversorgung** mit Hilfe moderner Techniken.

◆ In Deutschland wurde **Ulrich Beck** zum bekanntesten der Autoren, die sich mit Alternativen zur Erwerbsarbeit auseinander setzten. Auch er geht von der Grundthese der rapide schwindenden Erwerbsarbeit aus. Die **verbleibenden Arbeitsplätze** sieht er zudem zunehmend **instabil** mit großen **Wechsel-** und **Anpassungszwängen** für die

Begriffsdefinition: Erwerbsarbeit

Erwerbsarbeit steht im Gegensatz zu anderen Formen von Arbeit wie z.B. gemeinnütziger Bürgerarbeit. Erwerbsarbeit bezeichnet das Arbeitsverhältnis eines Lohnabhängigen, der durch seine Arbeit den Lebensunterhalt für sich und seine Familie sichert. Arbeit im Haus sowie familiäre Erziehung wird nicht zur Erwerbsarbeit gezählt. Mit dem Ende des 20. Jahrhunderts zeigte sich in der Gesellschaft der Bundesrepublik, dass man nicht mehr für alle Erwerbsfähigen ab dem 14. Lebensjahr Arbeit anbieten konnte. Deshalb kamen neben der traditionellen Erwerbsarbeit immer mehr neue Formen wie z.B. Jobs auf Zeit oder Teilzeitarbeit auf.

* Quelle: *Das Parlament*, Nr. 35, 25.08.95

7

Menschen bis hin zu einer Existenz als **„Arbeits-Nomaden"**. Sein Konzept der **Bürgerarbeit** im Rahmen einer **Bürgergesellschaft (Zivilgesellschaft)** soll die Erwerbsarbeit ergänzen *„nicht im Sinne eines Entweder-oder, sondern eines Sowohl-als-auch"*.

Ganz ähnlich wie bei Rifkin soll an die Stelle von Arbeitslosigkeit die **Mitwirkung** in **freiwilligen Selbstorganisationen** der **zivilen Gesellschaft** treten. Dafür sollte es eine **steuerfinanzierte Grundsicherung**, ein **Bürgergeld** geben: *„Diejenigen, die sich in Selbstorganisationen engagieren, ... sind ... keine ‚Arbeitslosen' mehr. Sie sind aktive Bürger, die sich für die Allgemeinheit engagieren und dafür eine (zeitlich begrenzte) Grundsicherung erhalten. (...) Es wäre daher wichtig, das Bürgergeld nicht nackt zu zahlen, sondern mit Angeboten auf aktive Mitwirkung zu verbinden"*, hob Beck in einem SPIEGEL-Artikel hervor.

7.3 Geht der Arbeitsgesellschaft die Arbeit aus?

Begriffe

Wachstum ohne Arbeitsplätze (jobless growth)* ◆ *Beschäftigungsschwelle* ◆ *Normalarbeitsverhältnis* ◆ *atypische Beschäftigungsformen (Teilzeitarbeit, befristete Beschäftigung, Zeitarbeit, Leiharbeit etc.)* ◆ *Beschäftigungsförderungsgesetz* ◆ *Erwerbspersonenpotenzial* ◆ *Nachfrage nach Arbeit* ◆ *Angebot an Erwerbspersonen

Lernziele

So einleuchtend die **Thesen** vom rapiden **Schwund der Erwerbsarbeit** auch sein mögen, stellt sich doch die Frage, ob die Diagnose richtig ist. Aus **historischer Sicht** verdienen diese Thesen **Skepsis**. Denn durch den **technologischen Wandel**, der von Anfang an mit dem Prozess der Industrialisierung verbunden war, wurden seit jeher konkurrenzunfähige Arbeitsplätze vernichtet. Dafür entstanden aber auch immer wieder neue Arbeitsplätze. Die gleiche Skepsis gilt, wenn man das Thema Erwerbsarbeit aus rein **volkswirtschaftlicher Sicht** betrachtet. Auch hier lassen sich Zwangsläufigkeit und Unkorrigierbarkeit der Probleme bezweifeln. Dies betrifft beispielsweise das **Wachstum ohne Arbeitsplätze (jobless growth)** oder die These, dass sichere Arbeitsverhältnisse - das so genannte Normalarbeitsverhältnis - von atypischen Beschäftigungsformen, d.h. einer Art neuem „Nomadentum" abgelöst würden.

Begriffsdefinition: **Normalarbeitsverhältnis**

Die normale Biographie verlief für sehr viele Menschen bis zum Ende des 20. Jahrhunderts nach einem festen Schema: nach der Schule kam die Phase der Ausbildung und auf diese folgte ein Arbeitsverhältnis, das lebenslang bis zum Übertritt in die Rente andauerte.
Das Normalarbeitsverhältnis fußte auf einer festen Erwerbsarbeit. Diese Form wird es zwar in der Zukunft auch noch geben, aber für viele Menschen wird man in der Gesellschaft des 21. Jahrhunderts neue Formen von Arbeitsverhältnissen suchen müssen.

◆ **Wachstum ohne Arbeitsplätze?**
Die **Behauptung**, es könne Wachstum ohne Arbeitsplätze geben, hält einer Überprüfung **nicht** stand. Der Datenreport 2004 des Statistischen Bundesamtes zeigt, dass im alten Bundesgebiet um 2000/2001, also vor

Beginn des aktuell noch nachklingenden konjunkturellen Einbruchs, mit über 30 Millionen so viele Erwerbstätige wie nie zuvor gezählt wurden.

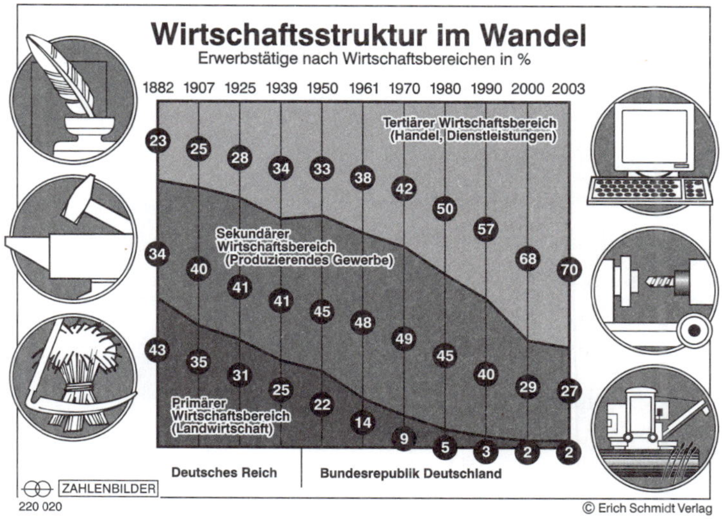

Abb. 7.2 Wirtschaftsstruktur im Wandel

Wachstum ohne Arbeitsplätze gab es bislang immer nur dann, wenn das **Wirtschaftswachstum** so gering war, dass es **unter** der so genannten **Beschäftigungsschwelle** blieb. Derzeit geht man davon aus, dass diese Beschäftigungsschwelle in Deutschland bereits unter 2% liegt. Das **Bruttoinlandsprodukt**, das die ökonomische Leistungsfähigkeit einer Volkswirtschaft ausdrückt, muss also in Deutschland im Vorjahresvergleich mit dieser Rate zunehmen, dann entstehen auch wieder neue Arbeitsplätze. Im längerfristigen Vergleich ist dieser Wert in allen westlichen Ländern gesunken. Eine Ursache dafür ist die **zunehmende Bedeutung** der im Durchschnitt **weniger produktiven Dienstleistungen**.

◆ Das Ende des Normalarbeitsverhältnisses?

Doch unabhängig von der Tatsache, dass die Zahl der Erwerbstätigen erst vor kurzem neue Obergrenzen erreicht hat, verliert die Arbeitsgesellschaft nach Einschätzung vieler Experten ihre Substanz, ihre **identitätsstiftende Basis**. Gemeint ist damit das so genannte **Normalarbeitsverhältnis**, das – so die Experten – auf Kosten **atypischer Beschäftigungsformen** wie z.B. **Teilzeitarbeit** oder **geringfügige** bzw. **befristete Beschäftigung** zurückgedrängt werde. Das Normalarbeitsverhältnis unterliege somit einem ständigen **Erosionsprozess***.

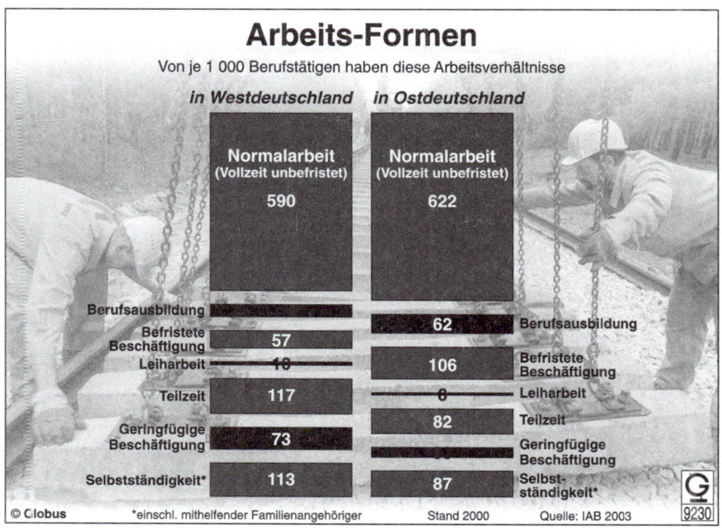

Abb. 7.3 Arbeits-Formen

Die Diskussion um das Normalarbeitsverhältnis beruht auf einem im Großen und Ganzen durchaus zutreffenden empirischen** Befund. Kontro-

* **Erosion** bedeutet in diesem Zusammenhang **Zerstörung**.

** **empirisch:** aus der **Erfahrung**, **Beobachtung** entstanden vers sind allerdings die Bewertungen und Schlussfolgerungen. Für das **Normalarbeitsverhältnis** gibt es keine ganz eindeutige Definition; unstrittig umfasst es jedoch in seinem Kern die **Merkmale**

- auf Dauer angelegt, also **unbefristet**;
- Vollzeit, also **existenzsichernd**;
- der Sozialversicherungspflicht unterliegend, also **absichernd** bei Krankheit, Arbeitslosigkeit und im Alter.

Abb. 7.4 Wachstumsmarkt Teilzeitarbeit

Diese Beschäftigungsform wird in Deutschland im Rahmen und unter dem Schutz von **Tarifverträgen** gesehen. Selbstverständlich war und ist für viele auch, dass die Beschäftigung bei einer **Zeitarbeitsfirma** nicht zum Normalarbeitsverhältnis passen würde. Insgesamt sah man das Normalarbeitsverhältnis als **„Teil des deutschen Wohlfahrtsmodells"** an. Man könnte auch noch hinzufügen, dass diese Art des Arbeitsverhältnisses – schon angesichts der Lebenswirklichkeit – allenfalls für **Männer** (und Väter) „normal" sein konnte, nicht aber für die Mehrheit der Frauen (und Mütter).

Die Debatte kam **1985** nach der Verabschiedung des **Beschäftigungsförderungsgesetzes** in Gang. Das Gesetz erleichtert den Abschluss **befristeter Arbeitsverträge** und begünstigt **Leiharbeit** und **Teilzeitarbeit.** Dies wurde als Bruch mit dem Konzept des Normalarbeitsverhältnisses angesehen und führte zur Formel von der **„Erosion (Zerstörung) des Normalarbeitsverhältnisses".**

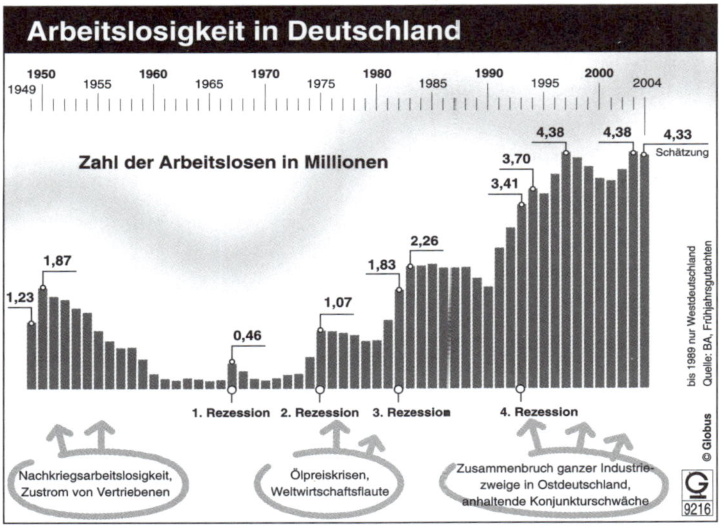

Abb. 7.5 Arbeitslosigkeit in Deutschland

Kritiker verweisen darauf, dass man diesen Prozess als **Ergänzung** des Normalarbeitsverhältnisses sehen müsse und dass es darum gehe, noch andere Formen eines Arbeitsverhältnisses zu finden. *„Zwar ist es richtig, dass in den letzten Jahrzehnten der Anteil von Teilzeitbeschäftigung und befristeten Arbeitsverhältnissen an allen Arbeitsverhältnissen gestiegen ist. Dadurch werden jedoch keine Vollzeitarbeitsplätze verdrängt. Vielmehr haben*

Gruppen, die in der Vergangenheit nicht erwerbstätig waren – insbesondere Frauen – eine Teilzeitbeschäftigung aufgenommen. ... Unbefristete Vollzeitarbeitsplätze zeigen dadurch jedoch keinen nennenswerten Rückgang.“ *

Geändert hat sich also das **Verhältnis** zwischen **herkömmlicher Standardbeschäftigung** und **anderen Beschäftigungsformen**, wobei der **Bedeutungsverlust** der herkömmlichen Form auch mit **individuellen Wünschen** zusammenhängt.

Denn es sind auf dem Arbeitsmarkt gegenüber den Zeiten der „Vollbeschäftigung“ in den 60er Jahren vor allem **Frauen** hinzugekommen – und integriert worden. Dass ihre **Erwerbstätigenquote** in einem langfristigen Trend nach wie vor zunimmt, wurde wegen der hohen Arbeitslosigkeit oft übersehen. Eine der zentralen Ursachen der Arbeitslosigkeit ist der **kontinuierliche Anstieg** des **Erwerbspersonenpotenzials** (vgl. dazu auch Abschnitt 7.5). Dieser erfolgte zwar zuletzt nur noch langsam, war jedoch in den 80er und 90er Jahren relativ stark. Ein Teil der „Neuen“ (Frauen, Zuwanderer, am Anfang auch noch die geburtenstarken Jahrgänge) wurde in den Arbeitsmarkt integriert, die **Nachfrage nach Arbeit** durch die Betriebe nahm jedoch **nicht** in dem Maße zu, wie das **Angebot an Erwerbspersonen** stieg.

7.4 Prognosen oder *„Nichts ist so beständig wie der Wandel“*

Begriffe

Prognosen ◆ die „Fünf Weisen“ ◆ Wirtschaftsforschungsinstitute ◆ Prognosezeiträume ◆ Projektionen ◆ Vorausberechnungen ◆ Szenarien

Lernziele

7

Auch für die Arbeitsgesellschaft gilt: *Nichts ist so beständig wie der Wandel*. Sie bleibt nicht an einem Punkt stehen, sondern verändert sich. Anstöße für **Veränderungen** kommen von vielen Seiten, beispielsweise der **technischen Entwicklung** oder der **Globalisierung**. Die **Auswirkungen** dieser Veränderungen hängen aber ganz wesentlich davon ab, welche **Entscheidungen** in **Politik** und **Wirtschaft** getroffen werden. Grundlage vieler Entscheidungen sind u.a. **Prognosen**, d.h. **Vorhersagen** beispielsweise über die Entwicklung des Wirtschaftswachstums, der Arbeitslosenzahlen, der Bevölkerung (Demographie), aber eben auch über die der Beschäftigungsformen. Experten warnen allerdings vor einer zu stark ausgeprägten **Prognosegläubigkeit**. Ihren Aussagen nach sind **Entwicklungen gestaltbar** und **nicht zwangsläufig**.

Noch am ehesten lassen sich auf relativ kurze Sicht bestimmte Entwicklungen mit gewisser Sicherheit im Voraus erkennen. Wie schwer dies aber gerade bei wirtschaftlichen und gesellschaftlichen Zusammenhängen ist, demonstrieren jedes Halbjahr die Prognosen zur wirtschaftlichen Entwicklung der **„Fünf Weisen“** (Sachverständigenrat zur Begutachtung der wirtschaftlichen Entwicklung) und der sechs führenden deutschen **Wirtschaftsforschungsinstitute** (DIW, RWI, HWWA, IfW, ifo, IWH)**. Die Veränderungsrate des Bruttoinlandsprodukts (BIP) sieht meist anders aus, als die Forscher annahmen. Mit der Länge der **Prognosezeiträume** potenzieren sich die Unsicherheiten.

---

* Aus: *DIW-Wochenbericht*, Nr 9/2001, S. 150.

** **DIW:** Deutsches Institut für Wirtschaftsforschung, Berlin; **RWI:** Rheinisch Westfälisches Institut für Wirtschaftsforschung, Essen; **HWWA:** Hamburgisches Welt-Wirtschafts-Archiv, Hamburg; **IfW:** Institut für Weltwirtschaft, Kiel; **ifo:** Institut für Wirtschaftsforschung an der Universität München; **IWH:** Institut für Wirtschaftsforschung, Halle.

Seriöse Wissenschaftler arbeiten deshalb beim Blick in die Zukunft mit

- **Projektionen*** (z.B. Projektionsrechnungen des IAB** zur Entwicklung des Erwerbspersonenpotenzials),
- **Vorausberechnungen** (z.B. Bevölkerungsvorausberechnungen des Statistischen Bundesamtes) oder
- **Szenarien** (eher beschreibende und nicht berechnete Varianten der möglichen Entwicklung).

Hier werden Annahmen offen gelegt und **„Wenn-dann-Beziehungen"** hergestellt. Diese beruhen in der Regel auf bestimmten **theoretischen Modellen**, mit denen man dann, in Abhängigkeit von den getroffenen Annahmen, unterschiedliche Verläufe entwerfen kann. Der Sinn solcher Berechnungen kann aber nur darin bestehen, den handelnden Akteuren (z.B. in der Politik) **Entscheidungshilfen** zu liefern und **Handlungsbedarf** aufzuzeigen. Die Interpretation: „So wird es tatsächlich kommen" ist in aller Regel falsch, und zwar nicht zuletzt deshalb, weil sich wichtige **Rahmenbedingungen** absichtlich oder unabsichtlich **ändern** – auch als **Reaktion** auf die zuvor veröffentlichten Prognosen. Diese Grundregel für den „richtigen" Umgang mit Prognosen gilt selbst bei den scheinbar „sicheren", langfristigen demographischen Vorhersagen.

7.5 Wandel der Arbeitsgesellschaft: die großen Trends

Begriffe

Trend ◆ Überalterung der Gesellschaft ◆ Erwerbspersonenpotenzial ◆ Verlängerung der Lebensarbeitszeit ◆ Wissensgesellschaft ◆ Qualifikation ◆ Fachkräftemangel ◆ Wettbewerbsfähigkeit ◆ Bildungspotenzial ◆ Chancengleichheit (Frauen, Männer) ◆ Service- und Dienstleistungsorientierung ◆ flexiblere Arbeitsformen

Lernziele

Einige Entwicklungen in der Arbeitsgesellschaft lassen sich schon seit einiger Zeit als relativ stabile **Trends***** beobachten. Gleichwohl ist immer zu fragen: Wie reagieren Politik und Gesellschaft auf den Trend? Ändern sich Rahmenbedingungen, beispielsweise in Politik, Wirtschaft oder Gesellschaft?

Die Demographie: Das Angebot an Arbeitskräften wird älter und kleiner

Die **demographische Entwicklung** ist relativ sicher: Die deutsche Bevölkerung wird im Durchschnitt älter und sie wird zahlenmäßig abnehmen. Die drohende **Überalterung der Gesellschaft** wurde lange verdrängt, jetzt ist sie zum Allgemeingut von Politik, Wirtschaft und der Medien geworden. (Vgl. dazu auch Lektion 5, Abschnitt 5.4.)

---

* **Projektionen** sind vorausblickende Entwürfe einer zukünftigen Entwicklung.

** **IAB:** Institut für Arbeitsmarkt- und Berufsforschung der Bundesagentur für Arbeit.

*** **Trend:** Richtung einer neuen, auf statistischen Daten beruhenden Entwicklung.

Zwar sind selbst für demographische Trends keine „sicheren“ Prognosen möglich - auch und gerade, weil sie notwendigerweise viele Jahrzehnte nach vorne schauen. Gleichwohl sind sie wichtig, um in der Gegenwart vernünftige Entscheidungen für die Zukunft treffen zu können. Allerdings ist immer zu berücksichtigen:

- **Prognosen** schauen immer aus **„heutiger“ Sicht** und mit dem **„heutigen“ Wissen** und **Erkenntnisstand** in die Zukunft. Ein Autor wie der Statistiker Gerd Bosbach* fragt z.B. ketzerisch, was eine Prognose aus dem Jahr 1950 über fünf Jahrzehnte hinaus für das Jahr 2000 - auf diese Zeiträume sind die aktuellen Bevölkerungsprognosen angelegt - hätte einbeziehen können und was nicht. Viele **Einflussfaktoren** - beispielsweise die Anti-Baby-Pille, eine der Ursachen für die heutigen Demographieprobleme - wären zwangsläufig unberücksichtigt geblieben.
- Seriöse Wissenschaftler deklarieren ihre Ergebnisse nicht als Prognosen, deren sicheres Eintreffen unterstellt wird, sondern sie liefern **langfristige Projektions-** oder **Modellrechnungen**, die auf einem Bündel von **offen gelegten Annahmen** beruhen.

Das **IAB** befasst sich seit langem mit den Auswirkungen der demographischen Entwicklungen auf das **Erwerbspersonenpotenzial**. Das ist der Oberbegriff für alle Personen, die auf dem **Arbeitsmarkt präsent** sind

- als **Erwerbstätige**,
- als **Erwerbslose**, die eine Erwerbstätigkeit suchen,
- oder als **Erwerbslose** der **„Stillen Reserve“**. Das sind Personen, die sich aktuell entmutigt vom Arbeitsmarkt zurückgezogen haben, aber bei besseren Bedingungen wieder dorthin zurückkehren und Arbeitsplätze nachfragen.

Die grundlegenden Botschaften für die Entwicklung des Erwerbspersonenpotenzials sind in einem IAB-Kurzbericht (1999) in vier Punkten präzisiert:

- In allen berechneten Varianten (also mit unterschiedlichen Annahmen) wird nach dem **Jahr 2010** auf Grund des **Bevölkerungsrückgangs** das **Angebot an Arbeitskräften** deutlich zurückgehen.
- Selbst die Berechnungsvarianten mit recht hohen **Frauenerwerbsquoten** und **Zuwanderung** können diese Entwicklung nicht aufhalten.
- Gleichzeitig steigt das **Durchschnittsalter** des Erwerbspersonenpotenzials.
- Die Erwartungen gelten im Großen und Ganzen für die alten und die neuen Bundesländer.

Richtige **Reaktionen** darauf wären beispielsweise:

- Die **Förderung der Frauenerwerbstätigkeit** durch bessere Rahmenbedingungen zur Vereinbarkeit von Beruf und Familie.
- Die **Verlängerung der Lebensarbeitszeit**, mit der die in Deutschland über Jahre hinweg bewusst gesenkte Erwerbstätigkeit der über 55-Jährigen (Frühverrentung, Frühausgliederung) wieder angehoben werden soll - mit ersten Erfolgen, wie das Bundesministerium für Familie,

---

* Gerd Bosbach, *Die modernen Kaffeesatzleser*. In: *Frankfurter Rundschau* vom 26.08.2004.

Senioren, Frauen und Jugend 2004 feststellte. Nach einer Studie, dem *Alterssurvey 2002*, planen immer mehr Erwerbstätige freiwillig, länger zu arbeiten, als sie bisher vorhatten.

- Die Gestaltung und Steuerung der **Zuwanderung**.

Für das heute wichtigste Problem der Arbeitsgesellschaft, die hohe **Arbeitslosigkeit**, wird eine kleiner werdende Zahl von Erwerbspersonen zunächst sicherlich eine **massive Entlastung** bringen. Auf längere und mittlere Sicht bergen der Rückgang der Bevölkerungszahlen und damit verbunden die Abnahme des Erwerbspersonenpotenzials jedoch viele **Risiken** für Wirtschaft und Gesellschaft in sich. Dies gilt z.B. mit Sicherheit für die **sozialen Sicherungssysteme**, aber auch für drohende Verluste an **Wachstums-** und **Innovationsdynamik**.

Trend zur Wissensgesellschaft: gut qualifizierte Fachkräfte werden Mangelware

Was den Stellenwert der **allgemeinen** und der **beruflichen Bildung** auf dem **Arbeitsmarkt** betrifft, so geht der Trend eindeutig in Richtung **Wissensgesellschaft**. Da die Arbeitsplätze und die Arbeitsinhalte im Durchschnitt immer anspruchsvoller werden, steigen auch die **Anforderungen** an die **Qualifikation**. Dabei lassen sich drei wesentliche **Entwicklungen** feststellen:

- Der Bedarf an **Hochschul-** und **Fachhochschulabsolventen** wird auch weiterhin wachsen. Damit setzt sich die Entwicklung der letzten Jahrzehnte gegen alle Unkenrufe vom „akademischen Proletariat" weiter fort. Die **hochqualifizierten Ausbildungswege** sind die deutlichen Gewinner auf dem Arbeitsmarkt.

- Umgekehrt werden die Arbeitsplätze für **gering Qualifizierte** weiter abnehmen. Sie sind die Verlierer am Arbeitsmarkt.

- Für die mittlere Ebene der **Lehrberufe** und speziell der **Fachschulabschlüsse** werden noch leichte Beschäftigungsgewinne erwartet. Gleichzeitig werden hier die Ansprüche an die **Allgemeinbildung** steigen. Die klassische Kombination „Hauptschule plus Lehre" wird zurückgedrängt zu Gunsten der Kombination **„mittlere Reife plus Lehre"**.

Manche Experten sprechen von Alarmsignalen auf dem Arbeitsmarkt, die - vielleicht - durch den zusätzlichen Druck der **PISA-Studie** endlich zu **neuen bildungspolitischen Weichenstellungen** führen. Ihr Fazit kann man so zuspitzen: Die deutsche Arbeitsgesellschaft leidet nicht nur an Alterung und Schrumpfung, sondern auch an **fehlender Qualifikation**. Das widerspricht der weit verbreiteten Vorstellung einer gewissermaßen von der Natur vorgegebenen **Bildungsexpansion**, bei der immer wieder besser qualifizierte jüngere Generationen an die Stelle von schlechter qualifizierten älteren treten. Nach Einschätzung der Experten ist die Bildungsexpansion von einst seit Beginn der 90er Jahre weitgehend zum Stillstand gekommen. Die Folgen können gravierend sein: Bereits auf mittlere Sicht wird ein **Fachkräftemangel** immer wahrscheinlicher und dieser Fachkräftemangel bedroht die **Wettbewerbsfähigkeit** der deutschen Wirtschaft.

Die notwendigen Reaktionen liegen auf der Hand und wurden durch PISA einem noch größeren Publikum bewusst: Wir brauchen eine entscheidende **Aufwertung der Bildungspolitik**. Experten, wie beispielsweise die Forscher des Instituts für Arbeitsmarkt- und Berufsforschung, fordern daher eine breit angelegte **„Bildungsoffensive"** auf allen Ebenen der **allgemeinen** und

beruflichen Qualifizierung sowie der **Weiterbildung**. Im Einzelnen laufen ihre **Vorschläge** immer wieder auf bestimmte Grundlinien hinaus:

- Bessere **Ausschöpfung** des **vorhandenen Bildungspotenzials** insbesondere durch
  - → neue Anstrengungen in der allgemeinen und beruflichen Bildung,
  - → bessere Integration der hier lebenden Migranten,
  - → Nachqualifizierung von Personen ohne abgeschlossene Berufsausbildung.
- **Erhöhung des Erwerbspersonenpotenzials** insbesondere durch
  - → bessere Erwerbsmöglichkeiten und -bedingungen für Frauen,
  - → Öffnung des Arbeitsmarktes für qualifizierte Fachkräfte aus Drittländern, d.h. gesteuerte Zuwanderung,
  - → Verbesserung der Beschäftigungsperspektiven für ältere Arbeitnehmer.

Beschäftigung: flexibler, bunter, brüchiger – und trotzdem Sicherheit?

Es gibt zwei wichtige **Gründe**, weshalb die Beschäftigungsformen vielfältiger werden und mit der **lebenslangen Vollzeitbeschäftigung** in ein und demselben Betrieb immer **weniger vereinbar** sind:

- Zum einen kann man die **Chancengleichheit** zwischen Frauen und Männern auf dem Arbeitsmarkt nur erreichen, wenn man **Flexibilität** der Beschäftigungsverhältnisse ermöglicht.
- Zum anderen setzt der **Wandel** von der **industriellen Massenproduktion** zu vermehrten Tätigkeiten mit **Service-** und **Dienstleistungsorientierung** eine **flexible Organisationsform** voraus.

In der Praxis verläuft dieser Weg vom **Normalarbeitsverhältnis** hin zu **flexibleren Arbeitsformen** natürlich nicht konfliktfrei. Zwar steigt bei vielen Erwerbstätigen der Wunsch nach mehr Flexibilität, doch zumeist nicht in dem Maße, in dem der Arbeitsmarkt seine Forderungen in puncto Flexibilität „hochschraubt“. Etwas vereinfacht lassen sich **zwei gegensätzliche Beschäftigungsmodelle** formulieren:

- Ein an der **Vergangenheit orientiertes, strukturkonservatives Modell**, bei dem es – ohne Rücksicht auf geänderte Rahmenbedingungen – um **Schutz** und **Sicherheit** auf dem Arbeitsmarkt geht.
- Ein einseitig an den **Gesetzen des (Arbeits-)Marktes orientiertes Modell**, bei dem sich die Menschen und ihre Bedürfnisse allein den Gegebenheiten des Marktes anpassen müssen.

Die Frage ist, ob es einen **Kompromiss** zwischen diesen beiden Extremen gibt. In den letzten Jahren wurden dazu unter den Stichworten „Flexicurity“ und „Übergangsarbeitsmärkte“ zwei Konzepte diskutiert. Der eine oder andere Gedanke daraus ist bereits in die Politik eingeflossen. Nicht gelungen ist es allerdings, aus diesen Konzepten eine richtige Zukunftsvorstellung zu entwickeln, die den Menschen eine Orientierung im Wandel geben kann.

7.6 Neue Konzepte

Begriffe

Flexicurity (Flexibilität und Sicherheit) ◆ Berufsbiographien ◆ Reform des Sozialstaates ◆ Übergangsarbeitsmärkte ◆ Vollbeschäftigung ◆ Integration ◆ „inclusion" („Anschluss") ◆ „exclusion" („Ausschluss")

Lernziele

Flexibilität und Sicherheit

Der Begriff **„Flexicurity"** verbindet die beiden englischen Wörter *flexibility* (Beweglichkeit, Flexibilität) und *security* (Sicherheit) und bringt damit die Kernaussage des Konzepts zum Ausdruck: nicht „entweder-oder" sondern „sowohl-als-auch". Sein **Leitprinzip** ist im gewerkschaftsnahen Magazin *Mitbestimmung* so beschrieben: **Mehr Beweglichkeit, weniger soziale Risiken** – die Flexibilität am Arbeitsmarkt erhöhen und gleichzeitig soziale Risiken minimieren.

Es geht bei diesem Konzept darum, **wechselnde Erwerbsverläufe**, so genannte **Berufsbiographien**, sowohl **abzusichern** als auch zu **fördern**. Von der Sozial- und Arbeitsmarktpolitik müssen Vorschläge und Regeln entwickelt werden, um Lücken, Wechsel und Brüche im Erwerbsleben für die Betroffenen verkraftbar zu machen.

„Erfunden" wurden Begriff und Konzept in den **Niederlanden** und in **Dänemark**, wo – wie auch in den **nördlicheren skandinavischen Ländern** – arbeitsmarkt- und sozialpolitische Veränderungen nach dem Eindruck vieler Beobachter schneller, pragmatischer und wirkungsvoller umgesetzt werden als bei uns. Dort ist man bei der **Reform des Sozialstaates** schon weiter – nicht umsonst schauen gerade Politiker und Verbände, die sich für Arbeitnehmerinteressen einsetzen, und die ihnen verbundenen Wissenschaftler immer wieder auf diese Länder als Beispiel.

Übergangsarbeitsmärkte

Entwickelt wurde das Konzept der **Übergangsarbeitsmärkte** vom Berliner Arbeitsmarktforscher **Günther Schmid**. Er hat es in vielen Veröffentlichungen beschrieben. Schmid verfolgt mit seinem Konzept ein bemerkenswertes Ziel: Er will **„Wege in eine neue Vollbeschäftigung"** aufzeigen. Das **Vollbeschäftigungsziel**, das viele als illusionär abtun, will Schmid anders und zeitgemäß definieren. Sicherlich nicht auf Basis der **Vollzeiterwerbstätigkeit** (des Normalarbeitsverhältnisses) für jeden, aber doch mit der Aussicht auf dauerhafte **Integration** in das **Erwerbsleben** – statt der deutschen Wirklichkeit der Ausgliederung (in Arbeitslosigkeit, in die Frühverrentung, in die „Stille Reserve").

Um das Prinzip der Integration ging es auch in der Arbeitsmarktpolitik der englischen Labour-Partei unter Premierminister Tony Blair. Eine der Devisen von **New Labour** lautete und lautet – auch wenn die Realität mittlerweile durchaus anders aussieht – **„inclusion"** an Stelle von **„exclusion"**. Das heißt, es geht um **„Anschluss"** statt **„Ausschluss"**.

Günther Schmid fasste sein Konzept in komprimierter Form so zusammen: *„Übergangsarbeitsmärkte ermöglichen es, in einer sozial abgesicherten Weise zwischen verschiedenen Arbeitsverhältnissen (zwischen Vollzeit und Teilzeit, Erwerbs- und Familienarbeit, Bildung und Arbeit, selbständiger und abhängiger Beschäftigung) zu wechseln und bezahlte wie unbezahlte Arbeit* *je nach den Bedürfnissen der individuellen Lebenslage zu kombinieren.*"* Zur **Realisierung** des Konzepts gehören dann Elemente wie Lohnsubventionen für untere Einkommensgruppen oder schwer vermittelbare Personen, die Kombination von Arbeit mit Bildung oder Weiterbildung oder rechtlich abgesicherte Ansprüche auf eine Übergangsbeschäftigung. Solche Überlegungen passen gut zum Konzept der **Flexicurity**. Man könnte sie deshalb auch als dessen **konkrete Ausprägung** für den Arbeitsmarkt auffassen.

7.7 Fazit

Die **Arbeitsgesellschaft** hat nicht ausgedient, im Gegenteil: Je mehr sie unter Krisen und ungesteuerten Veränderungen leidet, umso mehr wollen alle dazugehören. **Radikale Brüche** sind für die Mehrzahl der Betroffenen offenbar **keine** gewünschte **Alternative**. Es ist aber auch die Frage, ob radikale Brüche – hin zu **alternativen Lebensentwürfen** oder hin zur ausschließlichen **Orientierung** an den **globalisierten Märkten** – die richtige Antwort auf die Probleme der heutigen Arbeitsgesellschaft sind. Eher wäre wichtig, dass sich **Bildungs-**, **Arbeitsmarkt-** und **Sozialpolitik** weiterentwickeln, um Wege zu finden, die einerseits den notwendigen **Veränderungen** und andererseits dem Bedürfnis der Menschen nach **Absicherung** und **Orientierung** gerecht werden.

Erforderlich sind der stetige, offensive und optimistische **Wandel**; und der Mut und die Bereitschaft, **Ziele**, die fast schon zum Allgemeingut geworden sind, auch **umzusetzen**. Immer noch tragen beispielsweise alle das Konzept vom **„Lebenslangen Lernen"** mehr auf den Lippen, als dass es eine selbstverständliche Aufgabe der Politik, aber auch der Betriebe und Arbeitnehmerorganisationen ist. Und der ebenso selbstverständlichen Vereinbarkeit von **Beruf** und **Familie** ergeht es ähnlich. Oder der Forderung, dass **ältere Menschen** länger im **Erwerbsleben** bleiben – dann muss sich die Personalpolitik der Betriebe ändern. Oder der Forderung nach einer gesteuerten **Zuwanderung** – stattdessen machen wir den Eingang für „interessante" Zuwanderer schön eng.

Warum werden nur im Ausland kleinere und größere Fortschritte auf dem Arbeitsmarkt erreicht? Dazu Wolfgang Klauder, einer der früheren „Vordenker" des IAB: *„Arbeitslosigkeit kann erfolgreich auf Dauer und ohne Wohlfahrtseinbußen nur offensiv über die generelle Förderung von Wachstum, Strukturwandel und Beschäftigung bekämpft werden. ... Dann ist auch in Deutschland ein neues Wirtschafts- und Beschäftigungswunder möglich.*"**

Aufgaben

1. Welche Faktoren lösten in Deutschland die Diskussion über die Zukunft der Arbeit aus?
2. Fassen Sie die großen Trends hinsichtlich des Wandels der Arbeitsgesellschaft in eigenen Worten zusammen.
3. Was ist mit dem Konzept der Übergangsarbeitsmärkte gemeint? Erklären und beurteilen Sie dieses Konzept.

zur Lernkontrolle

---

* Günter Schmid, *Wege in eine neue Vollbeschäftigung*. Frankfurt/New York 2003.

** Wolfgang Klauder, *Ende oder Wandel der Erwerbsarbeit?* In: *Aus Politik und Zeitgeschichte*. B 21/2001.

Lektion 8
Der Sozialstaat in der Krise?

8.1 Einführung in die Thematik

Der **Sozialstaat**, wie er sich vor allem in der Bundesrepublik Deutschland im 20. Jahrhundert entwickelt hat, scheint in dieser Form an einem Ende angekommen zu sein. In nahezu allen westeuropäischen Ländern ist ein **Umbau** dieses Sozialstaates unvermeidlich. Steigende **Lohnnebenkosten**, ständig wachsende Kosten für die **Renten** und die **Gesundheitsfürsorge** sowie die hohen Belastungen durch die große Zahl der **Arbeitslosen** haben die Sozial- und Staatskassen geleert. Nun ist ein Umdenken erforderlich, um den wirklich Bedürftigen die notwendige Hilfestellung durch das **soziale Netz staatlicher Leistungen** zukommen zu lassen.

Lange Zeit wurde versucht, Sozialleistungen über **Beitragserhöhungen** auszugleichen, was sich aber als ungünstig für die **wirtschaftliche Entwicklung** erwies. Die Verschiebungen im **demographischen Bereich** (vgl. Lektion 5, Abschnitt 5.4) und vor allem die Herausforderungen durch die **Globalisierung** (vgl. Lektion 10) haben die Politiker aller großen Parteien in Westeuropa dazu gezwungen, in neue Richtungen zu denken. Denn nur durch eine radikale Änderung der verschiedenen **Sozialsysteme** kann der Sozialstaat wieder auf eine tragfähige Basis gestellt werden. Dies gilt im Besonderen für die Bundesrepublik, deren politischer Handlungsspielraum durch die hohe Staatsverschuldung stark eingeengt ist.

Durch den Umbau des Sozialstaates stellt sich erneut die Frage nach der **sozialen Gerechtigkeit** in einer Gesellschaft und nach der **Rolle**, die dabei dem **Staat** bzw. der **Eigenverantwortlichkeit des Individuums** zukommt. Ein Wandlungsprozess ist unvermeidbar, doch wer werden die Verlierer, wer die Gewinner dieses Prozesses sein? Und welche Folgen wird es für die **politische Stabilität** des demokratischen Systems haben, wenn immer mehr Menschen durch die Maschen des sozialen Netzes fallen?

Am Ende dieser Lektion sollten Sie zu folgenden Themen Stellung nehmen können: Welches sind die **verfassungsrechtlichen Grundlagen** des Sozialstaates? Welche **Entwicklungen** hat der Sozialstaat seit Gründung der Bundesrepublik durchlaufen und warum ist er in eine **Krise** geraten? Welche **Konzepte** und **Lösungen** sind erkennbar, um einen Ausweg aus dieser Krise zu finden?

8.2 Verfassungsrechtliche Grundlagen des Sozialstaates

Begriffe

soziale Fürsorge ◆ soziale Vorsorge ◆ demokratischer und sozialer Bundesstaat ◆ sozialer Rechtsstaat ◆ Sozialstaatspostulat ◆ Staatsfundamentalnorm ◆ soziale Sicherheit ◆ Sozialordnung ◆ soziale Grundwerte

Lernziele

Das Sozialstaatspostulat

Nach den Erfahrungen mit der nationalsozialistischen Diktatur war es notwendig, das Verhältnis des einzelnen Bürgers zum Staat neu zu durchdenken und zu ordnen. Die neue Demokratie sollte nicht mehr wie die Weimarer Republik zum Kampfplatz sozial Schwacher und sozial Starker werden. Zwei **grundlegende Konsequenzen** wurden in der **politischen Entwicklung nach 1949** gezogen:

- Der **Staat** sollte nicht mehr neutral zwischen den rivalisierenden gesellschaftlichen Gruppen stehen, sondern klar und eindeutig die sozial Schwachen in der Gesellschaft stützen und fördern. Der einzelne Bürger sollte ein **Recht** auf **soziale Absicherung** durch den Staat erhalten. Von der **sozialen Fürsorge**, die nur für den Notfall gedacht ist, sollte der Schritt zu einer **sozialen Vorsorge** vollzogen werden, die das Eintreten eines Notfalls zu vermeiden sucht.
- Die wirtschaftliche Macht des **freien Unternehmertums** sollte eingebunden werden in ein System einer **sozialen Marktwirtschaft.** Auf diese Weise dachte man der Gefahr eines Machtmissbrauches durch den **Faktor Kapital** zu begegnen und die Chancen für den **sozialen Frieden** zu stabilisieren.

Nach Artikel 20 Absatz 1 des **Grundgesetzes** ist die Bundesrepublik ein **„demokratischer und sozialer Bundesstaat“**. Demzufolge ist der Staat verpflichtet, für jeden Bürger die notwendigen **sozialen und materiellen Voraussetzungen** zu schaffen, damit dieser die im Grundgesetz garantierten **Grundrechte** auch wahrnehmen kann. Die Grundrechte sollen nicht nur Papieraussagen bleiben, sondern auch Verfassungswirklichkeit für jeden Bürger werden. Die Bundesrepublik versteht sich deshalb als **sozialer Rechtsstaat. Sozialstaatliches Handeln** hat sich – nach Artikel 28 Absatz 1 Satz 1 GG – in den Grenzen des Rechtsstaates zu vollziehen.

Begriffsdefinition: Sozialstaat

Damit wird eine Form des modernen Staates bezeichnet, der verfassungsrechtlich verpflichtet ist, neben Eigentum und Freiheit auch die gesellschaftlichen und sozialen Verhältnisse z.B. durch Vorsorge für Krankheit oder Erwerbslosigkeit zu gestalten. Ziel dabei ist, einen Ausgleich zwischen sozial Schwachen und Starken herzustellen und Formen von Chancengleichheit zu eröffnen. Das Grundgesetz verzichtet auf die Festlegung einzelner sozialer Grundrechte, erlegt dem Staat aber in Art. 20 auf, sich um die sozialen Belange in der Gesellschaft zu kümmern. Dies wird als Sozialstaatspostulat bezeichnet. Aus diesem Postulat folgt aber auch, dass der Bürger ein Recht auf staatliche Unterstützung hat, wenn durch unverschuldete Entwicklungen seine Existenzsicherung bedroht ist.

Mit diesen beiden Artikeln ist das **Sozialstaatspostulat** verfassungsrechtlich garantiert. Dadurch hat es den hohen Rang einer **Staatsfundamentalnorm.** Allerdings wird im Grundgesetz eine konkrete inhaltliche Füllung dieser Norm vermieden. Was also jeweils „sozial gerecht" genannt wird, hängt von der historischen Situation ab und bleibt eine politische Willensentscheidung. **Soziale Gerechtigkeit** muss immer wieder neu überdacht und im Zusammenhang mit der **Finanzierbarkeit** bestimmt werden.

Dabei geht es im Wesentlichen um die Spannung zwischen der **Eigenverantwortlichkeit des Bürgers** und **staatlich organisierter sozialer Leistung.** Inwieweit kann der Einzelne den Schutz vor möglichen sozialen Härten selbst organisieren und in welchen Fällen soll der Staat eingreifen? Diese prinzipielle Spannung bleibt trotz des Sozialstaatspostulats immer bestehen und soll durch die Konkurrenz der verschiedenen politischen Parteien zu Lösungen führen, die der jeweiligen Situation angemessen sind. **Sozial** meint also nach dem Grundgesetz nicht sozialistisch, sondern lediglich ein **sozialstaatliches Handeln**, das auf die **Gemeinschaft** bezogen ist.

Das Sozialstaatspostulat verpflichtet den Staat zu zwei großen **Zielsetzungen:**

- dem **sozialen Ausgleich** und
- der Sorge für die **soziale Sicherheit.**

Die Politik hat also die angemessenen Voraussetzungen für eine gerechte **Sozialordnung** zu schaffen, um ein politisch gefährliches soziales Ungleichgewicht zu vermeiden. Zum Bereich der sozialen Sicherheit gehört, dass der Staat allen Bürgern eine angemessene **Existenzgrundlage** zur Verfügung stellt, wenn diese selbst nicht mehr dazu beitragen können. Damit hat er Daseinsvorsorge zu betreiben, d.h. er soll Maßnahmen ergreifen - z.B. im Gesundheitswesen oder im Bildungsbereich -, die zumindest im Prinzip **Chancengleichheit** gewährleisten und Privilegien für einzelne gesellschaftliche Gruppierungen verhindern.

Soziale Grundwerte

Das Grundgesetz kennt einige verbindliche Normen, an denen sich das staatliche Handeln zu orientieren hat. Wichtigster Maßstab sind die **Erhaltung** und der **Schutz der Menschenwürde** (Art. 1 GG). Daraus ergibt sich als oberster **sozialer Grundwert**, dass der Staat dem bedürftigen Bürger helfen muss, sein **materielles Existenzminimum** zu sichern. Die Verfassungsväter haben noch **weitere Konsequenzen** gezogen:

Abb. 8.1 Rechtsstaat und Sozialstaat

- **Ehe, Familie** und **Mutter** stehen unter einem besonderen Schutz (Art. 6, Abs. 1 und 3-5 GG); Familienförderungsmaßnahmen und Bestimmungen zum Mutterschutz ergeben sich daraus.
- In Art. 14, Abs. 2 GG wird festgelegt, dass „Eigentum verpflichtet. Sein Gebrauch soll zugleich dem Wohle der Allgemeinheit dienen." Zwar ist das **Recht auf Privateigentum** prinzipiell garantiert, aber der Staat kann bei einem **Konflikt** zwischen **Allgemeinheit** und **Einzelinteresse** eingreifen. Enteignung oder Zweckbindung von Privateigentum sind allerdings nur dann durchführbar, wenn es sich rechtlich nachweisen lässt, dass dem Interesse der Allgemeinheit im konkreten Fall ein Vorrang gebührt. Eine angemessene **Entschädigung** hat zu erfolgen. Dies schlägt sich z.B. in Bestimmungen zum **Mieterschutz** nieder.
- Auch aus dem Grundsatz der **Gleichheit** aller Menschen vor dem Gesetz (Art. 3, Abs. 1-3 GG) ergeben sich Verpflichtungen für das sozialstaatliche Handeln. In allen Fällen sozialer Ungleichheit ist Handlungsbedarf gegeben.

8.3 Überblick über die Entwicklung des Sozialstaates in Deutschland

Begriffe

Sozialversicherungssystem ◆ Krankenversicherung ◆ Unfallversicherung ◆ Invaliditäts- und Altersversicherung ◆ Arbeitslosenversicherung ◆ Lastenausgleichsgesetz ◆ sozialer Wohnungsbau ◆ soziales System ◆ Kindergeld ◆ Vermögensbildung ◆ Bundessozialhilfegesetz ◆ dynamische Rente ◆ Generationenvertrag ◆ Gesetz über die Lohnfortzahlung im Krankheitsfall

Lernziele

8

Soziale Sicherung im Kaiserreich

Die Anfänge der **staatlichen Sozialpolitik** in Deutschland liegen im **Wilhelminischen Kaiserreich** (1871-1918). Ins Leben gerufen wurde sie vom vom Reichskanzler **Otto von Bismarck** zur Stabilisierung des bürgerlichen Staates. Drei Gesetze schufen die Grundlage des **Sozialversicherungssystems**, das dann im 20. Jahrhundert immer weiter ausgebaut wurde:

- 1883 **Krankenversicherungsgesetz**
- 1884 **Unfallversicherungsgesetz**
- 1889 **Invaliditäts- und Altersversicherungsgesetz**

Erstmals war damit eine Einkommenssicherung für diejenigen geschaffen, die in einer unverschuldeten Notsituation nicht mehr selbst für die Sicherung ihrer Existenz aufkommen konnten. 1911 kamen neben den Arbeitern auch die Angestellten in den Genuss staatlicher Versicherungsleistungen. In der **Weimarer Republik** wurde 1927 ein weiterer wichtiger Ausbau des Systems durch die **Arbeitslosenversicherung** erreicht. Arbeitslose hatten erstmals Anspruch auf **Arbeitslosengeld**.

Die sozialpolitischen Anfänge nach 1949

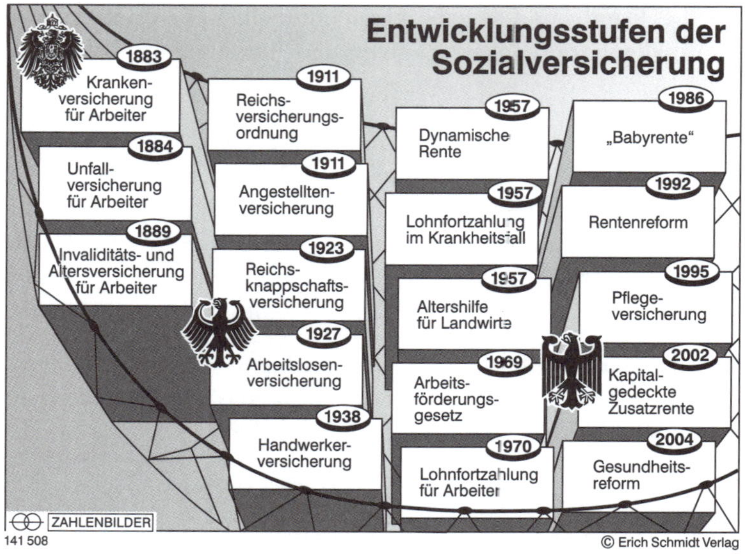

Abb. 8.2 Entwicklungsstufen der Sozialversicherung

In den ersten Jahren der Bundesrepublik beschränkte sich die Sozialpolitik darauf, den Menschen, die durch den Krieg ihre Existenzgrundlage verloren hatten, zu helfen. Das galt für heimkehrende Kriegsgefangene, Verwundete und Hinterbliebene sowie für Flüchtlinge und Ausgebombte. Durch das **Lastenausgleichsgesetz** von 1952 versuchte die **Regierung Adenauer** eine Umverteilung der noch verbliebenen Vermögenswerte. Alle, die über ein Geld- oder Sachvermögen von mehr als 5000 DM verfügten, mussten die Hälfte davon an diejenigen abgeben, die alles verloren hatten. Die Abgabe erstreckte sich allerdings auf 30 Jahre in gleich bleibenden Raten. Da die Löhne von 1952 an kontinuierlich stiegen, stellte dieser Lastenausgleich für die meisten Menschen keine allzu große Belastung dar.

Ein zweiter sozialpolitischer Grundbaustein war die Entscheidung für den **sozialen Wohnungsbau.** Von 1950 bis 1955 entstanden durch gezielte Förderung des Staates annähernd zwei Millionen Wohnungen für sozial Schwache. Probleme aus dieser auch in späterer Zeit erbrachten sozialen Leistung des Staates ergaben sich erst, als Familien in den subventionierten Wohnungen blieben, die nicht mehr zu den sozial Schwachen zählten.

Der rasche **Wirtschaftsaufschwung** in den **50er Jahren** führte zu einer beträchtlichen Steigerung des Wohlstandes in fast allen Bevölkerungsschichten. Die hohen Raten des Bruttosozialprodukts erlaubten es der Regierung Adenauer, das **soziale System** auszuweiten. Dies geschah vor allem unter dem Druck der christlichen Sozialausschüsse in der CDU:

- Alle Arbeitnehmer und Selbstständige mit mehr als drei Kindern hatten Anspruch auf die Zahlung von **Kindergeld**.
- Durch staatliche Zuschüsse sollte eine **Vermögensbildung** bei den nicht so gut verdie-

Begriffsdefinition: ***Sozialpolitik***

Ursprünglich waren dies politische Maßnahmen zur Sicherung von Menschen, die durch Notfälle oder Alter in eine existenzbedrohende Situation gekommen waren. Im Verlauf des 20. Jahrhunderts hat sich daraus ein umfangreiches System organisierter Daseinsfürsorge für das einzelne Mitglied der Gesellschaft entwickelt. Sozialpolitik beschränkt sich nicht nur auf die Unterstützung Benachteiligter, sondern zielt auch auf die Gestaltung der gesamten sozialen Verhältnisse innerhalb einer Gesellschaft ab. Grundgedanke staatlicher Sozialpolitik ist die Absicherung der Menschenwürde des Einzelnen gegenüber widerstrebenden privatwirtschaftlichen Interessen.

nenden Bevölkerungsschichten ermöglicht werden (Sparprämiengesetz 1959, Gesetz zur Förderung der Vermögensbildung der Arbeitnehmer 1961).

- Das **Bundessozialhilfegesetz** garantiert seit 1961 jedem Bürger ein **Existenzminimum**, wenn er nicht in der Lage ist, für sich selbst aufzukommen und niemanden hat, der für ihn sorgen kann. Im Unterschied zur früheren Sozialfürsorge hat der Bedürftige einen **Rechtsanspruch** auf diese Sozialhilfe. Die Entscheidung darüber, in welchem Maß diese Hilfe zum Lebensunterhalt (finanzielle Hilfe und Sachleistungen) erforderlich ist, richtet sich nach den „jeweiligen Besonderheiten".

- Durch **Mietbeihilfen** wird seit 1960 all den Bürgern geholfen, die über ein sehr geringes Einkommen verfügen und unter den hohen Mietkosten leiden.

- Eine sozialpolitische Wende besonderen Ranges brachte die **Rentenreform** von 1957. Das Parlament beschloss die so genannte **dynamische Rente**. Das heißt, Renten sind seit dieser Zeit keine unveränderbaren Größen mehr, sondern sollen - zumindest in der Theorie - der Entwicklung von Löhnen und Gehältern angepasst werden. Die Finanzierung der dynamischen Rente beruht auf dem Gedanken des **Generationenvertrags:** Die arbeitende Bevölkerung deckt mit ihren Beiträgen zur Sozialversicherung auch die Kosten ab, die durch die Versorgung derer entstehen, die nicht mehr in der Arbeit stehen. Die dynamische Rente knüpft somit an die Grundsätze der **Solidargemeinschaft** an. Die sozialpolitische Absicht war, dass die Rente fortan nicht mehr nur Zuschuss zum Lebensunterhalt, sondern eine Art Lohnersatz sein sollte.

  Erstmals wurde durch dieses Rentensystem der für einen großen Teil der Bevölkerung geltende Zusammenhang von Alter und Armut durchbrochen. Die dynamische Rente war kein „Gnadenbrot" mehr und hat wesentlich zur Stabilität der bundesrepublikanischen Gesellschaftsordnung beigetragen. Seit den **80er Jahren** ist das System allerdings ins Wanken geraten, weil **Geburtenrückgang** und steigende **Arbeitslosigkeit** die Finanzierbarkeit in Frage stellen. (Vgl. dazu Lektion 5, Abschnitt 5.4.)

- Ein weiterer wichtiger sozialpolitischer Grundbaustein datiert gleichfalls aus dem Jahr 1957: die Verabschiedung des Gesetzes über die **Lohnfortzahlung im Krankheitsfall.**

8

8.4 Der Ausbau des sozialen Netzes

Begriffe

soziales Netz* ◆ *Bundesausbildungsförderungsgesetz (Bafög)* ◆ *Arbeitsförderungsgesetz* ◆ *flexible Altersgrenze* ◆ *Mutterschaftsurlaub* ◆ *Mitbestimmungsrecht* ◆ *Pflegeversicherung

Lernziele

Die **sozial-liberale Koalition** unter **Willy Brandt** (1969–1974) wollte eine Politik der inneren Reformen unter dem Motto: „Das soziale Netz dichter knüpfen!" Durch eine Reihe von Gesetzen sollte den Benachteiligten in der Gesellschaft Unterstützung gewährt und so ein Beitrag zur **Chancengleichheit** geleistet werden.

- Da Bildung ein wesentliches Kriterium für den sozialen Aufstieg in der Leistungsgesellschaft darstellt, wurde 1971 das **Bundesausbildungsförderungsgesetz (Bafög)** verabschiedet. Durch staatliche Zuschüsse während der Schul- und Ausbildungszeit erhalten seitdem Kinder aus sozial schwächeren Schichten größere Bildungschancen, vor allem beim Hochschulstudium.
- Mehr Mobilität und eine höhere Motivation versprach sich die Regierung durch das neue **Arbeitsförderungsgesetz**, das es Arbeitern ermöglicht, sich mit staatlicher und betrieblicher Unterstützung einfacher und besser fortzubilden.
- 1970 erfolgte die **Ausweitung** der **Lohnfortzahlung im Krankheitsfall** bei Arbeitern und Angestellten von drei auf **sechs Wochen.**
- Die 1972 eingeführte **flexible Altersgrenze** erlaubt es Arbeitnehmern - sofern sie es wünschen - schon zwei Jahre früher aus dem Erwerbsleben auszusteigen.
- Seit 1979 können Mütter einen **Mutterschaftsurlaub** bei Lohnfortzahlung in Anspruch nehmen.
- Für viele Menschen brachten der **Ausbau des Mietrechts** und die **Erhöhung der Sozialrenten** mehr soziale Sicherheit.

Eigentlich umfasst das **soziale Netz** nur die **direkten Sozialleistungen** des Staates an die Bürger. Als Beitrag zum Ausbau dieses Netzes lässt sich jedoch auch ein anderes sozialpolitisches Ziel der sozial-liberalen Koalition sehen: die Sicherung der **Rechte der Arbeitnehmer** durch die Ausweitung der **Mitbestimmungsrechte.** Umgesetzt wurde dies durch das **Betriebsverfassungsgesetz** von 1971, geändert 2002, und ein neues **Mitbestimmungsgesetz** im Jahr 1976.

Mitte der **90er Jahre** musste die **Regierung Kohl** auf die Tatsache reagieren, dass es mittlerweile fast zwei Millionen Pflegebedürftige gab. Die meisten der Betroffenen waren auf Sozialhilfe angewiesen, da sie die Kosten für häusliche oder stationäre Pflege nicht selbst aufbringen konnten. Wegen der wachsenden Alterspyramide wurde eine für alle Bürger staatlich vorgeschriebene **Pflegeversicherung** eingeführt. Die politische Frage, die sich dabei stellte, war, ob dieses Problem im Rahmen des Sozialstaatspostulats geregelt werden sollte oder ob die Vorsorge für den möglichen Pflegefall der Eigenverantwortlichkeit des Einzelnen überlassen werden könnte. Durchgesetzt hat

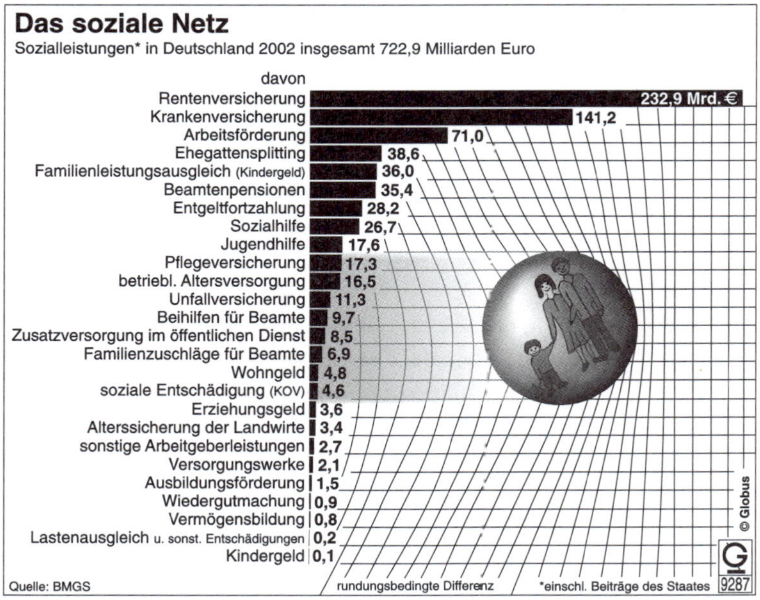

Abb. 8.3 Das soziale Netz

sich die **umlagefinanzierte** Pflegeversicherung unter dem Dach der Krankenversicherung. Sie gilt – neben der Kranken-, Renten-, Arbeitslosen und Unfallversicherung – als **fünfte Säule des Sozialsystems**. Zur Finanzierung wurde ein Feiertag geopfert, aber schon heute zeigt sich, dass die Pflegeversicherung ein weitaus höheres Finanzaufkommen benötigt und somit eine gesetzliche Korrektur vonnöten ist.

8.5 Probleme des Sozialstaates

Begriffe

staatliche soziale Vorsorge* ◆ *Sozialbudget* ◆ *demographischer Faktor* ◆ *Lohnnebenkosten* ◆ *Lohnschere* ◆ *Lebensstandardsicherung* ◆ *Normalarbeitsverhältnis* ◆ *Teilzeitbeschäftigung* ◆ *geringfügiges Beschäftigungsverhältnis* ◆ *Vollbeschäftigung* ◆ *Integrationsaufwendungen

Lernziele

Spätestens in den 90er Jahren zeigte sich beispielhaft an den steigenden Kosten der Krankenkassen und deren sinkendem Beitragsaufkommen, dass eine umfassende **staatliche soziale Vorsorge** künftig nicht mehr finanzierbar sein wird und dass die **Sozialsysteme** einem **Umbau** zugeführt werden müssen. Der Anteil des **Sozialbudgets** an den Gesamtausgaben des Staates war von den ersten Jahren der Bundesrepublik an sehr hoch, ist aber dann immer rasanter nach oben geklettert. Vor allem mit der Kostenexplosion bei der Kranken-, Renten- und Arbeitslosenversicherung geriet das bisherige **Sozialversicherungssystem** in eine **Krise**. Folgende **Gründe** haben dazu geführt:

- **Der demographische Faktor** (Vgl. Lektion 5, Abschnitt 5.4.)
  Blicken wir in die Zukunft, so erwartet uns eine massive Verschiebung der Altersstruktur in der Gesellschaft. Den Einwohnern im erwerbsfähigen Alter werden 2030 etwa doppelt so viele Ältere gegenüberstehen. Das bedeutet, dass der **Generationenvertrag** vor einem unlösbaren Finanzierungsproblem steht.

- **Die steigenden Lohnnebenkosten**
  Die Finanzierung der Sozialversicherungen über **Beiträge** hat starke Auswirkungen auf die **Lohnnebenkosten**, verursacht durch die **Arbeitgeberanteile** zu den Sozialversicherungen und durch das Entgelt für arbeitsfreie Tage oder das Weihnachts- und Urlaubsgeld. Diese Kosten belasten den ohnehin schon angestrengten **Arbeitsmarkt** und führen dazu, dass immer mehr Arbeitsplätze wegen kostengünstigerer Produktionsmöglichkeiten ins Ausland transferiert werden.

  In Deutschland ist die sich immer weiter öffnende **„Lohnschere"** zwischen **Bruttolohn** und **Nettolohn** in erster Linie auf die zunehmende Belastung durch **Sozialabgaben** zurückzuführen. Diese stiegen von 1970 bis 2003 in der gesetzlichen Krankenversicherung von durchschnittlich 8,2 auf 14,4%, in der gesetzlichen Rentenversicherung von 17 auf 19,5% und in der Arbeitslosenversicherung von 1,3 auf 6,5%; durch die Pflegeversicherung kommen noch 1,7% dazu. Insgesamt bedeutet dies eine Beitragssteigerung von 15,6% in gut 30 Jahren. In der Folge kommt es auf Arbeitgeberseite zu einem Rückgang von Arbeitsnachfrage und Arbeitsangebot, was sich wiederum negativ auf die Entwicklung der Arbeitslosenzahlen auswirkt.

◆ **Das Prinzip der Lebensstandardsicherung**

Für die deutschen Arbeitnehmer gilt die Sicherung des Lebensstandards in Phasen der **Erwerbslosigkeit**, wie z.B. bei **Krankheit**, **Arbeitslosigkeit** oder **Verrentung**, als wichtiges Ziel. Kommt es zu einem Lohnausfall, soll die bisherige Position in der Gesellschaft gehalten werden. Dabei geht es nicht um eine Mindestsicherung der Existenz, sondern um den **Erhalt** dessen, was man hatte. Die **beitragsfinanzierten Sozialversicherungen** wurden dadurch stark belastet. Wurde der Lebensstandard deutlich unterschritten, sprang bisher der Staat über den Weg der **steuerfinanzierten Sozialhilfe** ein.

◆ **Das Normalarbeitsverhältnis**

Für das System der Sozialversicherungen war das Normalarbeitsverhältnis maßgebend. Dazu gehörte eine abhängige Beschäftigung, die sich in der Regel in einem **Vollzeitarbeitsverhältnis** vollzog, das auf Dauer und Kontinuität angelegt war. Noch 1974 war dies bei 84% der Erwerbstätigen der Fall; danach sank der Anteil kontinuierlich und die **Teilzeitbeschäftigung** stieg von 6% auf 23%. Besteht die Teilzeitbeschäftigung in einem **geringfügigen Beschäftigungsverhältnis**, bleibt nur eine minimale Sozialversicherung übrig und der Staat muss bei Erwerbslosigkeit über **Sozialhilfemaßnahmen** unterstützend eingreifen.

◆ **Die Vollbeschäftigung als Normalität**

Arbeitslosen- und Rentenversicherung fußen auf der Annahme der Vollbeschäftigung. Das erkennt man auf der Finanzierungsseite am **Umlageverfahren***, das nur reibungslos funktioniert, wenn genügend einzahlende Erwerbstätige vorhanden sind. Berücksichtigt sind dabei lediglich Ausfälle durch **vorübergehende Arbeitslosigkeit**, nicht aber ständig steigende Arbeitslosenzahlen und vor allem Langzeitarbeitslosigkeit, wie sie in der Bundesrepublik seit 1970 vorhanden ist.

◆ **Die Wiedereingliederung der neuen Bundesländer**

Die Kernfinanzierung der Sozialversicherung über lohnbezogene Beiträge wurde durch den Prozess der deutschen Einigung nochmals erheblich belastet. Der beitragsfinanzierten Sozialversicherung wurde die Hauptlast der sozialstaatlichen **Integrationsaufwendungen** aufgebürdet (Leistung für Arbeitslose, Anhebungen der Rentenleistungen). Diese Last ist nicht wie beim Lastenausgleichsgesetz allen Bürgern über Steuern auferlegt worden.

◆ **Ausweitung der sozialen Sicherung**

Durch den Schritt von der sozialen **Fürsorge** zur sozialen **Vorsorge** wurde das soziale Netz ständig ausgeweitet - und das unter erheblichen Kostensteigerungen. Diese Aus-

Begriffsdefinition: **Lebensstandardsicherung**

Gemäß dem Sozialstaatsprinzip ist es Ziel staatlicher Sozialpolitik, dem Einzelnen oder sozialen Gruppen bei Notfällen wie Krankheit und Arbeitslosigkeit oder im Alter Hilfen zur Erhaltung des bisherigen Lebensstandards zukommen zu lassen. Angesichts der hohen Kosten für dieses staatliche Handeln wird derzeit die Frage diskutiert, was der Einzelne in individueller Verantwortung tun kann, um sich für solche Notfälle abzusichern. Dadurch sollen die sozialen Kosten für Staat und Arbeitgeber gesenkt werden.

* Unter **Umlageverfahren** versteht man, dass die Beitragszahler im Rahmen einer Sozialversicherung die Leistungen für die Bedürftigen aufbringen. Vom Einkommen wird so viel einbehalten, wie zum jeweiligen Zeitpunkt zur Abdeckung der Kosten benötigt wird.

weitung der Sicherung fand oft im Zusammenhang mit Wahlkampfversprechungen statt. Die Zahlung einmal gewährter sozialstaatlicher Leistungen wollte und konnte man anschließend nur sehr schwer wieder rückgängig machen.

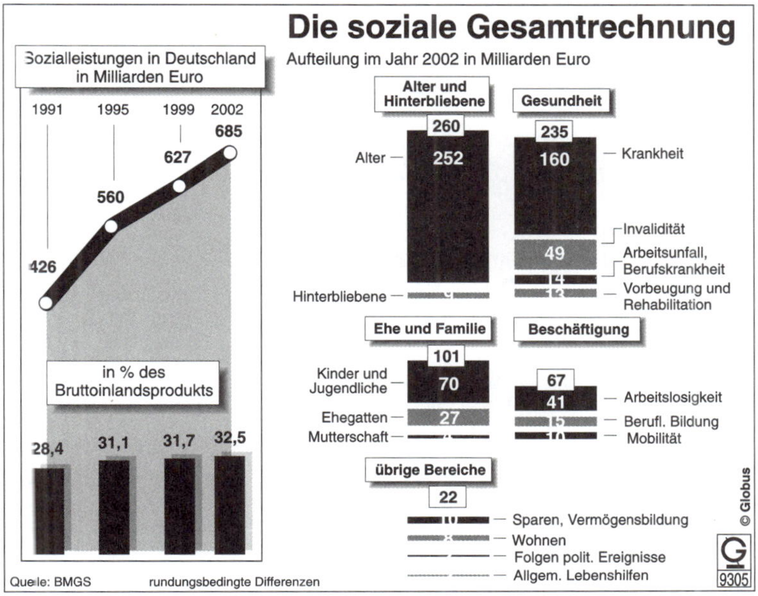

Abb. 8.4 Die soziale Gesamtrechnung

Aus den genannten Faktoren ergibt sich, dass die Voraussetzungen, auf denen das Sozialversicherungssystem beruhte, nicht mehr gegeben sind und dass damit **andere Formen** der **sozialen Sicherung** gesucht werden müssen. Dazu kommen neue Trends, die das Problem noch verschärfen, wie z.B. die **Globalisierung** mit ihrer **internationalen Arbeitsteilung:** Ein Land mit relativ hohen **Sozial-** und **Umweltstandards** kann nur sehr schwer mit Ländern konkurrieren, die wesentlich geringere finanzielle Beiträge für Sozialversicherungen und Umweltmaßnahmen aufbringen.

Teilzeitarbeit, geringfügige Arbeitsverhältnisse, neue Selbstständigkeit und Werkvertragsarbeitnehmer (sie arbeiten meist im Auftrag von Subunternehmen und bezahlen in Deutschland keine Steuern und Sozialabgaben) sowie befristete Arbeitsverhältnisse haben das traditionelle Bild der Arbeitswelt, an dem die sozialen Sicherungssysteme orientiert waren, verändert. Insofern müssen nicht nur die sozialen Systeme, sondern auch die **Steuersysteme** in eine Neuordnung gebracht werden. (Vgl. hierzu auch Lektion 7, Abschnitt 7.7.)

8

8.6 Denkansätze für eine Neuorientierung des Sozialstaates

Begriffe

Lebensstandardsicherung ◆ ***Eigeninitiative*** ◆
Eigenverantwortlichkeit ◆ ***Grundsicherung*** ◆
demographische Verschiebung ◆ ***Individualisierung*** ◆
Bürgerversicherung

Lernziele

Vorschläge für die **Umgestaltung** des bisherigen **Sozialversicherungssystems** gibt es viele, und zwar von den verschiedenen politischen Parteien, von Expertenkommissionen und von Sozialwissenschaftlern. Sie alle sind in der öffentlichen Diskussion und werden einer kritischen Würdigung unterzogen. Zugleich trifft der Gesetzgeber derzeit einzelne Maßnahmen wie Hartz IV, um das **Arbeitslosengeld** neu zu regeln, oder die Kostendämpfungspauschale, um die Kosten bei der **Krankenversicherung** zu senken. Aber hinter all diesen Maßnahmen steht noch kein umfassendes, schlüssiges Konzept, das auf breite politische Zustimmung stößt und auf eine zukunftsweisende Beständigkeit hindeutet.

Man wird aber davon ausgehen können, dass folgende **Denkansätze**, gleich welche Konzeption sich durchsetzen wird, bei einer **Neuorientierung** des Sozialstaates Berücksichtigung finden müssen:

- Eine **Lebensstandardsicherung**, die allein durch die Säule der gesetzlichen Sozialversicherung gewährt wird, erscheint nicht mehr möglich. Neben die öffentlichen Pfeiler müssen auch **private** Pfeiler treten.
- **Eigeninitiative** und **Eigenverantwortlichkeit** werden bei der Aufrechterhaltung der sozialen Gerechtigkeit bzw. bei deren Neudefinition künftig eine große Rolle spielen. Als „Fördern und Fordern" findet sich dieses Leitmotiv nicht nur in der Arbeitsmarkt- und Sozialpolitik der Agenda 2010 der SPD. Auch die anderen Parteien betonen die individuelle Verantwortung für die Ausgestaltung der sozialen Sicherheit. Durch Selbstbeteiligung, Schadensfreiheitsrabatte und andere Maßnahmen soll das Interesse des Einzelnen an seiner sozialen Biographie gesteigert werden. Wenn außer den finanziellen Aufwendungen für das bisherige Versicherungssystem noch private Vorsorgeleistungen (ohne Arbeitgeberzuschüsse) erbracht werden müssten, käme es zu einer effektiveren, weil **kostenbewussteren Leistungsnutzung**.
- Zu den Denkansätzen gehört auch, dass die Sozialversicherung nur noch eine **Grundsicherung** vorsieht, die dann individuell ausgeweitet werden muss.
- Ein Hauptkriterium bei der Umgestaltung scheint die Frage zu sein, welche Maßnahmen **Wachstumskräfte** freisetzen. Denn nur ein ausreichend hoher **Beschäftigungsstand** ermöglicht einen leistungsfähigen Sozialstaat. Von besonderer Bedeutung ist deshalb eine **aktive Arbeitsmarktpolitik**.
- Eine stärkere **Einbeziehung steuerlicher Elemente** bei der Finanzierung der Kernsysteme der sozialen Sicherung wird sich nicht vermeiden lassen.
- Angesichts der **demographischen Verschiebung** scheint kein Weg an einer **Absenkung des gesetzlichen Rentenniveaus** vorbeizuführen. Der Ausgleich muss dann durch eine **private Alterssicherung** erfolgen.
- **„Kinderfreundlichkeit"** - **„Bildungsfreundlichkeit"** - **„Beschäftigungsfreundlichkeit"**: dies könnten angesichts der Globalisierung und anderer Entwicklungen, z.B. im gesellschaftspolitischen Bereich, Eckpunkte einer neuen Sozialordnung sein.
- Nicht mehr nur das Lohnniveau kann Maßstab für Beiträge und Leistungen sein, sondern **alle Formen der Erwerbstätigkeit** müssen einbezogen werden. (Vgl. auch Lektion 7.) Insofern ist bei der Ausgestaltung der Sozialsysteme eine **stärkere Individualisierung** vonnöten.
- Ob sich die **berufsständische Differenzierung** (Sondersysteme für Beamte, für Landwirte, Freiberufler und andere Selbstständigengruppen weiterhin aufrechterhalten lässt, scheint sehr fragwürdig. In diesem Zusammenhang wird das Modell einer **Bürgerversicherung** diskutiert.

Durch sie soll die Umgestaltung der Krankenkasse vollzogen werden. Die Grundidee ist, dass **alle Bürger mit allen Einkommen** in die Finanzierung der Gesundheitsversorgung einbezogen werden. Zwei verschiedene **Konzepte** der Bürgerversicherung werden derzeit diskutiert:

- Alle Bürger zahlen einen **bestimmten Prozentsatz** aus der **Summe aller Einkünfte** (Lohnarbeit, Kapitalerträge, Mieteinnahmen, sonstige Einnahmen) in die Bürgerversicherung ein und sichern sich dadurch eine medizinische Grundversorgung. Darüber hinaus können sie sich **freiwillig** gegen weitere Risiken versichern.
- Nach dem zweiten Konzept zahlen alle Bürger den **gleichen Betrag** (Kopfpauschale, „Kopfgeldprämie") in die Bürgerversicherung ein. Bei **Geringverdienern** springt der **Staat** mit **Steuermitteln** ein.

Insofern sind die beiden Konzepte keine Gegensätzen sondern durchaus in Mischformen diskutierbar. Umstritten ist derzeit vor allem noch, ob es weiterhin ein Nebeneinander unterschiedlicher Krankenversicherungssysteme (gesetzliche Krankenversicherung und private Krankenversicherung) geben soll und ob es für Ehepartner ohne eigenes Einkommen auch künftig eine beitragsfreie Mitversicherung gibt. Unklar ist in der Diskussion ferner, inwieweit die Arbeitgeber durch einen Beitrag herangezogen werden sollen. Vertreter dieser Konzepte sind davon überzeugt, dass nur durch solch einen radikalen Schnitt die Krankenversicherung vor einem finanziellen Kollaps bewahrt werden kann.

Unabhängig davon, welche Denkansätze sich bei der politischen Umgestaltung des Sozialstaates durchsetzen werden lassen, muss der Mehrheit der bundesdeutschen Bevölkerung mittlerweile eines klar sein: Das bisherige System lässt sich nicht mehr halten, weil die Rahmenbedingungen, unter denen es entstanden ist, sich grundlegend geändert haben.

Aufgaben

1. *Was bedeutet der Begriff „Sozialstaatspostulat"?*
2. *Welche sozialen Grundwerte lassen sich aus dem Grundgesetz ableiten?*
3. *Was versteht man unter der dynamischen Rente und welche Problematik ist heutzutage damit verbunden?*
4. *Vor welche zentrale Probleme sieht sich der traditionelle Sozialstaat gestellt und warum ist ein Umbau erforderlich?*

zur Lernkontrolle

Lektion 9
Europa: grenzenlos?

9.1 Einführung in die Thematik

Die **Europäische Union (EU)** erlebt seit den 90er Jahren bedeutende Veränderungen. Eine besondere Dynamik entwickelte die Vollendung des **Binnenmarktes** sowie der **Wirtschafts-** und **Währungsunion** einschließlich der Einführung des **Euro**. Eine historische Zäsur bedeutete in diesem Zusammenhang auch der **Umbruch** in **Mittel-** und **Osteuropa***. Mit dem Fall der Berliner Mauer 1989 und der Öffnung Osteuropas für Demokratie, Rechtsstaatlichkeit und marktwirtschaftliche Strukturen war die Nachkriegszeit offiziell beendet und die Spaltung Europas überwunden. Die am 1. Mai 2004 vollzogene **Osterweiterung** ist eine einmalige historische Chance. Die politische Einheit ganz Europas rückt in greifbare Nähe. 2007 sollen Bulgarien und Rumänien aufgenommen werden. Auch die Türkei drängt schon seit langem in die EU und fordert die baldige Aufnahme von Beitrittsverhandlungen. Gleichzeitig steht die EU jedoch vor großen politischen, wirtschaftlichen, sozialen und kulturellen **Herausforderungen**:

- Zur Förderung **wirtschaftsschwacher Regionen** sind in der **Agrar-** und **Strukturpolitik** zwingend Anpassungen und Umschichtungen erforderlich.
- Um die **politische Handlungsfähigkeit** der Union zu garantieren, sind **institutionelle Reformen** unumgänglich. Ein **„Konvent zur Zukunft Europas"** hat 2003 einen **Verfassungsentwurf** erarbeitet, für den es bisher aber noch keine allgemeine Zustimmung gibt. Es geht letztlich um das Problem, in welche Richtung die Europäische Union sich entwickeln soll - eher **supranational** (d.h. mit Institutionen, die über den Nationalstaaten stehen und bindende Entscheidungen treffen können) oder stärker **intergouvernemental** (d.h. die Regierungen der Nationalstaaten sprechen sich bei den Entscheidungen ab). Geklärt werden muss auch, ob und wie der **europäische Bürger** an diesem Prozess demokratisch beteiligt werden kann.
- Eine große Herausforderung bedeutet ferner die Bekämpfung des **internationalen Terrorismus**, insbesondere seit den Anschlägen vom 11. September 2001 auf das World Trade Center in New York und vom 11. März 2004 in Madrid. Die EU ist also gezwungen ihre **„Gemeinsame Außen- und Sicherheitspolitik (GASP)"** zu verstärken. Wie schwierig dies ist, zeigte die Kontroverse innerhalb der EU um den Irak-Krieg.

Die Lektion befasst sich zunächst mit den **Motiven** und den **entscheidenden Schritten** des **europäischen Einigungsprozesses**. Eine besondere Rolle spielt dabei der **Vertrag von Maastricht**, der einen Meilenstein in der europäischen Integration darstellt. Im Anschluss daran werden die **Organe** der EU und ihre **Aufgaben** behandelt. Der letzte Abschnitt setzt sich mit der Situation der EU nach der **Osterweiterung** auseinander.

---

* Eigentlich handelt es sich bei dem Raum Polen, Tschechien, Slowakische Republik und Ungarn um den Raum **Ostmitteleuropa**, weil der historische Werdegang dieser Länder im Mittelalter und in der frühen Neuzeit stark mit Mitteleuropa verbunden war. Der Einfachheit halber wird in dieser Lektion aber von **osteuropäischen Staaten** gesprochen, weil es um das Problem der **Osterweiterung** der EU geht.

9.2 Motive der europäischen Integration

Begriffe

europäische Integration ◆ **Friedenssicherung** ◆ **europäische Wertegemeinschaft** ◆ **einheitlicher Binnenmarkt** ◆ **sozialer Zusammenhalt**

Lernziele

Der Gedanke eines vereinten Europas, mit dem Ziel, nationalstaatliche Zwistigkeiten und kriegerische Auseinandersetzungen zu überwinden, ist kein neuer Gedanke. In der Geschichte Europas hat es diese Überlegungen immer wieder gegeben.

Vorschläge und Aufrufe im 20. Jahrhundert für eine **europäische Föderation** formulierten schon der französische Außenminister **Aristide Briand** 1929 oder die „Paneuropäische Union" 1939. Doch erst das menschenvernichtende System des Nationalsozialismus und die verheerenden Zerstörungen durch den Zweiten Weltkrieg führten auf breiterer Basis zur Einsicht in die Notwendigkeit einer **europäischen Integration** und zu deren Umsetzung. So forderte **Winston Churchill** in einer Rede 1946 in Zürich, die Vereinigten Staaten von Europa zu schaffen. Nur so sei es möglich, den Menschen neue Hoffnung zu vermitteln. Der erste Schritt müsse eine Partnerschaft zwischen Frankreich und Deutschland sein. Im Rahmen der UN könne das vereinigte Europa eine wichtige regionale Rolle spielen, um Frieden und Freiheit zu garantieren.
Insbesondere Politiker wie **Robert Schuman, Konrad Adenauer, Paul-Henri Spaak** und **Alcide de Gasperi** traten nach dem Zweiten Weltkrieg für die europäische Integration ein und legten den Grundstein dazu.

Die **Motive** für den nun schon einige Jahrzehnte andauernden **Integrationsprozess** lassen sich wie folgt zusammenfassen:

- Aus **historischer Perspektive** war die **Friedenssicherung** zunächst das wesentliche **Motiv** für eine europäische Einigung. Deutschland galt nach dem Zweiten Weltkrieg als Feindstaat und sollte nie wieder für Europa eine Bedrohung darstellen können. Aus deutscher Sicht war für Bundeskanzler Konrad Adenauer die Einbindung in eine europäische Gemeinschaft notwendig, um für die Bundesrepublik Souveränität, Gleichberechtigung und Sicherheit zu erlangen.

Begriffsdefinition: **Europa-Gedanke**

Der Gedanke eines Zusammenschlusses der europäischen Staaten taucht in der Geschichte immer wieder nach den großen kriegerischen Auseinandersetzungen zwischen den europäischen Staaten auf. Das Ende des Ersten Weltkriegs bildet eine Zäsur, da die Paneuropa-Bewegung eine breitere Anhängerschaft unter Politikern fand. Ihre Ziele waren der politische und wirtschaftliche Zusammenschluss zu einer Föderation der europäischen Nationalstaaten. Dabei sollten alle Staaten gleichberechtigt sein. Frieden, wirtschaftlichen Aufschwung und Überwindung der nationalstaatlichen Rivalitäten versprach man sich von einer solchen Vereinigung. Nach dem Zweiten Weltkrieg gehörte zum Europa-Gedanken auch, dass Europa eine dritte politische Kraft zwischen den zwei ideologischen und machtpolitischen Blöcken UdSSR und USA werden sollte. Ein erster Ansatz war die Gründung des Europarates, der für einen kommenden Integrationsprozess die Grundsätze der Vorherrschaft des Rechts in der Politik formulierte und die Anerkennung der Grundfreiheiten und der Menschenrechte als Basis für die europäische Einigung verlangte.

- Vor dem Hintergrund des **Kalten Krieges** fürchteten die westeuropäischen Staaten das Bestreben der Sowjetunion, ihren Einflussbereich auszudehnen und die kommunistische Ideologie zu verbreiten. Die zu schaffende Einheit Westeuropas wurde als „Bollwerk des christlichen Abendlandes gegen den Bolschewismus" verstanden. Ziel war die Schaffung einer **europäischen Wertegemeinschaft** auf der Grundlage von **Freiheit**, **Demokratie** und **Achtung der Menschenrechte**.

  Auch die **USA** hatten ein Interesse an einem wirtschaftlich und politisch stabilen, verteidigungsfähigen Westeuropa und förderten die Integration. Deshalb initiierten sie den **Marshall-Plan***, der erstmals die europäischen Staaten zu einer internationalen Kooperation zwang, förderten die **OEEC*** und gründeten die **NATO**.

- **Wirtschaftlich** erhoffte man sich zunächst einen beschleunigten **Wiederaufbau** und eine **Steigerung des allgemeinen Wohlstandes** für die Bevölkerung. In den folgenden Jahrzehnten wurden die materiellen Beweggründe durch den **Strukturwandel** in den einzelnen EU-Mitgliedsländern verstärkt. **Großforschungsprojekte**, wie z.B. die friedliche Nutzung der Kernenergie, die Luft- und Raumfahrtforschung, aber auch die Schaffung eines **einheitlichen Binnenmarktes** und, nicht zu vergessen, die **Konkurrenz** mit einer **globalisierten Weltwirtschaft** waren und sind entscheidende Antriebskräfte der europäischen Integration.

- In den 90er Jahren sah man die Chance, nach dem **Zerfall des Ostblocks** ein großes, alle Staaten umfassendes Europa zu verwirklichen und die **ideologische Spaltung** Europas zu überwinden. Dies wäre dann ein weiterer Schritt auf dem Weg zur Verwirklichung des **Europa-Gedankens**, wonach politische, wirtschaftliche und kulturelle Zusammenarbeit eine solide Basis für den **sozialen Zusammenhalt** in der Gemeinschaft bilden.

- Eine in jüngster Zeit im Auftrag der Europäischen Kommission durchgeführte Erhebung zeigt, dass **Frieden und Sicherheit**, weltweite **Migration**, **Arbeitslosigkeit**, **Umweltschutz** sowie der Kampf gegen den **internationalen Terrorismus** und die **organisierte Kriminalität** als wichtigste Aufgaben angesehen werden.

9.3 Entstehung und Entwicklung der EU

Begriffe

EGKS (Montanunion) ◆ WEU ◆ EWG ◆ EURATOM ◆ die Römischen Verträge ◆ EG ◆ „Nord-" und „Süderweiterung" ◆ EEA ◆ Binnenmarkt (die vier Freiheiten) ◆ der Vertrag von Maastricht ◆ Prinzip der Subsidiarität ◆ WWU ◆ EZB ◆ Euro ◆ Unionsbürgerschaft ◆ GASP ◆ „Konvent zur Zukunft Europas"

Lernziele

Die europäische Einigung verlief nicht nach einem vorgezeichneten Plan, sondern in einer Vielzahl von unterschiedlichen Schritten. Dabei gab es neben Erfolgen auch immer wieder Phasen des Stillstandes und ernst zu nehmende Rückschläge.

---

* Der **Marshall-Plan** bezeichnet das Wiederaufbauprogramm für das zerstörte Europa. Er wurde 1947 vom amerikanischen Außenminister George Marshall beschlossen. Zur Verteilung der Gelder wurde 1948 die **Europäische Organisation für wirtschaftliche Zusammenarbeit (Organization for European Economic Cooperation)** gegründet.

Vom Europarat zur Einheitlichen Europäischen Akte (EEA)

- Seinen Anfang nahm der Einigungsprozess **1949** mit der Gründung des **Europarats** zur Förderung der Einheit und Zusammenarbeit zwischen den Menschen und Nationen Europas. Die Entwicklung einer politischen Gemeinschaft europäischer Staaten vollzog sich danach in folgenden Schritten:

  1951 gründeten Frankreich, Italien, die Benelux-Staaten (Belgien, die Niederlande und Luxemburg) und Deutschland auf Initiative des französischen Außenministers **Robert Schuman** die **Europäische Gemeinschaft für Kohle und Stahl** (**EGKS** oder **Montanunion**). Neben **wirtschaftlichen** waren es vor allem **politische Motive**, die zu diesem Zusammenschluss führten. Durch die gemeinsame Kontrolle der Kohle- und Stahlproduktion durch **supranationale Organe** sollte ein **einheitlicher europäischer Markt** für Kohle und Stahl entstehen. Ziel war auch, eine mögliche Wiederaufrüstung Deutschlands zu verhindern und die Grundlage für eine **deutsch-französische Aussöhnung** zu schaffen.

- Vor dem Hintergrund des Kalten Krieges wurde auf Initiative des französischen Ministerpräsidenten **René Pleven** ein Vertrag zur Gründung einer **Europäischen Verteidigungsgemeinschaft (EVG)** entworfen. Er sah eine gemeinsame europäische Armee, in die die deutschen Streitkräfte eingegliedert werden sollten, und einen Plan für eine europäische politische Gemeinschaft vor. Das Projekt scheiterte jedoch, da die französische Nationalversammlung diesen Plan ablehnte. An ihre Stelle trat 1954 die **Westeuropäische Union (WEU)**, die aus dem Brüsseler Pakt (1948) hervorging. Die Bundesrepublik trat der WEU und der NATO bei. Die WEU könnte in Zukunft die Basis für eine gemeinsame europäische Armee sein.

- In den folgenden Jahren entwickelte sich die Wirtschaft zum wichtigsten Motor der Integration. 1957 gründeten die EGKS-Staaten in Rom die **Europäische Wirtschaftsgemeinschaft (EWG)** und die **Europäische Atomgemeinschaft (EURATOM)**. Daher rührt auch die Bezeichnung **„Römische Verträge"**. Ziel dieser Verträge war die Schaffung eines einheitlichen Binnenmarktes, ferner verpflichtete man sich auf eine gemeinsame Außenhandels- und Agrarpolitik. 1967 wurden die drei Teilorgane EGKS, EWG und EURATOM zur **Europäischen Gemeinschaft (EG)** zusammengefasst.

- Die EG übte auf andere Staaten in Europa eine starke Anziehungskraft aus. 1973 traten Großbritannien, Dänemark und Irland bei: die **„Norderweiterung"**. In den 80er Jahren folgten Griechenland (1981), Spanien und Portugal (1986): die **„Süderweiterung"**.

Die vier Freiheiten des Binnenmarkts

1. Freier Personenverkehr
- → keine Grenzkontrollen
- → Aufenthaltsfreiheit
- → Niederlassungsfreiheit
- → freie Wahl des Arbeitsplatzes

2. Freier Warenverkehr
- → keine Grenzkontrollen
- → gegenseitige Anerkennung bzw. Harmonisierung von Normen und Vorschriften
- → Steuerharmonisierung

3. Freier Dienstleistungsverkehr
- → freier Markt für Banken und Versicherungen
- → Öffnung der Transport- und Telekommunikationsmärkte

4. Freier Kapitalverkehr
- → Liberalisierung des Geld-, Kapital- und Zahlungsverkehrs

Abb. 9.1 Die vier Freiheiten des Binnenmarkts

- Auch auf politischer und vor allem wirtschaftlicher Ebene wurde die Integration verstärkt. Eine **Europäische Politische Zusammenarbeit (EPZ)** in außenpolitischen Positionen auf freiwilliger Basis wurde vereinbart. 1979 fanden auch erstmals **Direktwahlen** zum **Europäischen Parlament** statt.

- Wichtige Reformen wurden 1987 mit der **Einheitlichen Europäischen Akte (EEA)** auf den Weg gebracht: Bis 1993 sollte der **einheitliche Binnenmarkt** mit seinen **vier Freiheiten** verwirklicht werden. Das heißt, innerhalb der EG sollten **Personen-**, **Waren-**, **Dienstleistungs-** und **Kapitalverkehr** keinerlei Einschränkungen mehr unterliegen.

Der Umbruch im Osten und der Vertrag von Maastricht

- **1989/90** bedeutete eine tiefgreifende **Zäsur** in der europäischen Geschichte. Die **friedliche Revolution** in **Mittel-** und **Osteuropa** führte zum Zusammenbruch der kommunistischen Regime. Mit dem Vollzug der **Deutschen Einheit** wurden die fünf ostdeutschen Bundesländer zugleich Teil der EG. Auf dem KSZE-Gipfeltreffen wurden 1990 in der **Charta von Paris** Menschenrechte, Demokratie und Marktwirtschaft als Elemente einer europäischen Friedensordnung verankert. Ein Jahr später lösten sich der Warschauer Pakt und die Sowjetunion auf. Dieser **Umbruch** bedeutete die **Überwindung der Spaltung Europas**.

- Der **Vertrag von Maastricht (1992)** war ein Meilenstein für die Integration. Mit ihm wurden die Voraussetzungen für die **Vollendung der Wirtschafts- und Währungsunion** sowie für eine **politische Union** geschaffen. Seit 1993 nennt sich die Gemeinschaft **Europäische Union (EU)**. Der **Vertragstext** ruht auf **drei Säulen:**

- **Erste Säule:**
  - → **Gründung der Europäischen Union** mit **föderalem Aufbau.**
    Die Entscheidungen sollen so bürgernah wie möglich getroffen werden.
    Um das zu ermöglichen, einigte man sich auf das **Prinzip der Subsidiarität***.
  - → Verwirklichung einer **Wirtschafts- und Währungsunion (WWU).**
    Dies wurde mit der Errichtung der **Europäischen Zentralbank (EZB)** und der Einführung des **Euro** (1999/2002) bereits weitgehend umgesetzt.
  - → Stärkung der **Rechte** und **Zuständigkeiten des Europäischen Parlamentes** im Gesetzgebungsprozess der EU.
  - → Einführung eines **Ausschusses der Regionen** zur stärkeren Berücksichtigung regionaler Interessen.
    Der Ausschuss hat im Gesetzgebungsprozess eine beratende Funktion.
  - → Einführung einer zusätzlichen **Unionsbürgerschaft.**
    Das heißt, **jeder EU-Bürger** erhält bei **Kommunal-** und **Europawahlen** an seinem Wohnsitz innerhalb der EU das **Wahlrecht**, unabhängig von seiner Staatsbürgerschaft.

---

* **Subsidiarität** (von lat. *subsidium* = Hilfe): Gemeint ist damit das **Prinzip des hilfreichen Beistands.** In Bezug auf die EU bedeutet es, dass der Gemeinschaft nur Aufgaben übertragen werden sollen, die von ihr wirkungsvoller wahrgenommen werden können als von den Mitgliedstaaten bzw. Regionen allein, z.B. in den Bereichen Forschung, Umweltschutz, Wirtschafts- und Währungsunion.

- **Zweite Säule**
  Zusammenarbeit im Rahmen einer **Gemeinsamen Außen- und Sicherheitspolitik** (GASP), gestützt auf die WEU.
  Die Entscheidungen müssen hierbei einstimmig getroffen werden.

- **Dritte Säule**
  Zusammenarbeit in der **Innen-** und **Justizpolitik**, z.B. beim Asylrecht, in der Einwanderungspolitik, bei der Bekämpfung der internationalen Kriminalität, des internationalen Terrorismus und des Drogenhandels.

Europäische Union

Gemeinsame Außen- und Sicherheitspolitik (GASP)	Europäische Gemeinschaften (EG, EURATOM)	Polizeiliche und Justizielle Zusammenarbeit
Politikbereiche: → *Außenpolitik:* Koordination der nationalen Politiken, Erhaltung des Friedens, Förderung von Demokratie und Menschenrechten durch gemeinsame Strategien, Standpunkte und Aktionen → *Sicherheitspolitik:* schrittweise Festlegung einer gemeinsamen Verteidigungspolitik, rüstungspolitische Zusammenarbeit, Krisenbewältigung	**Politikbereiche:** → Zollunion und Binnenmarkt → Wettbewerbspolitik → Visa-, Asyl- und Einwanderungspolitik → Justizielle Zusammenarbeit in Zivilsachen → Wirtschafts- und Währungsunion → Agrarpolitik → Handelspolitik → Sozial- und Beschäftigungspolitik → Bildung und Kultur → Gesundheitswesen → Verbraucherschutz → Regionalpolitik, wirtschaftlicher und sozialer Zusammenhalt → Forschung → Umwelt	**Politikbereiche:** → Justizielle Zusammenarbeit in Strafsachen (Eurojustiz) → Polizeiliche Zusammenarbeit (Europol)
Regierungszusammenarbeit (intergouvernemental)	**Gemeinschaftspolitik (supranational)** **Gemeinschaftsverträge: EG-Vertrag, EURATOM-Vertrag**	**Regierungszusammenarbeit (intergouvernemental)**
Vertrag über die Europäische Union (EUV)		

Abb. 9.2 Die Europäische Union*

* Graphik nach: Dietmar Herz. *Die Europäische Union*, München 2002, S. 70.

Die Erweiterung und der „Konvent zur Zukunft Europas"

1995 traten mit Finnland, Österreich und Schweden drei Staaten der **europäischen Freihandelszone** der EU bei. Auch die Länder **Osteuropas** drängten - neben **Zypern** und **Malta** - in die EU, die sich dem Beitrittsgesuch gar nicht entziehen konnte, wenn sie die politische und wirtschaftliche Ordnung des postkommunistischen Europas mitgestalten und eine neue Spaltung Europas verhindern wollte.

Auf dem **Gipfeltreffen von Kopenhagen** wurden **1993** die **Kriterien** für die **Aufnahme** in die EU festgelegt:

- eine **stabile Demokratie** mit einem **Mehrparteiensystem,**
- ein **Rechtsstaat** mit der Garantie der **Menschenrechte** und des **Minderheitenschutzes** und
- eine **funktionierende Marktwirtschaft.**

Ferner sollten die Beitrittsländer alle **Rechte** und **Pflichten** übernehmen, die sich aus der **Mitgliedschaft** ergeben, und sich mit den Zielen der politischen Union sowie der Wirtschafts- und Währungsunion einverstanden erklären. Der Beitritt fordert von der EU über Jahre einen finanziellen Kraftakt, denn bei den osteuropäischen Ländern handelt es sich um relativ arme Länder mit einem erheblichen **wirtschaftlichen** und **sozialen Modernisierungsrückstand.**

Aber noch drängender stellte sich die Notwendigkeit **institutioneller Reformen,** um die **Handlungsfähigkeit** der EU bei mittlerweile 25 **Mitgliedstaaten** zu sichern. Im Jahr 2001 berief der Europäische Rat den **„Konvent zur Zukunft Europas"** ein. Im Juli 2003 wurde ein **Verfassungsentwurf** vorgelegt. Er enthält u.a. folgende **Vorschläge:**

- Der **Präsident des Europäischen Rates** wird mit qualifizierter Mehrheit für eine einmal verlängerbare Amtszeit von zweieinhalb Jahren gewählt.

- Der **Präsident der Kommission** wird von der Mehrheit der Mitglieder des Europäischen Parlaments gewählt. Seine Ernennung erfolgt durch den Europäischen Rat, allerdings unter Berücksichtigung des Ausgangs der Wahlen zum Europäischen Parlament.

Begriffsdefinition: **Die Europäische Union**

Mit dem Inkrafttreten des Vertrags von Maastricht 1993 haben die zwölf EG-Staaten eine Europäische Union gegründet. Diese Union ist politisch und staatsrechtlich ein Gebilde besonderer Art.
Sie ist weder ein Bundesstaat noch ein Staatenbund, sie versteht sich nicht als neuer Staat, der an die Stelle der bestehenden Nationalstaaten tritt.
Die Mitgliedstaaten der EU haben, und das ist einzigartig, aus ihrer nationalen Souveränität heraus gemeinsame Organe errichtet. Dabei haben sie Teile ihrer einzelstaatlichen Souveränität diesen Organen übertragen, damit in besonderen Angelegenheiten demokratische Entscheidungen für die Union als Ganzes getroffen werden können. Diese Zusammenführung der Souveränität der Einzelstaaten wird auch als „Europäische Integration" bezeichnet.
In der historischen Perspektive war die Herausbildung der Europäischen Union eine Folge des Zweiten Weltkriegs. Durch sie sollte verhindert werden, dass Europa jemals wieder von Krieg und Zerstörung geschädigt wird.

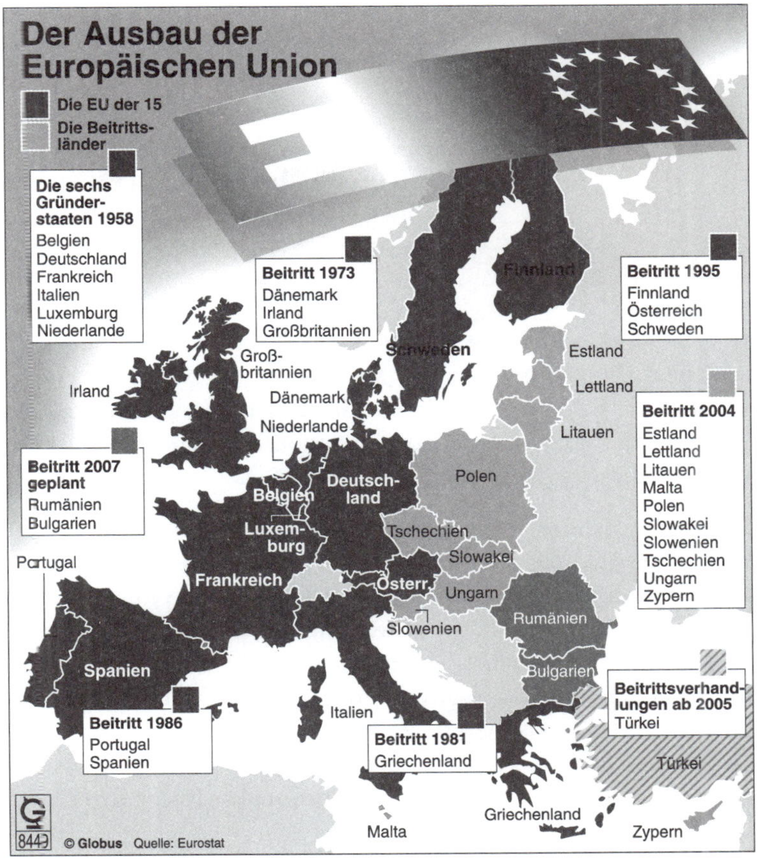

Abb. 9.3
Die Erweiterung der EU

- Es wird ein **EU-Außenminister** benannt; dabei kann es sich sowohl um einen Vizepräsidenten der Kommission als auch um ein Mitglied des Europäischen Rates handeln.
- Die **Charta der Grundrechte** wird in den Vertrag einbezogen.
- Im **Europäischen Rat** wird die Anzahl der Abstimmungen mit qualifizierter Mehrheit erhöht. Als **qualifizierte Mehrheit** gilt nach Art. I/24 eine Mehrheit von mindestens 55% der Mitglieder des Rates. Diese Mehrheit muss mindestens 15 Mitglieder des Rates umfassen. Und diese Mitglieder müssen Mitgliedstaaten vertreten, die zusammen mindestens 65% der Bevölkerung der Union ausmachen.
- Das **Europäische Parlament** erhält größere Rechtsetzungs- und Haushaltsbefugnisse.
- Die **nationalen Parlamente** tragen mit dafür Sorge, dass die EU das Subsidiaritätsprinzip beachtet.

Es wird allerdings noch einige Zeit dauern, bis der Verfassungsentwurf in Kraft treten kann. Denn zunächst müssen sich die **Staats-** und **Regierungschefs** auf einen formellen Text einigen, dann muss der unterzeichnete Text **in jedem Land** nach dem von der **Landesverfassung** vorgeschriebenen **Verfahren** angenommen werden. Erst wenn der Vertrag **ratifiziert** ist und **alle Unterzeichnerstaaten** dies offiziell mitgeteilt haben, kann die Verfassung in Kraft treten.

9

9.4 Die politische Organisation der EU

Begriffe

Staatenverbund ◆ supranational ◆ intergouvernemental ◆ Rechtsgemeinschaft ◆ Europäische Kommission ◆ Rat der Europäischen Union (Ministerrat) ◆ Europäisches Parlament ◆ Europäischer Rat ◆ Vermittlungsausschuss ◆ Europäischer Gerichtshof ◆ Ausschüsse

Lernziele

Die EU ist **kein Bundesstaat** (Föderation), d.h. keine Verbindung mehrerer Staaten zu einem Gesamtstaat (Bund), bei dem die Staatlichkeit der Gliedstaaten (Länder) erhalten bleibt und der Bund in der Regel gegenüber den Gliedstaaten politischen und rechtlichen Vorrang hat. Und sie ist auch **kein Staatenbund** (Konföderation), d.h. keine lose Verbindung von Staaten, die die Souveränität der Mitgliedstaaten unangetastet lässt und keine eigene Staatsgewalt besitzt.

Die **EU** ist vielmehr etwas völlig Neues und historisch Einzigartiges: Sie ist **ein Staatenverbund**. Die Völker Europas sind nach wie vor nationalstaatlich organisiert, sie bilden kein einheitliches europäisches Staatsvolk. Die **Mitgliedstaaten** haben ihre **zwischenstaatliche Integration** teils **supranational*** organisiert, teils **intergouvernemental****, d.h. auf der Ebene der Regierungszusammenarbeit. Ihr politisches System hat sich in den letzten 50 Jahren ständig weiterentwickelt und basiert auf einer Reihe von Verträgen. **Völkerrechtliche Grundlage** sind der **EURATOM-Vertrag** (1957), der **EG-Vertrag** (1967; hervorgegangen aus dem EWG-Vertrag) und der **EU-Vertrag** (1992). Die Europäische Gemeinschaft ist eine **eigene Rechtsgemeinschaft.** Sie setzt für alle unmittelbar geltendes Recht, eine dem nationalen Recht **vorrangige Rechtsordnung.**

Zentrale Organe der EU sind:

- die **Europäische Kommission,**
- der **Rat der Europäischen Union (Ministerrat)** und
- das **Europäische Parlament.**

Deshalb spricht man von einem **„institutionellen Dreieck“.**

Der **Europäische Rat** (Rat der Staats- und Regierungschefs) ist **kein Organ** der EU. Er ist somit nicht unmittelbar an der Gesetzgebung beteiligt, sondern vielmehr im EU-Vertrag verankert.

Die Europäische Kommission

Die Kommission hat ihren Sitz in Brüssel. Im Gegensatz zum Ministerrat, der als intergouvernementales Gremium die Interessen der einzelnen Mitgliedstaaten vertritt, ist die Kommission als **supranationales EU-Organ** ausschließlich den Belangen der Gemeinschaft verpflichtet. Die **Kommissare** sind **unabhängig** und dürfen **keine Weisungen** von ihren Regierungen anfordern oder empfangen. Sie dienen nur dem Wohl der Gemeinschaft. Die Amtszeit dauert in der Regel fünf Jahre.

* supra *(lateinisch)*: über

** inter *(lateinisch)*: zwischen

Ab 2005 gilt ein neues **Einsetzungsverfahren**: Der Europäische Rat benennt den Präsidenten der Kommission mit qualifizierter Mehrheit. Der Kandidat braucht in jedem Fall die **Zustimmung des Europäischen Parlamentes.** In Absprache mit dem designierten Präsidenten stellt der Europäische Rat mit qualifizierter Mehrheit eine Liste für die weiteren Mitglieder der Kommission auf, die wiederum der Zustimmung des Europäischen Parlamentes bedürfen. Die großen Mitgliedstaaten verzichten auf „ihren" zweiten Kommissar, so dass die Kommission künftig aus 25 Mitgliedern besteht.

Die Kommission gilt als der **„Motor"** der **europäischen Integration.** Sie besitzt ausschließlich das Recht, im Ministerrat **Gesetzesentwürfe** einzubringen. Ohne diese Vorschläge kann der Ministerrat keine Gesetze verabschieden. Somit trägt sie entscheidend zur Weiterentwicklung der Gemeinschaft bei. Der Tätigkeitsbereich umfasst neben den gesetzgeberischen Aktivitäten vor allem noch die Wahrnehmung von **Initiativ-**, **Exekutiv-** und **Kontrollrechten.**

Der Rat der Europäischen Union (Ministerrat)

Er wird auch als **Ministerrat** oder einfach nur als **Rat** bezeichnet. Ihm gehören die **Fachminister** der einzelnen **Nationalstaaten** an. Seine Funktion ist überwiegend die eines **Gesetzgebungsorgans,** dabei kann er aber nur legislativ tätig werden aufgrund eines Vorschlags der Kommission. Er kann jedoch die Kommission zu solchen Vorschlägen auffordern. Kein **Akt der Gesetzgebung** kann ohne die **Zustimmung** des Ministerrats - und damit der nationalen Regierungen - erlassen werden.

Der Rat beschließt mit der einfachen Mehrheit, sofern keine qualifizierte Mehrheit bzw. Einstimmigkeit verlangt wird. Bei den **Entscheidungen mit qualifizierter Mehrheit** sind die Stimmen der einzelnen Staaten gewichtet. Seit November 2004 gilt eine **neue Stimmengewichtung.** Bei einer Abstimmung mit qualifizierter Mehrheit müssen **drei Kriterien** erfüllt werden: Die Mehrheit ist bei einer Quote von 71,7 % erreicht. Die Zustimmung muss durch die Mehrheit der Mitgliedstaaten erfolgen. Diese Mehrheit muss 62% der EU-Bevölkerung repräsentieren.

Der Europäische Rat

Mitglieder des Europäischen Rates sind die **Staats-** und **Regierungschefs** sowie der **Präsident der EU-Kommission.** Der Rat tagt mindestens zweimal jährlich und legt dabei die **Richtlinien** und **allgemeinen politischen Ziele** fest. Im Turnus von sechs Monaten wechselt der Vorsitz unter den Mitgliedstaaten. Seit den 80er Jahren werden im Falle einer **Nichteinigung** im Ministerrat **Gesetzesentscheidungen** zunehmend an den **Europäischen Rat** weitergeleitet, dessen Beschlüsse damit gewissermaßen eine **rechtsetzende Wirkung** haben können.

Das Europäische Parlament

Das Europäische Parlament wird als **Legislative** seit 1979 auf der Basis von nationalen Wahlgesetzen für fünf Jahre **direkt** von den **Bürgern der Mitgliedstaaten** gewählt. Tagungsort ist Straßburg; dort finden einmal im Monat eine Woche lang **Plenarsitzungen** statt. Die **Ausschüsse** tagen in Brüssel; das **Generalsekretariat** hat seinen Sitz in Luxemburg. In Brüssel treten auch die **Fraktionen** der im Europäischen Parlament vertretenen **politischen Parteien** zusammen. Aufgrund der Wahlen im Jahr 2004 hat das Parlament derzeit 732 Abgeordnete. Es ist das **zweite supranationale Organ der EU.**

Das Europäische Parlament hat folgende **Rechte** und **Pflichten**:

- **Wahlfunktion in Bezug auf die Exekutive**
  Der **Präsident** wie auch die Zusammensetzung der gesamten **Kommission** bedürfen seiner Zustimmung.

- **Haushaltsrecht**
  Der **EU-Haushalt** muss vom Parlament gebilligt werden.

- **Kontrollfunktion**
  Kommission und **Ministerrat** sind **rechenschaftspflichtig** und müssen Anfragen beantworten. Das Parlament kann **Untersuchungsausschüsse** einsetzen und verfügt darüber hinaus über einen **Haushaltskontrollausschuss**. Durch ein **Misstrauensvotum** kann es die Kommission zum Rücktritt zwingen.

- **Gesetzgebungsfunktion**
  Das Parlament hat in vielen Fällen bei Richtlinien, Verordnungen und Beschlüssen ein **Mitentscheidungsrecht**. Im Falle einer **Nichteinigung** mit dem **Ministerrat** ist das Parlament dazu berechtigt, einen **Vermittlungsausschuss** anzurufen, der zu gleichen Teilen aus Ratsmitgliedern (oder deren Vertretern) und aus Mitgliedern des Parlamentes besteht. Außerdem kann es mit **absoluter Mehrheit** einen **Gesetzesvorschlag** ablehnen. Nur wenn **beide Organe** einem **Kompromiss** des Vermittlungsausschusses zustimmen, ist der Gesetzesentwurf angenommen.
  Das Parlament hat jedoch **kein unmittelbares Initiativrecht** für die Gesetzgebung.

- **Zustimmungsrecht**
  Internationale Verträge, **Beitritte** und **Assoziierungen*** zur EU, **Unionsbürgerrechte** u.a. bedürfen der Zustimmung des Parlamentes.

- **Informationsfunktion**
  Ausschüsse und **Plenum** tagen **öffentlich**. Außerdem gehört es zu den Aufgaben des Parlaments, die **Bürger der Mitgliedstaaten** über die Arbeit der verschiedenen Organe der EU zu informieren.

Der Europäische Gerichtshof

Der Europäische Gerichtshof mit Sitz in Luxemburg hat als **Judikative** die Aufgaben eines **Verfassungsgerichts**, eines **Verwaltungsgerichts**, eines **Zivilgerichts** und die eines **internationalen Gerichtshofs**. Er wacht über die Einhaltung der **EU-Verträge** und deren Anwendung. Dem Gerichtshof gehören 15 Richter und acht Generalstaatsanwälte an. Sie werden für sechs Jahre von den Regierungen der Mitgliedstaaten ernannt. Gegen die Urteile des EuGH ist **keine Berufung** möglich.

---

* **Assoziierung** ist eine besondere Beteiligung eines Staates an einer Staatenverbindung. Ein **Assoziierungsabkommen** begründet ein **privilegiertes Verhältnis** zwischen der EU und einem anderen Staat. Dabei geht es meistens um die Erleichterung des gegenseitigen Handels und um wirtschaftliche Zusammenarbeit.

Ausschüsse

Es gibt zwei Ausschüsse. Der **Wirtschafts- und Sozialausschuss** berät den Rat und die Kommission. Der **Ausschuss der Regionen** - Beratungsorgan für den Rat, die Kommission und das Parlament - gibt Stellungnahmen über die regionalen Auswirkungen der EU-Politik ab.

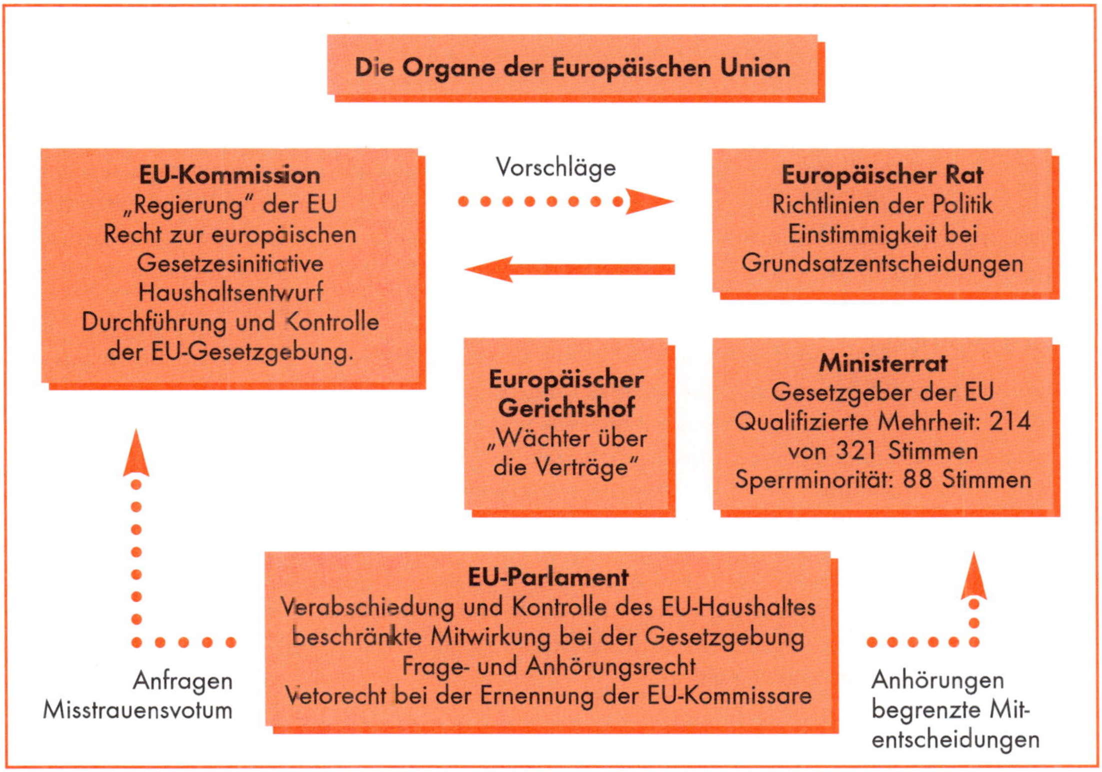

Abb. 9.4 Die Organe der EU

Zusammenfassung

Das **Regierungssystem der** EU entspricht **nicht** dem **klassischen parlamentarischen System:**

- Es gibt **keine strikte Gewaltenteilung** zwischen **Legislative** und **Exekutive**. Die Gesetzgebungsfunktionen werden in unterschiedlicher Weise von der Kommission, dem Ministerrat und dem Europäischen Parlament im Zusammenspiel wahrgenommen.
- **Kommission** und **Ministerrat** teilen sich die **Exekutivfunktionen**.
- Es gibt **keine „Regierung“**, die sich auf parlamentarische Mehrheiten stützt, so dass auch im Parlament **nicht** zwischen **Regierungs-** und **Oppositionsfraktionen** unterschieden werden kann.
- Wesentliche Bereiche, wie z.B. die GASP, werden durch Zusammenarbeit zwischen den Regierungen der Mitgliedstaaten, also auf **intergouvernementaler Ebene**, gestaltet.

9

9.5 Probleme und Herausforderungen

Begriffe

Finanzierung ◆ Reform des politischen Systems ◆ Verfassungsentwurf ◆ GASP ◆ Problem der Erweiterung

Lernziele

Der **Beitritt** der **zehn neuen Mitgliedstaaten** (vgl. hierzu Abb. 9.3) zwingt die EU zu tiefgreifenden Reformen.

Finanzierung

Obwohl die **Umwandlung** in eine **funktionsfähige Marktwirtschaft** in den **osteuropäischen EU-Staaten** weitgehend abgeschlossen ist, steht diesen Ländern noch ein erheblicher **wirtschaftlicher Anpassungs-** und **Aufholprozess** bevor. Trotz teilweise hoher Zuwachsraten des **Bruttoinlandsprodukts (BIP)** ist der Einkommensabstand zu den übrigen EU-Mitgliedstaaten immer noch sehr groß. Die **Arbeitslosenquote** liegt weit über dem EU-Durchschnitt.

Vor allem in der **Agrar-** und **Strukturpolitik**, den mit ca. 80% ausgabenstärksten Bereichen des EU-Haushaltes, und hinsichtlich der Finanzierungsfragen gibt es einen enormen Reformdruck. Die Agrarausgaben müssen gesenkt und zugleich umgeschichtet werden. **Bisherige Förderregionen** wie Griechenland, Spanien, Irland, Portugal, der Mezzogiorno in Italien und Ostdeutschland, die bisher zusammen 68% der Strukturmittel erhalten haben, müssen in Zukunft eine **Kürzung der Subventionen** zugunsten der **neuen Förderregionen** hinnehmen.

Trotz der Probleme sollte man die **positiven Perspektiven** nicht aus den Augen verlieren. Im Verlauf der europäischen Integration haben verstärkter Handelsaustausch, Kapitaltransfers und die Finanzhilfen der europäischen Strukturfonds bei den etablierten Mitgliedstaaten eine **Annäherung des Wohlstandsniveaus** bewirkt.

Reform des politischen Systems der EU

Die Entscheidung zur Osterweiterung war von Beginn an mit einer **Reform des politischen Systems** der EU verknüpft. Für eine Union mit 25 und mehr Staaten sind die bestehenden Strukturen nicht tragfähig.

Die **Kernprobleme** betreffen in der Tat **Demokratiedefizite, mangelnde Transparenz** und die **Defizite** bei den **Entscheidungsstrukturen.** Trotz erweiterter Kompetenzen entspricht die legislative Machtstellung des **EU-Parlamentes** noch nicht der der parlamentarischen Demokratien der Mitgliedstaaten. Gleichzeitig nehmen die Einfluss- und Kontrollmöglichkeiten der **nationalen Parlamente** auf die EU-Politik ab. Hinzu kommt, dass das Entscheidungssystem der EU-Institutionen einzelnen „widerstrebenden" Mitgliedstaaten vielfältige **Blockademöglichkeiten** bietet.

Der **Verfassungsentwurf des Europäischen Konvents** (vgl. Abschnitt 9.3) strebt folgende **Ziele** an:

- die Schaffung von **mehr Transparenz** durch die Zusammenfassung der Verträge in einem **einzigen Verfassungsdokument;**
- die Verankerung einer **gemeinsamen Wertebasis** durch die Aufnahme der **EU-Grundrechtecharta;**

- eine Machtbegrenzung und Konzentration der Aufgaben durch eine **Neuverteilung der Zuständigkeiten.**

  Dabei werden **drei Kompetenzbereiche** unterschieden: **ausschließliche Zuständigkeiten** der Europäischen Union, Bereiche mit **geteilter Zuständigkeit** (d.h. sowohl die Union als auch die Mitgliedstaaten können gesetzgeberisch tätig werden) und als letzter Bereich: **Unterstützungs-, Koordinierungs- und Ergänzungsmaßnahmen**, welche die EU ergreifen kann, ohne die grundsätzliche Zuständigkeit der Mitgliedstaaten anzutasten.

Aber die Frage, welche endgültige verfassungspolitische Gestalt die Europäische Union haben soll, wird nicht beantwortet. Die zwingend notwendige Weiterentwicklung der EU wird sehr schwierig werden und könnte sogar zu einer Krise der EU führen. Denn die Auffassungen darüber, wie weit und wie intensiv die Integration verwirklicht werden soll und wie Machtverteilung und Balance zwischen den Mitgliedstaaten geregelt werden sollen, sind sehr unterschiedlich.

Gemeinsame Außen- und Sicherheitspolitik

Mit der Erweiterung der Union nimmt die Zahl der **nationalen Interessen** zu, die im Rahmen der **GASP** aufeinandertreffen. Nichts hat deutlicher die Uneinigkeit der Mitgliedstaaten gezeigt wie die schwerwiegenden Meinungsunterschiede zum Irak-Krieg. Großbritannien, Spanien und auch osteuropäische Regierungen haben unmissverständlich ihre Solidarität mit den USA zum Ausdruck gebracht. Dagegen haben vor allem Frankreich, Deutschland und Belgien ihre ablehnende Haltung zum Irak-Krieg herausgestellt.

Eine gemeinsame europäische Außen- und Sicherheitspolitik ist aber ein grundlegender Baustein der europäischen Integration. Dazu gehört auch, dass die europäischen Staaten sich über eine **Europäische Sicherheits- und Verteidigungspolitik (ESVP)** einig werden. Von einer solchen „Vergemeinschaftung" der Außen- und Sicherheitspolitik ist die EU aus der Sicht der internationalen Gemeinschaft in der politischen Realität allerdings noch weit entfernt. Auch die Bürger der EU-Staaten wünschen sich in dieser Frage ein deutlicheres Zusammenrücken.

Europa – grenzenlos?

Was ist Europa? Was gehört **geopolitisch** zu Europa? Die **Erweiterung** nach **Ost** und **Süd** stärkt Europa **strategisch**. Jede Erweiterung bedeutet aber auch eine strategische Ausdehnung für alle Mitglieder mit allen Konsequenzen.

Bisher hat die Europäische Gemeinschaft ihre geopolitischen Grenzen nicht definiert. Dieses Problem stellt sich nun mit der Diskussion über die Aufnahme der **Türkei** in die Union, die diese schon seit Jahrzehnten anstrebt. 2005 werden **Beitrittsverhandlungen** eröffnet. Diese Entscheidung stößt in manchen europäischen Ländern auf **Kritik**. Die Kritiker befürchten, dass damit die EU einen inneren „Infarkt" riskiere. Anstelle einer angestrebten politischen Union könne die EU zu einer rein wirtschaftlichen Freihandelszone verkümmern.

Zum einen muss die EU noch die Herausforderungen der **Osterweiterung** lösen: **Finanzierung – politische Reform – Verwirklichung der GASP.** Zum anderen ist heftig umstritten, ob die Türkei Teil der **europäischen Wertegemeinschaft** gemäß Artikel 6 des **Amsterdamer Vertrages** ist:

„Die Union beruht auf den Grundsätzen der Freiheit, der Demokratie, der Achtung der Menschenrechte und Grundfreiheiten sowie der Rechtsstaatlichkeit." In der Türkei selbst wird trotz vieler Reformen zugunsten einer Demokratisierung von Staat und Gesellschaft durch die **islamische Grundhaltung** weiter Teile der Gesellschaft eine Übereinstimmung mit den europäischen Grundwerten in Frage gestellt. Die Türkei ist ein muslimischer Staat, der durch völlig andere Traditionen geprägt ist.

Die **Befürworter** eines Beitritts der Türkei zu Europa weisen darauf hin, dass die Mitgliedschaft der Türkei eine „Brücke" zur islamischen Welt darstellen und damit den Ausgleich zwischen den beiden Kulturen positiv beeinflussen könne.

Ein Ausweg könnte eine **glaubhafte Alternative** zur **Vollmitgliedschaft** sein, d.h. die Einbeziehung der Türkei in alle Vorteile des gemeinsamen Marktes ohne Mitwirkung an der politischen Gemeinschaftsgesetzgebung. So könnte die EU die „Glaubwürdigkeitsfalle", in die sie sich gegenüber der Türkei in der Vergangenheit leichtfertig begeben hat, überwinden und dem Land weitere Enttäuschungen ersparen.

Aufgaben

1. Welche Motive führten zum europäischen Integrationsprozess?
2. Inwiefern war der Vertrag von Maastricht ein Meilenstein für die europäische Integration?
3. Welche Kriterien wurden zur Bedingung für die Aufnahme in die EU aufgestellt?
4. Vergleichen Sie die Bedeutung der Europäischen Kommission mit der des Ministerrats.

zur Lernkontrolle

Lektion 10
Die Globalisierung und ihre Folgen

10.1 Einführung in die Thematik

In den letzten Jahren hat die Kontroverse um die Folgen der **Globalisierung** an Heftigkeit zugenommen. Allerdings ist Globalisierung durchaus kein modernes Phänomen und hat zu allen ihren Zeiten grundlegend veränderte Strukturen hinterlassen. Heutige Hauptakteure der Globalisierung sind **multinationale Unternehmen** und **Finanzinstitutionen** (wie etwa Banken, Versicherungen, Devisenhändler), **internationale Organisationen** und **Regierungen**. Die vorantreibende Rolle im Globalisierungsprozess spielen die Fortschritte im Bereich der **Mikroelektronik**, der **Telekommunikation** und der **Informationsverarbeitung** sowie die **Liberalisierung** der Märkte und deren binnenwirtschaftliche **Deregulierung**.

Die Lektion kann nur einzelne Gesichtspunkte eines komplexen Themas umreißen. Dabei wird Globalisierung primär als ökonomischer Prozess betrachtet. Im Mittelpunkt der Darstellung stehen die Auswirkungen der Globalisierung auf die Weltwirtschaft, die Frage nach den Folgen der Globalisierung für den deutschen Staat und die Vor- und Nachteile der Globalisierung für die Entwicklungsländer.

10.2 Der Begriff „Globalisierung"

Das Schlagwort von der **Globalisierung** gehört inzwischen zum allgemeinen Wortschatz und wird zur Bezeichnung positiver wie negativer Phänomene verwendet. Der Gebrauch des Begriffs „Globalisierung" ist jedoch wegen seiner großen inhaltlichen Fülle vieldeutig und unpräzise sowie von der jeweiligen Wahrnehmungsperspektive abhängig. Am Beginn der Erörterung des Themas steht also notwendigerweise eine Verständigung auf eine gängige **Definition**. Danach bezeichnet Globalisierung die **weltweit zunehmende Verflechtung** von **Menschen, Gütern, Information** und **Kapital**.

Man unterscheidet zwischen einer

- **ökonomischen (wirtschaftlichen),**
- **politischen,**
- **gesellschaftlichen** und
- **kulturellen**

Dimension der Globalisierung. In dieser Lektion geht es in erster Linie um die **ökonomischen Verflechtungen** und deren **Auswirkungen**.

10.3 Globalisierung als fortwährender Prozess

Begriffe

Industrialisierung ◆ Arbeitsteilung ◆ Handel ◆ Wirtschaftsliberalismus ◆ Theorie der komparativen Kosten ◆ IWF ◆ GATT ◆ Kontingente ◆ tarifäre/nichttarifäre Handelshemmnisse ◆ Zölle ◆ WTO ◆ EWU ◆ OECD ◆ Freihandelszone

Lernziele

Historisch reicht die **Entwicklung** der Globalisierung bis in die Anfänge der **Industrialisierung** (England um 1770)* zurück.

Aus der Volkswirtschaftslehre ist bekannt, dass die Grundlage **modernen Wirtschaftens** die **Arbeitsteilung** ist: Sie führt zu Tausch oder - in der Geldwirtschaft - zu **Handel**.

Schon im **18. Jahrhundert** kam es zu einer verstärkten Handelsentwicklung zwischen den weltpolitisch gewichtigen Ländern, denn **weltweite** Arbeitsteilung bringt insgesamt bessere Ergebnisse als nationale oder gar regionale und lokale. Ausgangspunkt hierfür war die von den britischen Nationalökonomen **Adam Smith** (1723–1790) und **David Riccardo** (1772–1823) entwickelte Theorie des **Wirtschaftsliberalismus**, der Arbeitsteilung und des **Freihandels.** Riccardos **Theorie der komparativen Kosten** belegt, dass internationaler Handel und Arbeitsteilung selbst für solche Länder von Vorteil sind, die alle Güter zu geringeren Kosten herstellen können als das Ausland: Sie müssen sich nur auf die Produktion (und den Vertrieb) jener Güter spezialisieren, die sie relativ (komparativ) günstig herstellen können. Es erweist sich dann als sinnvoll, die relativ billigsten Güter zu exportieren und die relativ teuersten zu importieren.

Durch den Wirtschaftsliberalismus wurden also die Weichen für das Zeitalter der **wirtschaftlichen Globalisierung** gestellt, deren Kern die Ausweitung internationaler Arbeitsteilung war.

Eine erste Blüte erreichte der internationale Handel im **19. Jahrhundert**, nach den napoleonischen Kriegen. Die einzelnen Staaten profitierten vom offenen Austausch mit anderen Volkswirtschaften. Unterbrochen wurde der Aufschwung des Welthandels im **20. Jahrhundert** durch den Ersten Weltkrieg, die Weltwirtschaftskrise der 30er Jahre und den Zweiten Weltkrieg. Bereits während der Schlussphase des letzten Weltkriegs und in den Jahren unmittelbar nach Kriegsende wurden jedoch wesentliche **internationale Handelshemmnisse** beseitigt:

- **1944** wurden in **Bretton Woods** (USA) der **Internationale Währungsfonds (IWF)** und die **Weltbank** gegründet.
- **1947** wurde der **Marshall-Plan** verabschiedet. Er begünstigte den Wiederaufbau Europas.
- **1948** wurde das **GATT** (**General Agreement on Tariffs and Trade**/Allgemeines Zoll- und Handelsabkommen) in Kraft gesetzt. Die Instrumente des GATT sind die **multilateralen****

---

* Die sich im Laufe des 19. Jahrhunderts ausbreitende **Industrialisierung** bezeichnet den Prozess des Übergangs von der Handarbeit zu **maschinisierter Fabrikarbeit** sowie die Verbreitung dieser neuen **Produktionsweise** in allen **Wirtschaftsbereichen.**

** **multilateral** (*lateinisch*; „mehrseitig“): Abkommen, die **mehrere** Staaten betreffen.

Handelsrunden. Die ersten fünf Runden (Genf 1947, Annecy 1949, Torquay 1950–1951, Genf 1955–1956, Dillon 1960–1961) institutionalisierten **Handelsliberalisierung** und **Zollabbau.** Die GATT-Ziele dieser Zeit reflektierten nicht zuletzt die **wirtschaftlichen** und **geopolitischen Ziele der USA** nach dem Zweiten Weltkrieg. Hauptziele der USA waren Europas wirtschaftlicher Wiederaufbau und internationale wirtschaftliche Stabilität als Schutz gegen die „kommunistische Bedrohung".

Im Rahmen des GATT sind seither in acht Zollsenkungsrunden die **mengenmäßigen Handelsbeschränkungen (Kontingente)** weitgehend, die **tarifären Handelshemmnisse (Zölle)** zu wesentlichen Teilen beseitigt worden. Mit dem zunehmenden Abbau von Zöllen und einer allgemeinen **Deregulierung*** wächst seit Beginn der 80er Jahre des 20. Jahrhunderts die Bedeutung **nichttarifärer Handelshemmnisse****. Vor allem die letzte Runde des GATT – die **Uruguay-Runde** (1986–1993) – führte zu einer gravierenden Ausweitung der Handelsfreiheit. Diese Liberalisierung erfasste erstmals auch den Handel mit **Agrarerzeugnissen** und **Textilien** sowie große Teile des **Dienstleistungshandels.** Als weiteres Resultat der Uruguay-Runde wurde 1995 das GATT durch die **WTO (World Trade Organization**/Welthandelsorganisation) abgelöst.

- Mit der Gründung der **EGKS** (auch **Montanunion** genannt) im Jahr **1951** begannen die Bestrebungen zur **wirtschaftlichen Vereinigung Europas.** Ziel war die Herstellung eines **einheitlichen Binnenmarktes.** (Vgl. dazu Lektion 9.)
- Die **1957** mit den Römischen Verträgen errichtete **Europäische Wirtschaftsgemeinschaft (EWG)** wurde **1992** in Maastricht zur **Europäischen Union (EU)** weiterentwickelt. Deren wichtigster Baustein ist die **Europäische Währungsunion (EWU).** Sie trat am **1. Januar 1999** in Kraft. Elf Mitgliedstaaten*** führten den **Euro** als **Buchgeld****** ein.

* **Deregulierung** bezeichnet den **Abbau staatlicher Regulierungen,** die in einzelnen Teilen einer Volkswirtschaft den Wirtschaftsteilnehmern besondere Vorschriften auferlegen und oft den **Wettbewerb** behindern. Der **Staat** greift auch in einer **marktwirtschaftlichen Ordnung** in das Wirtschaftsgeschehen ein, indem er **allgemeine Rahmenbedingungen** festsetzt. Das sind die „Spielregeln", an die sich alle Wirtschaftsteilnehmer halten müssen.
Darüber hinaus gab (und gibt) es jedoch Wirtschaftsbereiche, in denen – ihrer Bedeutung für die Allgemeinheit wegen – besondere Vorschriften für die wirtschaftlichen Aktivitäten gelten (z.B. Entsorgungswirtschaft, Verkehr).

** **Nichttarifäre Handelshemmnisse:** Dies sind z.B. technische Normen, Einfuhr- und Zulassungsbestimmungen, Subventionierung einzelner Branchen oder bilaterale Marktordnungsabkommen.

*** **Mitgliedstaaten der Währungsunion:** Belgien, Deutschland, Finnland, Frankreich, Irland, Italien, Luxemburg, die Niederlande, Österreich, Portugal und Spanien; außerdem seit 1. Januar 2001: Griechenland.

**** Mit **Buchgeld** bezeichnet man die in den Büchern der Banken verzeichneten Guthaben der Bankkunden. **Bargeld** ist hingegen in Form von **Banknoten** oder **Münzen** im Umlauf.

Begriffsdefinition: **Wirtschaftsliberalismus**

Die theoretischen Grundlagen gehen auf Adam Smith zurück, der forderte, dass der Staat nicht reglementierend in das wirtschaftliche Geschehen eingreifen sollte, sondern nur einen Rahmen für die Rechtssicherheit setzen dürfte. Die Individuen sollten sich mit ihren Talenten und Ideen frei entfalten können. Der Markt würde dann durch das Zusammentreffen von Angebot und Nachfrage über Preis und Qualität entscheiden sowie über die Tatsache, welche Produkte sich auf Dauer durchsetzen. Auch zwischen den Ländern sollten Zölle und Handelsschranken abgebaut werden und es sollte Freihandel herrschen, weil dies – so Smith – den wirtschaftlichen Fortschritt ankurbelt und allgemein den Wohlstand hebt.

- Am **1. Januar 2002** wurde der Euro in zwölf EU-Staaten – dem so genannten **Euro-Gebiet** – als **offizielles Zahlungsmittel** (**Euro-Banknoten** und **Euro-Münzen**) in Umlauf gebracht. Er hat sich mittlerweile zu einer gewichtigen Weltwährung entwickelt, die den gleichen Status wie der US-Dollar besitzt. Für die Mitglieder des Euro-Gebiets bedeutete der Schritt zur Währungsunion zugleich ein Stück Globalisierung, da andere Systemelemente, wie etwa die **nationalen Löhne**, seitdem unter verstärktem **Anpassungsdruck** stehen. Bei einer **Einheitswährung** können sich einzelne Länder dem **Kostenwettbewerb** nicht einfach durch eine Währungsabwertung entziehen.

Wie der kurze Rückblick zeigt, beschreibt **Globalisierung** keinen Endzustand, sondern einen **fortwährenden Prozess**, der immer wieder auf unterschiedlichen Triebkräften beruht. Die **OECD** (**Organization for Economic Cooperation and Development**/Organisation für wirtschaftliche Zusammenarbeit und Entwicklung) **definiert** Globalisierung deshalb als

> *„... einen Prozess, durch den Märkte und Produktion in verschiedenen Ländern immer mehr voneinander abhängig werden – dank der Dynamik des Handels mit Gütern und Dienstleistungen und durch die Bewegungen von Kapital und Technologie."*

Dieser Prozess verlief natürlich nicht unkontrolliert. Die rasante Zunahme der Außenhandelsaktivitäten wäre ohne die internationalen Abkommen GATT und WTO nicht denkbar. In Europa waren es vor allem die Freiheiten für Waren, Dienstleistungen, Menschen und Kapital, die zum Abbau von Handelshemmnissen im europäischen Binnenmarkt geführt haben. Die Globalisierung ist somit größtenteils das Resultat von Entscheidungen, die Staaten in der Vergangenheit getroffen haben und immer noch treffen.

In diesem Zusammenhang spielen vor allem die **Freihandelszonen** eine gewichtige Rolle. Freihandelszonen sind ein Zusammenschluss von mehreren Ländern, zwischen denen **Zölle** und andere **Handelsbeschränkungen abgeschafft** werden*.

Das heutige Ausmaß des weltweiten Güter- und Kapitalaustausches ist erst durch die neueren, großen Freihandelszonen **NAFTA** (**North American Free Trade Agreement**/Nordamerikanisches Freihandelsabkommen zwischen den USA, Kanada und Mexiko) und **MERCOSUR** (**Mercado Común del Sur**/Gemeinsamer Markt des Südens)** in Nord- und Südamerika sowie **ASEAN** (**Association of South East Asian Nations**/Vereinigung südostasiatischer Staaten)*** in Südostasien ermöglicht worden.

---

* Die Mitgliedstaaten einer Freihandelszone behalten verschiedene **Zolltarife** gegenüber **Drittstaaten** bei, d.h. Waren aus Drittstaaten werden auch beim Verbringen von einem Mitgliedstaat in den anderen verzollt; dadurch bleiben **Grenzkontrollen** notwendig.

** MERCOSUR: südamerikanische Freihandelszone zwischen Argentinien, Brasilien, Paraguay und Uruguay.

*** Die ASEAN-Staaten bestehen aus unterschiedlichen Völkern, vor allem malaiischen und südchinesischen Ursprungs. Mitglieder des Staatenbunds sind u.a. Brunei, Indonesien, Malaysia, die Philippinen, Singapur und Thailand.

10.4 Der Einfluss der Kommunikations- und Informationstechnologie

Begriffe

Kommunikationstechnologie ◆ Informationstechnologie ◆ Informationsaustausch ◆ Kommunikationsnetze ◆ Internet ◆ E-Mail

Lernziele

Als wesentliche Triebkraft im heutigen Globalisierungsprozess gelten auch die rasanten Entwicklungen in der **Kommunikations- und Informationstechnologie***. Begonnen hat dies mit der Erfindung des Halbleiters vor mehr als 50 Jahren. Daraus wurde schließlich in Verbindung mit Schaltkreisen der **Chip** entwickelt, mit dessen Hilfe **Daten gespeichert** und **verarbeitet** werden können. Von dieser Entwicklung profitieren noch heute sämtliche Kommunikationsbereiche (Hörfunk, Fernsehen, Telefon, Telefax, Internet, E-Mail etc.).

Die moderne Kommunikations- und Informationstechnologie ruht im Wesentlichen auf **drei Eckpfeilern**:

- Die **Verarbeitung** immer größer werdender **Datenmengen** wird durch zunehmend **leistungsfähigere Rechner (Computer)** ermöglicht. Mit dieser Entwicklung gehen **verringerte Transportkosten** sowie die **weltweite Vereinheitlichung technischer Normen** einher.
- Der **weltweite Informationsaustausch** kann durch den Ausbau **internationaler Kommunikationsnetze** (telefonische Verbindung über Festnetz, Handy) nahezu ungehindert und rund um die Uhr erfolgen.
- Bild und Ton können mittels **Breitbandkanälen** (vor allem durch **Satelliten**) in fast alle Teile der Welt übertragen werden. **Nachrichten** und **Unterhaltung** werden auf diese Weise **globalisiert**.

Es sind also in erster Linie die Innovationen im Bereich der **Mikroelektronik**, der **Telekommunikation** und der **Optoelektronik****, die den Prozess der **Marktöffnung** beschleunigen, indem sie die Welt mit einem dichten **Kommunikationsnetz** überziehen.

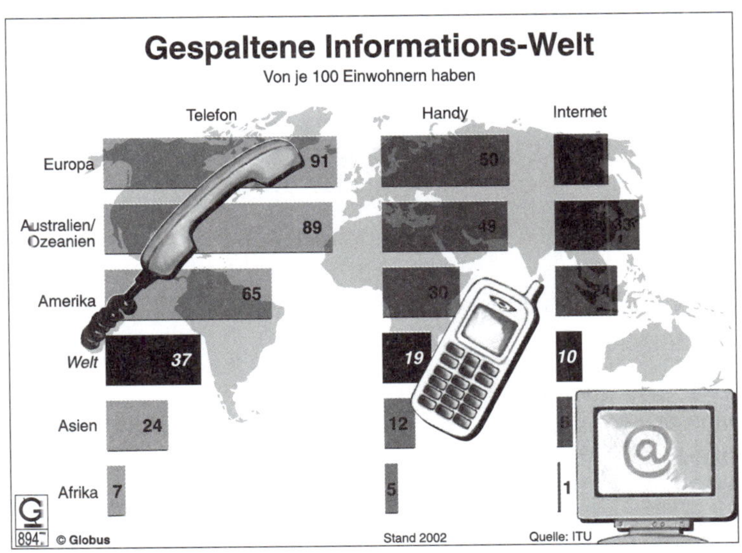

Abb. 10.1 Gespaltene Informations-Welt

* **Informationstechnologie** beschäftigt sich mit Informations- und Datenverarbeitung. Dabei geht es um die Verfahren zur Verarbeitung von Informationen und Daten (EDV) sowie um den Bereich der Telekommunikation. Unter **Kommunikationstechnologie** versteht man die Technologien für die technisch gestützte Kommunikation (Nachrichtentechnik, Funktechnik, Vermittlungstechnik, Übertragungstechnik, Hochfrequenztechnik, Mikroelektronik und Technische Informatik).

** **Optoelektronik:** Methoden zur Gewinnung, Übertragung und Speicherung von Informationen.

In diesem Zusammenhang spielt das **Internet (World Wide Web)** eine große Rolle. Es ist mittlerweile zum Inbegriff des **Globalisierungseffekts** avanciert. Als das **übergreifende Netzwerk** einer wachsenden Anzahl einzelner nationaler und internationaler Netzwerke ermöglicht es den schnellen, problemlosen und kostengünstigen Informationsaustausch. Dadurch entstand auch das System der **E-Mail** - der elektronischen Post - deren Umfang heute den normalen Post- und Faxverkehr weit übertrifft. Neben dem Austausch von Bildern und Textdateien können die Teilnehmer des Internets heute auch direkt miteinander kommunizieren: der **PC** wird zum **Telefon**. Die Trennlinie zwischen den herkömmlichen Medien verschwindet also zusehends.

In Deutschland verfügt inzwischen mehr als ein Drittel der Bevölkerung über einen Internetanschluss, und sogar in vielen armen Ländern wächst der Nutzerkreis ständig. Das Internet ermöglicht es den verschiedenen Volkswirtschaften, einen riesigen **technologischen Rückstand** auf - vergleichsweise - einfache Art und Weise **aufzuholen.** Viele Staaten nutzen beispielsweise die im **World Wide Web** vorhandenen **Lehrmaterialien** für ihr Bildungs- und Erziehungswesen, um wieder Anschluss an den „Rest der Welt" zu finden.

Durch die rapide Zunahme der Kommunikationsmöglichkeiten ist die Welt jedoch nicht nur **räumlich** kleiner geworden, auch **zeitliche Grenzen** sind verschwunden. Ereignisse können von jedem Punkt der Erde aus rund um die Uhr überallhin übertragen werden. Somit ist inzwischen praktisch jeder Mensch - zumindest theoretisch - in der Lage, sich global zu betätigen (z.B. über Internet, Handy, Satellitenschüssel).

Diese **Globalisierung von Informationen** und dadurch weltweit verbreiteten **Wertvorstellungen** lassen nun zwar die Hoffnung entstehen, die Welt würde offener, demokratischer und wirtschaftlich erfolgreicher werden. Doch diese Entwicklung birgt auch **Risiken** in sich. So kann der Massenkonsum von Informationen auf Dauer **länderspezifische Wertvorstellungen** und **nationale Kulturen** in Frage stellen. Dies führt möglicherweise dazu, dass bereits vorhandene Konfliktpotenziale weiter anwachsen bzw. neue entstehen. Länder, die sich in ihrer **eigenen Identität** bedroht fühlen, würden dann verstärkt Anstrengungen zur Abwehr **unerwünschter Einflüsse** unternehmen. Für diese Länder hätte dies den wirtschaftlichen Rückfall hinter anderen, an der Globalisierung teilnehmenden Staaten zur Folge. Als ein solches Negativbeispiel ist Nordkorea anzuführen: Das Land ist nahezu völlig vom internationalen Kommunikationsfluss abgeschnitten und dadurch auch wirtschaftlich nicht integriert. Ein anderes Beispiel wäre allerdings China. Auch hier gibt es keinen freien internationalen Informationsaustausch und dennoch erlebt das Land einen wirtschaftlichen Aufschwung.

Die revolutionären neuen Technologien und die Verbreitung des Internets verändern die **Weltwirtschaft.** Die sich weltweit ergebenden **gesellschaftlichen, kulturellen** und **ökologischen Folgen** der Globalisierung sind jedoch im traditionellen nationalstaatlichen Rahmen nicht mehr zu bewältigen.

Um möglichen negativen Folgen entgegenzuwirken, verabschiedete der **Europäische Rat** auf seiner Tagung in Lissabon im März 2000 eine umfassende Strategie zur **Modernisierung der EU-Wirtschaft.** Die **„Lissabon-Strategie"** beinhaltet die Öffnung aller Wirtschaftsbereiche für den **Wettbewerb**, die Förderung von **Innovation** und **Unternehmensinnovationen** sowie die Modernisierung der **europäischen Bildungssysteme**, um dem wachsenden Bedarf der Informationsgesellschaft entsprechen zu können.

10.5 Die Internationalisierung der Finanzmärkte

Begriffe

Finanzmärkte (Kreditmärkte, Wertpapiermärkte, Devisenmärkte) ◆ Investitionen ◆ Rendite ◆ Volatilität (Schwankungen der Devisenmärkte) ◆ Devisenumsatzsteuer („Spekulationssteuer")

Lernziele

Die durch die modernen Technologien angetriebene Globalisierung hat u.a. auch eine beschleunigte **Internationalisierung*** **der Finanzmärkte** zur Folge. Was genau sind Finanzmärkte?

Finanzmarkt ist der Oberbegriff für **drei Teilmärkte**:

- die **Kreditmärkte**,
- die **Wertpapiermärkte** (Anleihen, Aktien und Derivate) und
- die **Devisenmärkte** (Handel mit Währungen),

wobei die einzelnen Sektoren sich gegenseitig beeinflussen. Auf diesen Teilmärkten haben die rasanten Entwicklungen der letzten beiden Jahrzehnte neue Finanzinstrumente - wie z.B. die **Derivate**** - hervorgebracht, die nicht mehr eindeutig einem Teilmarkt zugeordnet werden können. Diese Vermischung ist charakteristisch für die gegenwärtige Ausgestaltung der Finanzmärkte. Dabei sind die **ökonomischen Grundfunktionen** dieser Märkte sehr überschaubar. In erster Linie sollen sie die Möglichkeit bieten, Mittel für **Investitionen** bereitzustellen. Diese sind die Grundlage **wirtschaftlichen Wachstums**. Um Investitionen zu tätigen, müssen **Investoren** - Staaten, Unternehmen und Privathaushalte - **eigenes Kapital** einsetzen und möglicherweise fehlende Mittel durch **Fremdfinanzierung** sichern.

Grundsätzlich findet sich **Kapital** überall dort ein, wo es eine gute **Rendite** (Ertrag eines angelegten Kapitals, z.B. Zinsen) verspricht. Es ist somit nicht verwunderlich, wenn ein Großteil des täglich um die Welt zirkulierenden Geldes nichts mehr mit der Bezahlung von Gütern und Dienstleistungen zu tun hat. **Geld** ist mittlerweile selbst zur **„Ware"** geworden. Seit der Einführung des Euro konzentriert sich der Handel auf den Devisenmärkten auf das Währungsdreieck US-Dollar, Euro und Yen. Aber auch der Schweizer Franken und das Britische Pfund spielen eine ernst zu nehmende Rolle.

Mit der Einführung der Europäischen Währungsunion sollten u.a. die **Volatilitäten**, d.h. die **Schwankungen der Devisenmärkte**, eingedämmt werden, die die Stabilität des Finanzsystems gefährden könnten. Eine besondere Rolle spielen dabei Schwankungen, die durch **kurzfristige Kapitalbewegungen** (also z.B. durch Termingeschäfte) verursacht werden.*** Finanzinstitute und staatliche Aufsichtsbehörden sind daher bemüht, dem Marktgeschehen und vor allem dem Handel mit Derivaten Grenzen zu setzen.

---

* **Internationalisierung** bezeichnet die fortschreitende **Vernetzung internationaler Wirtschaftsprozesse**. Der Begriff „Internationalisierung" unterscheidet sich vom Begriff „Globalisierung" insofern, als der Prozess in weiten Teilen nicht weltweit (d.h. global), sondern zwischen den **industrialisierten Nationen** (d.h. international) abläuft.

** Hierzu gehören in erster Linie **Termingeschäfte** mit Forwards, Futures, Options.

*** Großes Aufsehen erregte im Jahre 1995 der Kollaps der britischen Handelsbank Barings: Ein in Singapur tätiger Devisen- und Derivatenhändler hatte unkontrolliert auf Kurssteigerungen für eine bestimmte Gruppe japanischer Aktien spekuliert. Da die Kursentwicklung genau entgegengesetzt verlief, verspielte der Händler 1,4 Milliarden Dollar.

In diesem Zusammenhang steht auch die Diskussion um die Einführung einer **Devisenumsatzsteuer**, der so genannten **Tobin-Steuer**. Sie wurde bereits 1978 von dem amerikanischen Nobelpreisträger **James Tobin** vorgeschlagen und soll **kurzfristige Anlagegeschäfte** mit **ausländischen Währungen**, die auf geringe Kursdifferenzen spekulieren, **unrentabel** machen. Ziel einer solchen **„Spekulationssteuer"** wäre es also, die Menge und das Tempo der kurzfristigen Transaktionen zu reduzieren, ohne dass Handelsgeschäfte, langfristige Kredite und **Realinvestitionen*** abgeschreckt würden. Der von Tobin erdachte Steuersatz liegt im Übrigen extrem niedrig (um die 0,05%–1,00%). Mit dieser einheitlichen Steuerlast würden dann alle grenzüberschreitenden Geldtransfers belegt. Die dadurch entstehenden Einnahmen sollten durch die Weltbank weitergeleitet werden und der Allgemeinheit zugute kommen, indem sie der zu hohen Besteuerung geringer Einkommen entgegenwirken.

Eine Devisenumsatzsteuer wäre somit ökonomisch sinnvoll und insbesondere entwicklungspolitisch sehr wünschenswert. Allerdings steht der Einführung dieser Steuer zum Teil das **Bankgeheimnis** entgegen. Außerdem befürchten Kritiker der Tobin-Steuer eine **konjunkturschwächende Wirkung** und die **Abwanderung von Kapital** in steuerfreie Gebiete.

10.6 Multinationale Unternehmen

Begriffe

Produktionsstandort ◆ Besteuerung ◆ Sozialstandards ◆ umweltpolitische Vorschriften ◆ arbeitsrechtliche Regelungen ◆ Standortkonkurrenz ◆ multinationale/transnationale Unternehmen ◆ Gewinnerzielung ◆ Absatzkanal ◆ Direktinvestitionen ◆ Investitionsstandorte ◆ Umweltressourcen ◆ Umweltstandards ◆ Technologietransfer

Lernziele

Güter und Dienstleistungen werden inzwischen weltweit verkauft und eingekauft. War die **Konkurrenz** eines **Unternehmens** anfangs nur **innerstaatlich** vorhanden, so ist sie nun auf **multinationaler Ebene** anzutreffen. Viele Konzerne haben daher begonnen, sich im internationalen Wettbewerb durch **Fusionen** (Zusammenschlüsse) stärker zu positionieren. Verbunden mit dieser Entwicklung herrscht seither zwischen den Staaten eine Art Wettbewerb um den attraktivsten **Produktionsstandort**. Die entscheidenden **Kriterien** dabei sind:

- der Umfang der **Besteuerung**,
- die Höhe der **Sozialstandards**,**
- **umweltpolitische Vorschriften** und
- **arbeitsrechtliche Regelungen**.

---

* Je nachdem, in welche Richtung ein Geldbetrag angelegt wird, unterscheidet man verschiedene Investitionsarten. **„Realinvestitionen"** ist dabei der Oberbegriff für **Sachinvestitionen** (Geldanlage in Grundstücken, Gebäuden, Maschinen, Antiquitäten, usw.) und **immaterielle Investitionen** (Geldanlage in Forschung und Entwicklung, Aus- und Weiterbildung, Lizenzen, usw.).

** **Sozialstandards** umfassen die vom Staat organisierte Absicherung der Bürger eines Landes gegen unverschuldete Risiken wie Krankheit und Arbeitslosigkeit, die Alterssicherung, das Gesundheitssystem und auch das Bildungswesen, das Chancen zum sozialen Aufstieg ermöglichen soll.

Es besteht allerdings die Gefahr, dass einige Länder, nur um in der **Standortkonkurrenz** bestehen zu können, bei diesen Kriterien zu allzu großen Zugeständnissen bereit sind.

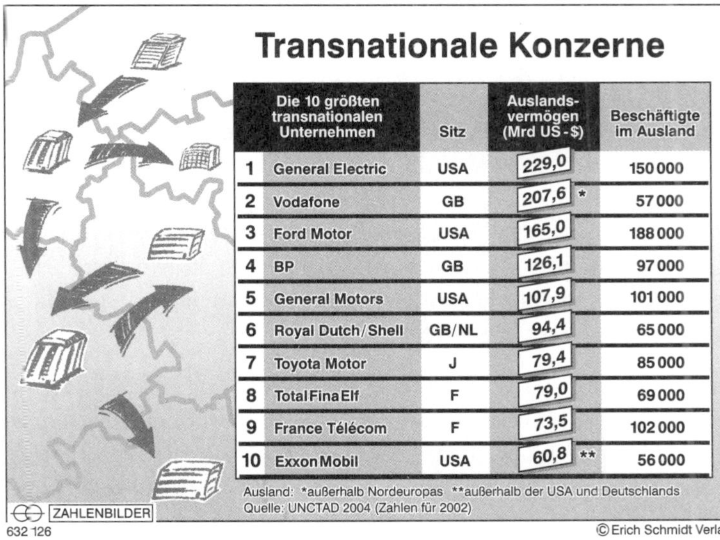

Die 10 größten transnationalen Unternehmen		Sitz	Auslandsvermögen (Mrd US-$)	Beschäftigte im Ausland
1	General Electric	USA	229,0	150 000
2	Vodafone	GB	207,6 *	57 000
3	Ford Motor	USA	165,0	188 000
4	BP	GB	126,1	97 000
5	General Motors	USA	107,9	101 000
6	Royal Dutch/Shell	GB/NL	94,4	65 000
7	Toyota Motor	J	79,4	85 000
8	TotalFinaElf	F	79,0	69 000
9	France Télécom	F	73,5	102 000
10	ExxonMobil	USA	60,8 **	56 000

Abb. 10.2 Transnationale Konzerne

Blickt man auf den **Welthandel**, so haben sich im Zuge der rasch voranschreitenden Globalisierung die drei **Großregionen Europa, Nordamerika** und **Asien-Pazifik** wirtschaftlich eng miteinander verflochten. Die Hälfte der weltweiten Warenexporte wird mittlerweile von nur acht Ländern abgewickelt. In der Spitzengruppe befinden sich die USA, Deutschland und Japan. Diese Entwicklung ist nicht zuletzt die Folge von Fusionen, Übernahmen und zahlreichen Unternehmensneugründungen in und zwischen diesen Ländern.

Unternehmen, die nicht nur im **Außenhandel** tätig sind, sondern auch jenseits ihrer nationalen Grenzen **Waren produzieren** und **Dienstleistungen erbringen**, heißen **multinationale Unternehmen** oder **transnationale Konzerne**. Zwei Drittel der internationalen Warenströme entfallen auf sie. Dies ist nicht weiter verwunderlich, wenn man bedenkt, dass etwa 65.000 Muttergesellschaften mit 850.000 ausländischen Tochtergesellschaften Güter und Dienstleistungen erstellen, Forschung und Entwicklung betreiben und mit anderen ausländischen Unternehmen zusammenarbeiten.

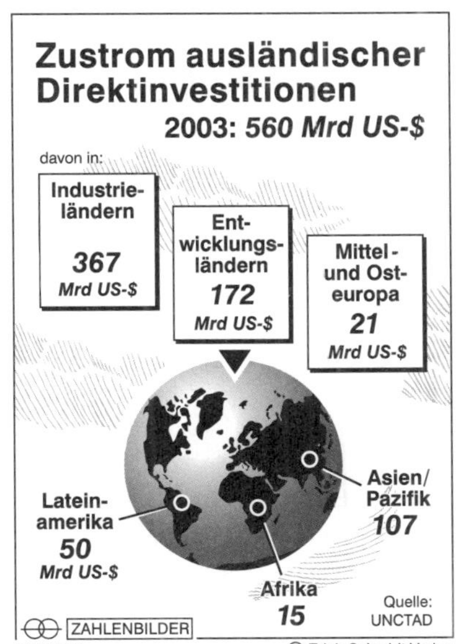

Abb. 10.3 Direktinvestitionen

Multinationale Unternehmen verfolgen - neben der **Gewinnerzielung** - hauptsächlich die Absicht, ihre **Absatzkanäle** zu sichern und auszuweiten. Lateinamerikanische Länder sowie China und Indien stehen als Zukunftsmärkte hoch im Kurs. Dabei konzentrieren sich die Bemühungen der Unternehmen in erster Linie auf **Direktinvestitionen**. Im Gegensatz zu anderen Formen der Auslandsinvestition (z.B. Anlagen in Wertpapieren) werden Direktinvestitionen vorgenommen, um einen entscheidenden **Einfluss** auf die Führung neu gegründeter oder erworbener Unternehmen im Ausland auszuüben.

Es sind die Industrieländer, die diese Form der Investition hauptsächlich tätigen. Beliebte **Investitionsstandorte** sind China, Brasilien und Mexiko. Der **Zu-** und

Abfluss der Kapitalinvestitionen entscheidet darüber, ob gewerbliche Arbeitsplätze entstehen oder wegfallen, ob die Produktion am Standort wächst oder schrumpft. Die Höhe der Direktinvestitionen gibt deshalb Auskunft über Attraktivität und Qualität des Produktionsstandortes.

Direktinvestitionen bringen auch **Negativaspekte** mit sich. So sind einige Branchen - wie z.B. die chemische Industrie oder die Metallerzeugung - mit einem hohen **Verbrauch** von **Umweltressourcen** verbunden. Gleichzeitig werden die in **Entwicklungsländern** fehlenden **Umweltstandards** oft ausgenutzt, um Investitionskosten zu sparen. (Zu Entwicklungsländern vgl. Abschnitt 10.8.) Und nicht zu vergessen sind solche Direktinvestoren, die sich der armen Länder bewusst zur **Ausbeutung billiger Arbeitskräfte** bedienen und sich dabei rigoros über Menschenrechte und Menschenwürde hinwegsetzen.

Die Verletzung von Umwelt- und Sozialstandards stellt glücklicherweise keine zwingende Begleiterscheinung von Direktinvestitionen der multinationalen Unternehmen dar. Meistens **transferieren** die Unternehmen die im eigenen Land gesammelten Erfahrungen, z.B. im Umweltschutz, in großem Umfang in die Entwicklungsländer (**Technologietransfer**). Viele der Unternehmen verbessern die Umweltstandards der betreffenden Länder vor allem dadurch, dass sie in ihren Tochtergesellschaften überall auf der Welt eine gewisse Uniformität der Technologie anstreben und damit **umweltfreundlichere Technologien** einsetzen.

10.7 Der deutsche Staat unter Globalisierungsdruck?

Begriffe

Sozialstaat ◆ internationaler Wettbewerb ◆ Löhne und Gehälter ◆ Sozialstandards ◆ Weltmarktniveau ◆ Sozialversicherungssystem ◆ Wettbewerbsnachteil ◆ Lohnnebenkosten

Lernziele

Vielfach wird behauptet, dass sich der **Sozialstaat**, wie er sich in den **westeuropäischen Ländern** entwickelt hat, im Zeitalter der Globalisierung nicht mehr aufrechterhalten lässt. Mit dieser These wird auf den **Kostendruck** verwiesen, der vom verschärften **internationalen Wettbewerb** ausgeht. Man befürchtet, dass der Sozialstaat die Arbeit zu teuer macht, um global wettbewerbsfähig zu bleiben. Demnach müssten sich **Löhne** und **Sozialstandards** der betreffenden Länder dem wesentlich niedrigeren **Weltmarktniveau** anpassen. Dabei steht angeblich vor allem der deutsche Sozialstaat unter Globalisierungsdruck.

Um es jedoch gleich vorwegzunehmen: Die **Probleme**, mit denen sich das **deutsche Sozialversicherungssystem** gegenwärtig konfrontiert sieht, sind im Wesentlichen **keine** direkte Folge der **Globalisierung**.

In Deutschland werden die Absicherung gegen Risiken wie **Krankheit** und **Arbeitslosigkeit** und die **Altersvorsorge** in erster Linie über **Sozialbeiträge** auf **Löhne** und **Gehälter** finanziert. Dabei tragen Arbeitgeber und Arbeitnehmer je die Hälfte der Abgabenlast. Die konstant hohe **Arbeitslosigkeit**, die Verschiebung der **Alterspyramide** zu Ungunsten der Beitragszahler und die durch die **Wiedervereinigung** verursachten Kosten haben die Sozialabgaben in Deutschland immer weiter steigen lassen. (Vgl. dazu auch Lektion 8, Abschnitt 8.5.) Und genau dieser Umstand stellt für die deutsche Wirtschaft einen **Wettbewerbsnachteil** dar. Denn sie muss mit Ländern **konkurrieren**, die wesentlich **geringere Lohnnebenkosten** aufweisen.

Wie sich Sozialstaaten auch unter Globalisierungsdruck positiv gestalten lassen, demonstrieren Deutschlands Nachbarländer Dänemark, Schweden und die Niederlande. Hier werden die Ausgaben für Alterssicherung und Gesundheit über Steuern finanziert – dies bewahrt die Unternehmen vor hohen Lohnnebenkosten und hält die Wirtschaft gleichzeitig international wettbewerbsfähig. Eine entsprechende Umstellung des deutschen Beitragssystems wäre allerdings recht langwierig und kostenintensiv.

In jedem Fall stellt die zunehmende **Globalisierung** den deutschen Staat unter **Reformzwang**, denn ein „globalisierungsfester" Sozialstaat bedarf eines politischen Kraftaktes. Es gilt, die Finanzierung des Sozialstaates so zu reformieren, dass die soziale Absicherung der Menschen erhalten bleibt und deutsche Unternehmen dennoch am Weltmarkt wettbewerbsfähig bleiben.

10.8 Die Entwicklungsländer im Globalisierungsprozess

Begriffe

Standortkriterien* ◆ *Standortwettbewerb* ◆ *Agrarsektor* ◆ *Fair Trade* ◆ *alternativer Handel* ◆ *„Transfair"* ◆ *Industriesektor* ◆ *bilaterale Freihandelsabkommen* ◆ *Währungs- und Finanzpolitik* ◆ *Direktinvestitionen* ◆ *Kredite* ◆ *Attac

Lernziele

Sieger oder Verlierer im Standortwettbewerb?

Länder, die erst am Beginn des Industrialisierungsprozesses stehen, haben es schwer, sich gegenüber der Konkurrenz entwickelter Industrieländer zu behaupten. Ihnen fehlen oft die notwendigen Voraussetzungen für eine **Marktwirtschaft**, aber vor allem sind **rechtsstaatliche Ordnung** und **funktionierende Institutionen** oft nur ansatzweise vorhanden. Dadurch besteht die Gefahr, dass diese Länder weltwirtschaftlich an den Rand gedrängt werden und die Kluft zwischen Industrie- und Entwicklungsländern immer größer wird.

Globalisierungsbefürworter äußern die Hoffnung, dass die armen Länder stärker von der wirtschaftlichen Verflechtung profitieren werden als die traditionellen Industriestaaten (z.B. USA, Kanada, EU-Mitgliedstaaten, Japan).

Auf den ersten Blick scheint dies zu stimmen, denn **geringere Löhne** und **niedrigere Sozialstandards** in den Entwicklungsländern gelten für multinationale Unternehmen als attraktive **Standortkriterien** und führen teilweise sogar zu einem regelrechten **Standortwettbewerb**. Außerdem gelangt durch die Niederlassungen der Unternehmen **technisches, wirtschaftliches** und **soziales Know-how** in die Entwicklungsländer (vgl. Abschnitt 10.6, Direktinvestitionen).

Allerdings sind der Einfluss multinationaler Unternehmen auf den Globalisierungsprozess und ihre Möglichkeiten, diesen zu steuern, geringer einzuschätzen, als vielfach angenommen. Es sind vor allem die **Entscheidungen** einflussreicher **nationalstaatlicher Regierungen** (USA, Deutschland, Japan) und **internationaler Organisationen** (WTO, etc.), die über **Richtung** und **Intensität** der Globalisierung entscheiden. Durch **Maßnahmen** im **ökonomischen Bereich**, d.h. durch **Liberalisierung** und **Deregulierung** wie auch im **sozialen** und **umweltpolitischen Bereich** (Einhaltung von Mindeststandards) geben sie wichtige **Rahmenbedingungen** vor, um Globalisierungsprozesse steuern und gestalten zu können.

Bislang war die Form der Globalisierung für Entwicklungsländer jedoch nicht immer fair: In der **Handels-** sowie in der **Währungs-** und der **Finanzpolitik** mussten diese Länder erhebliche Nachteile in Kauf nehmen. **Globalisierungsgegner** kritisieren insbesondere die **mangelnde Berücksichtigung** der **Interessen** der Entwicklungsländer, von denen viele wirtschaftlich stark vom **Export** von **Agrargütern** abhängig sind.

Auswirkungen auf Handel und Industrie

Der **Agrarsektor** ist schon seit Jahren durch **Überproduktion** und einen **Verfall** der **Weltmarktpreise** gekennzeichnet. Doch gerade hier sind die - für die Entwicklungsländer - interessanten **Märkte der Industrieländer** durch **Zölle** und andere **Handelshemmnisse** geschützt. Dadurch kann beispielsweise ein Reformland wie Argentinien mit hervorragenden Bedingungen für Rinderviehzucht sein Fleisch nur sehr eingeschränkt auf den lukrativen Märkten Europas verkaufen. Die EU möchte den Markt für Rindfleisch nicht öffnen, um europäische Bauern nicht der ausländischen Konkurrenz auszusetzen. Hier findet also nur ein sehr **eingeschränkter Wettbewerb** statt.

Um benachteiligte Produzenten zu schützen, ist Anfang der 70er Jahre in Deutschland eine Bewegung entstanden, die als **„Aktion Dritte-Welt-Handel“** bekannt wurde. Heute ist **Fair Trade** ein Sammelbegriff für unterschiedliche Initiativen in mehreren Ländern, die einen Handel mit Produkten aus Entwicklungsländern (beispielsweise Kaffee, Tee, Kakao, Schokolade, Orangensaft, Honig und Bananen, aber auch Kunsthandwerk) treiben und sich dabei zur Einhaltung bestimmter sozialer Kriterien verpflichten. So sollen die Handelspartner vorzugsweise **Kleinproduzenten** sein. Ihnen werden

Begriffsdefinition: **Entwicklungsland**

Als Entwicklungsland (engl.: „developing country“ = offizieller Sprachgebrauch der UNO und der Weltbank) bezeichnet man ein Land in der so genannten Dritten Welt, welches nach den materiellen, sozialen und gesundheitlichen Maßstäben unserer Zeit in seiner Entwicklung vergleichsweise wenig vorangekommen ist. Eine einheitliche Definition des Begriffs gibt es bislang noch nicht. Lange Zeit galten allein ökonomische Maßstäbe (etwa das Bruttonationaleinkommen) als Kriterien für die Zuordnung zu den entwickelten oder unterentwickelten Ländern. In neuester Zeit sind die Kriterien ausgeweitet worden.
Zu den wesentlichen Merkmalen für Unterentwicklung gehören rasches Bevölkerungswachstum bis hin zur Bevölkerungsexplosion, Kinderarbeit, ungesicherte Rechtsstellung der Frau, unzureichende medizinische Versorgung, Unter- bzw. Fehlernährung der Bevölkerung, Mangel an sauberen Trinkwasserquellen und sanitären Anlagen, geringe Lebenserwartung, hohe Säuglings- und Kindersterblichkeit, hohe Analphabetenquote, gering entwickeltes Bildungswesen, Mangel an qualifizierten Arbeitskräften, geringer Industrialisierungsgrad mit einseitiger Produktionsstruktur, Abhängigkeit von der Ausfuhr weniger Rohstoffe und der Einfuhr fast aller wichtigen Investitionsgüter zum Aufbau von Industrie, unzureichende Infrastruktur und vielfach politische Instabilität. Diese Merkmale sind zwar typisch für Entwicklungsländer, treffen aber auf jedes einzelne Land nur mit mehr oder minder großen Abweichungen zu.

über dem **Weltmarktpreis** liegende **Erzeugerpreise** gezahlt und **Vorfinanzierungen** garantiert. Ein Zwischenhandel soll möglichst vermieden werden. Auch wenn zwischen den einzelnen Fair-Trade-Initiativen große Unterschiede bestehen, so lassen sich doch zwei Varianten voneinander abgrenzen:

- Der traditionelle **alternative Handel**, der durch eigens hierfür gegründete, **nicht gewinnorientierte Importorganisationen** Waren einführt, die nach den zuvor beschriebenen Kriterien gehandelt werden. Der Vertrieb erfolgt dann über ein Netz von **ehrenamtlich** betriebenen **Weltläden** sowie durch **Kirchengemeinden** und **Solidaritätsgruppen**.
- Das Siegelkonzept **„Transfair"**, das den Import und Vertrieb fair gehandelter Waren über kommerzielle Strukturen ermöglicht.

Und was ist mit den Märkten für Industrieprodukte? Auch hier auf dem **Industriesektor** existieren bislang Beschränkungen in Form der **Industriezölle**. Während der WTO-Verhandlungen im Juli 2004 wurden jedoch die Weichen für eine Senkung oder Abschaffung der Industriezölle auf der Basis einer allgemeinen, für alle Produkte geltenden Zollabbauformel gestellt. Um eine möglichst ehrgeizige Marktöffnung zu erreichen, soll die Formel grundsätzlich für alle Produkte gelten und höhere Zölle besonders stark senken. Für spezifische Sektoren können weiter gehende Zollsenkungen vereinbart werden. Zum Schutz der im Aufbau befindlichen Märkte der Entwicklungsländer sind Sonderregelungen (z.B. längere Übergangsfristen; Ausnahmen vom Zollabbau für einzelne Produkte) vorgesehen.

Zusammen mit den von den USA im November 2002 vorgeschlagenen zehn neuen **bilateralen*** **Freihandelsabkommen** mit Entwicklungsländern (u.a. Chile und Marokko) wäre damit der Warenhandel zwischen den USA und diesen Ländern von Zöllen und mengenmäßigen Beschränkungen befreit. **Voraussetzung** für den **zollfreien Handel** ist jedoch der Nachweis darüber, dass die betreffende Ware in der Freihandelszone hergestellt wurde. Und das gilt auch für alle Bestandteile des Produkts. Diese **Ursprungszeugnisse** erfordern eine hohe administrative Kompetenz, die in vielen Entwicklungsländern nicht in ausreichendem Maß vorhanden ist.

Auswirkungen auf die Währungs- und Finanzpolitik

Vor allem in der **Währungs- und Finanzpolitik** zeigt sich, wie problematisch Globalisierung für Entwicklungsländer ist. Die wenigsten verfügen über genügend **Eigenkapital**, um **Investitionen** zu finanzieren. Daher müssen sie sich Kapital aus dem **Ausland** beschaffen. Dazu bieten sich folgende Möglichkeiten:

- **ausländische Direktinvestitionen**,
- **Wertpapiergeschäfte** (d.h. Ausländer kaufen Anleihen oder Aktien eines einheimischen Unternehmens; damit fließt Kapital in das Entwicklungsland),
- **Kredite**.

Eigentlich galt die **Überwindung des Kapitalmangels** als eine der großen Verheißungen der Globalisierung. Durch den Abbau von Handelshemmnissen sollten Mittel dorthin fließen, wo sie knapp sind. Derartige positive Entwicklungen sind bislang jedoch noch nicht zu verzeichnen. **Kapitalzuflüsse** durch Aktien oder Anleihen unterliegen **starken Schwankungen**. Ein ähnlich un-

* **bilateral** (*lateinisch*; „zweiseitig"): Abkommen, die nur **zwei** Staaten betreffen.

zuverlässiger Faktor sind Bankkredite. Hier kann auch eine Erhöhung bereits gewährter Kredite durch öffentliche Geldgeber die Finanzlücken der Entwicklungsländer nicht schließen. Allein die Direktinvestitionen haben sich stetig entwickelt. Doch auch hier besteht die Gefahr, dass ausländische Investoren bei zunehmendem Kapitalschwund im Entwicklungsland das Interesse am Produktionsstandort verlieren und ihr dort gebundenes Kapital wieder abziehen. Dadurch geraten schließlich die Wechselkurse unter Druck und der Preis für die Währung des betreffenden Landes sinkt. Diese **Kombination** von **fehlendem Kapital** und **sinkendem Wechselkurs** stellt eine gefährliche Mischung für Politik und Wirtschaft eines Entwicklungslandes dar.

Fazit und Ausblick

Es zeigt sich also, dass die entwicklungspolitischen Chancen der Globalisierung nicht durch eine einfache Politik der Marktöffnung realisiert werden können. Vielmehr bedarf es einer Strategie, die ein **Zusammenwirken** von **in-** und **ausländischen Unternehmen** sowie **flankierende** (unterstützende) **Maßnahmen** durch den **Staat** in den **Entwicklungsländern** und den **Industrieländern** voraussetzt. Sollte die Politik in den Industrieländern diese Herausforderungen nicht annehmen, besteht die Gefahr einer hohen **Migrationswelle** aus den Entwicklungsländern in die Industriestaaten, weil viele arme Menschen auf der Suche nach einem materiell besseren Leben ihr Heimatland verlassen möchten.

Gegen den derzeitigen Verlauf der Globalisierung protestiert eine Bewegung, die sich **Attac** nennt. Der Name stammt von einer französischen Abkürzung für „Vereinigung zur Besteuerung von Finanztransaktionen im Interesse der BürgerInnen“. Attac wurde 1998 in Frankreich gegründet und hat heute in 50 Ländern organisierte Anhänger. Die Kritik der Bewegung richtet sich hauptsächlich gegen die zunehmende **soziale Ungerechtigkeit**, die der Globalisierungsprozess nach Ansicht von Attac weltweit und in den Gesellschaften der einzelnen Länder mit sich bringt, und gegen die **Macht des Finanzkapitals**. Die Anhänger von Attac fordern deshalb mehr **demokratische Kontrolle** und eine **stärkere Regulierung** der **internationalen Märkte** für Kapital, Güter und Dienstleistungen. Sie lehnen die derzeitige neoliberale Form der Globalisierung ab und wollen als eine Art **Bildungsbewegung** eine **öffentliche Aufklärung** und **Diskussion** in Gang bringen.

Aufgaben

1. *Zählen Sie die Ihnen bekannten bisherigen Triebkräfte des Globalisierungsprozesses auf.*
2. *Stellen Sie die Bedeutung des Internets für den Verlauf der derzeitigen Form der Globalisierung dar. Erläutern Sie Ihre Argumentation anhand selbst gewählter Beispiele.*
3. a) *Was genau versteht man unter der so genannten Tobin-Steuer?*
   b) *Wie bewerten Sie diese Steuer?*
4. *Definieren Sie den Begriff „Direktinvestitionen“.*
5. *Nehmen Sie Stellung zu der folgenden Aussage des deutschen Bundeskanzlers a.D. Helmut Schmidt: „Wenn man die ökonomische und soziale Misere der deutschen und der europäischen Massenarbeitslosigkeit betrachtet, dann wäre es allerdings ein Fehler, sie aufzufassen als allein durch die Globalisierung verursacht.“*

zur Lernkontrolle

Lektion 11
Weltfrieden durch die UNO?

11.1 Einführung in die Thematik

Die **UNO (United Nations Organization)*** spielt in den Diskussionen über die Zukunft der internationalen Politik eine wichtige Rolle. Daran hat sich seit ihrer Gründung im Jahr 1945 nichts geändert. Es gibt kaum ein **globales Problem**, bei dessen Behandlung der UNO keine **Schlüsselrolle** zugeschrieben würde: Sei es die **Friedenssicherung** zwischen Staaten oder bei Bürgerkriegen, die Stärkung der **Menschenrechte** oder die Steuerung der **globalen Umweltprobleme**. Im gleichen Atemzug wird jedoch von Kritikern darauf hingewiesen, dass es einer **Erneuerung** der UNO und eines grundsätzlichen **Umdenkens** der mächtigen Mitgliedstaaten bedürfe. Offensichtlich besteht zwischen der **Notwendigkeit** einer starken und handlungsfähigen UN-Organisation und ihren tatsächlichen **Möglichkeiten** nach wie vor ein erhebliches Gefälle.

Nach Abschluss dieser Lektion sollten Sie zu folgenden Themen Stellung nehmen können: Mit welchen **Zielsetzungen** wurden die Vereinten Nationen gegründet und wie sieht ihr **Aufbau** aus? Welchen Beitrag können die Vereinten Nationen zur **Friedenssicherung** leisten? Wo hat die UNO-Arbeit **Erfolge** vorzuweisen und wo liegen ihre **Grenzen**? Welches sind die wichtigsten Punkte der aktuellen **Reformdebatte**?

11.2 Die Gründung der UNO

Begriffe

Völkerbund ◆ Atlantik-Charta ◆ Moskauer Erklärung ◆ UN-Charta ◆ Konferenz von Jalta

Lernziele

Ihre Wurzeln hat die UNO im **Völkerbund**, der nach dem **Ersten Weltkrieg** mit dem Ziel gegründet wurde, den **Frieden** auf der Welt dauerhaft zu sichern. Allerdings erhielt der Völkerbund durch mangelndes Beitrittsinteresse (so waren u.a. die USA nie Mitglied im Völkerbund) nicht den nötigen Einfluss, um seine Ziele durchzusetzen, und war mit Ausbruch des **Zweiten Weltkrieges** praktisch gescheitert. Im April 1946 wurde er offiziell durch Beschluss der Völkerbundversammlung aufgelöst.

US-Präsident **Franklin D. Roosevelt** unternahm noch während des Zweiten Weltkrieges einen neuen Versuch, eine Organisation zur Sicherung des allgemeinen Weltfriedens zu schaffen. Zusammen mit dem britischen Premierminister **Winston Churchill** erarbeitete er die **Atlantik-Charta.** Am 1. Januar 1942 beriefen sich 26 Staaten in der **Declaration by United Nations** auf die Prinzipien dieser Charta. Durch die Mitarbeit der **UdSSR** und **Chinas** an der neuen Friedensordnung kam es zur **Moskauer Erklärung** der vier Mächte, die auf die schnellstmögliche Schaffung einer „allgemeinen, auf dem Prinzip der **souveränen Gleichheit aller friedliebenden Staaten** aufbauenden Organisation zur **Aufrechthaltung des Friedens** und der **internationalen Sicherheit**" zielte.

* deutsche Bezeichnung: Vereinte Nationen (VN)

11

Nachdem **Frankreich** in den Kreis der hauptverantwortlichen Mächte miteinbezogen wurde, konnte die **UN-Charta (Charta der Vereinten Nationen)** 1945 auf der **Konferenz von Jalta** fertig gestellt werden. Sie wurde am 26. Juni 1945 in San Francisco von 50 Staaten unterzeichnet. Polen unterzeichnete die Charta erst später, zählt aber zu den **51 Gründungsmitgliedern**. Die Charta trat am 24. Oktober 1945 in Kraft, nachdem China, Frankreich, die Sowjetunion, Großbritannien, die USA und die Mehrheit der Gründungsstaaten die Charta ratifiziert hatten. Die Bundesrepublik Deutschland und die DDR traten am 18. September 1973 der UNO bei. Heute umfasst die Organisation mit **191 Mitgliedern** fast alle Staaten der Welt. Ausnahmen sind u.a. die Schweiz, Taiwan und der Vatikanstaat.

11.3 Die Hauptorgane der UNO: Zusammensetzung und Aufgaben

Begriffe

Generalversammlung ◆ Sicherheitsrat ◆ ständige und nichtständige Mitglieder ◆ Embargo ◆ UN-Friedenstruppen (Blauhelm-Missionen) ◆ Vetorecht ◆ Generalsekretär ◆ Sekretariat ◆ Wirtschafts- und Sozialrat ◆ Internationaler Gerichtshof

Lernziele

In der **Charta der Vereinten Nationen** sind die **Hauptorgane** der Weltorganisation festgeschrieben: die Generalversammlung, der Sicherheitsrat, der Generalsekretär und das Sekretariat, der Wirtschafts- und Sozialrat, der Internationale Gerichtshof, der Treuhandschaftsrat.

Die Generalversammlung

Das **zentrale Organ** der UNO ist die **Generalversammlung (Vollversammlung)**. Sie ist im weitesten Sinne ein Weltparlament. Einmal jährlich treffen sich von September bis Dezember Vertreter sämtlicher Mitgliedstaaten zu ihrer ordentlichen **Jahrestagung**. Dabei hat jeder Staat **eine Stimme**, kann aber bis zu **fünf Vertreter** in die Sitzungen entsenden. Die Generalversammlung entscheidet im Allgemeinen mit **einfacher Mehrheit**. Wichtige Beschlüsse müssen mit **Zweidrittelmehrheit** gefasst werden. Neben den jährlichen Sitzungsperioden gibt es außerdem **Tagungen** bei **aktuellem Bedarf** wie **zwischenstaatlichen Konflikten** oder **humanitären Katastrophen**.

Die Generalversammlung kann alle internationalen Fragen und Angelegenheiten erörtern, die in den Rahmen der UN-Charta fallen. Sie darf sich jedoch nicht mit Angelegenheiten beschäftigen, die noch im **Sicherheitsrat** diskutiert werden müssen. Die Generalversammlung spricht lediglich im Sinne einer „Weltmeinung“ **Empfehlungen** aus und besitzt **keine ausführende Gewalt**. Ihre **Resolutionen** sind also für die einzelnen Mitgliedstaaten **nicht verbindlich**. Damit wird der **Souveränität** der teilnehmenden Staaten Rechnung getragen.

Zu den **weiteren Aufgaben** der Generalversammlung gehören u.a. die Prüfung der Berichte aller Organe der UNO, die Ausübung der Finanzhoheit (d.h. die Prüfung und Genehmigung des Haushaltsplans der Organisation) sowie die Wahl und Ernennung der Mitglieder der UN-Organe.

Die Generalversammlung hat zur Bewältigung der vielfältigen Aufgaben der Vereinten Nationen eine Reihe von **Organen** ins Leben gerufen. Diese Nebenorgane sind auf ganz **bestimmte Tätigkeitsfelder** ausgerichtet. Sie haben ihr **eigenes Verwaltungssystem**, aber keine eigene völker-

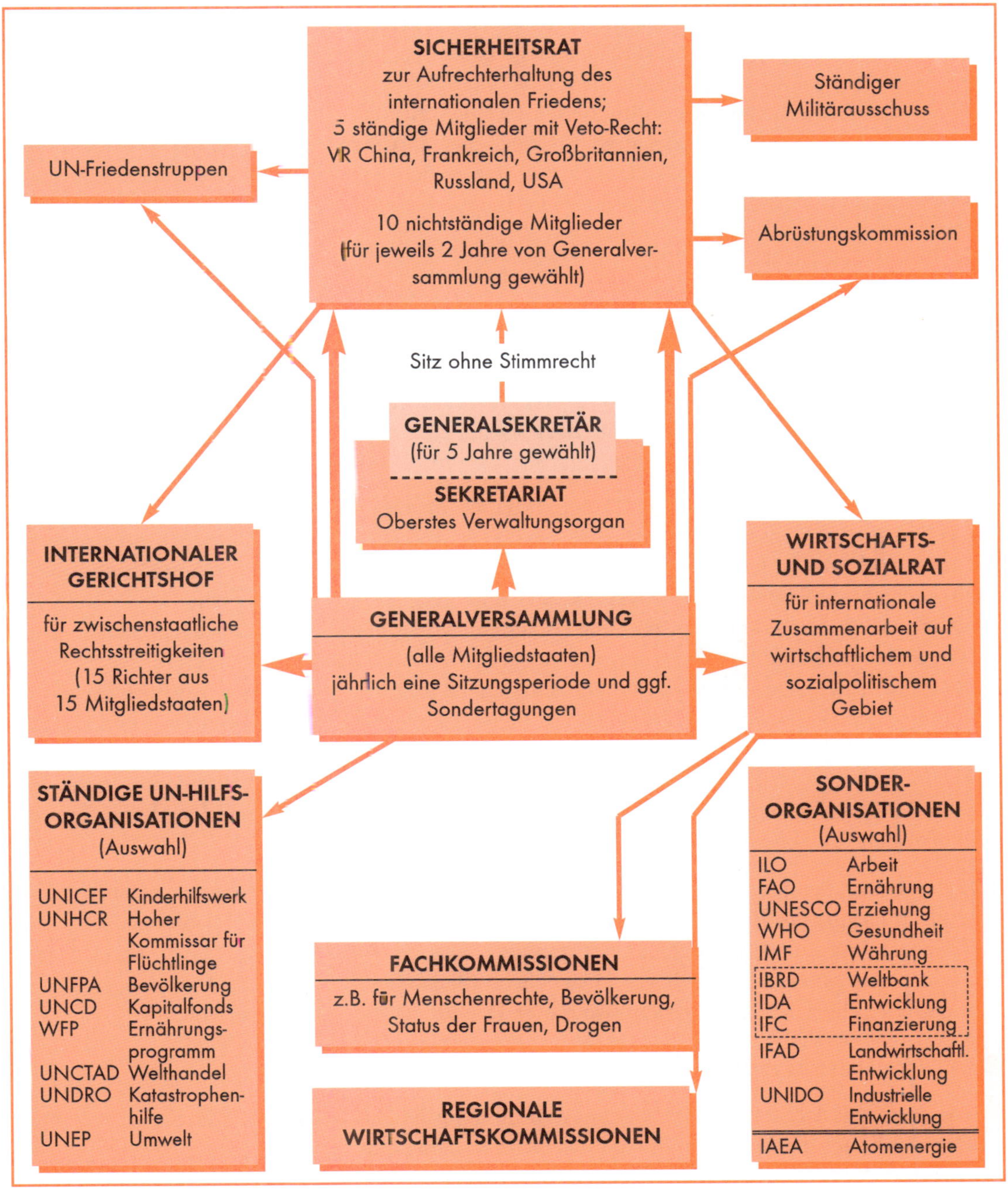

Abb. 11.1 Die Organisation der Vereinten Nationen*

rechtliche Grundlage und keine eigene Rechtspersönlichkeit. Zu ihnen gehören z.B. das Kinderhilfswerk **UNICEF**, das Umweltprogramm **UNEP**, das Welternährungsprogramm **WFP**, das Flüchtlingskommissariat **UNHCR** und das Entwicklungsprogramm **UNDP**.

---

* Aus: *Internationale Politik*, Buchner Verlag, S. 109.

Die sich seit 1945 radikal verändernde Weltlage hat sich auch auf die Position der Generalversammlung ausgewirkt. Während das Parlament zu Zeiten der Entkolonialisierung und während des Kalten Krieges als Plattform für unterschiedlichste Anliegen* benutzt wurde, hat es nun gegenüber dem Sicherheitsrat an **politischem Gewicht verloren**. Weiter eingeschränkt wurde seine Rolle zudem in den 90er Jahren durch verschiedene **internationale, thematisch ausgerichtete Konferenzen** (z.B. Konferenz für Umwelt und Entwicklung, Resolution für nachhaltige Nutzung der biologischen Vielfalt, Internationale Hilfe für Flüchtlinge).

Der Sicherheitsrat

Das entscheidende und gleichzeitig wichtigste UNO-Gremium ist der **Sicherheitsrat**. Der 15-köpfige Rat besteht aus **fünf ständigen Mitgliedern** (Volksrepublik China, Frankreich, Großbritannien, Russland, USA) und **zehn nichtständigen Mitgliedern**. Letztere werden von der Generalversammlung für jeweils zwei Jahre nach folgendem Schlüssel gewählt: Fünf nichtständige Mitglieder kommen aus Afrika und Asien, je zwei aus Lateinamerika und aus der Gruppe der westeuropäischen Staaten, ein Mitglied kommt aus Osteuropa.

Der Sicherheitsrat kann als einziges Organ der UNO **für alle Mitglieder verbindliche Beschlüsse** fassen, wenn er festgestellt hat, dass eine **Friedensbedrohung**, ein **Friedensbruch** oder eine **Aggression** vorliegt. Er kann zwingende **wirtschaftliche Sanktionen**, so genannte **Embargos****, erlassen und - im Interesse des **Weltfriedens** und der **internationalen Sicherheit - kollektive Militäreinsätze** der **UN-Friedenstruppen (Blauhelm-Missionen)** beschließen. Dem Sicherheitsrat ist ein Ständiger Militärausschuss zugeordnet, der sich aus militärischen Vertretern der fünf ständigen Mitglieder zusammensetzt. Die fünf ständigen Mitglieder besitzen ein **Vetorecht** gegen die Beschlüsse des Sicherheitsrates. Dadurch kann ein Beschluss nicht gefasst werden, wenn ein ständiges Mitglied dagegen stimmt. Bei Gründung der UNO wollte man so verhindern, dass die Organisation von einzelnen Großmächten für eigene Interessen instrumentalisiert wird. Der **Nachteil** dieses Vetorechts ist jedoch, dass die UNO bei Verstößen gegen Menschenrechte und Aggressionen oft ohnmächtig bleibt.

In den vergangenen Jahren wurde immer wieder über die **Zusammensetzung** des Sicherheitsrates diskutiert. Es ging um **Reformvorschläge** und um eine **Vergrößerung des Gremiums**. Ganz oben auf der Liste für einen möglichen neuen ständigen Sitz stehen die Bewerber Japan und Deutschland. Daneben gab es aber auch Vorschläge, Schwellenländer wie Brasilien, Indien oder Nigeria neu einzubeziehen. Konkrete Ergebnisse dieser Debatte liegen bisher nicht vor.

Der Generalsekretär und das Sekretariat

Für jeweils fünf Jahre wählt die Generalversammlung einen **Generalsekretär**. Er ist der **ranghöchste Vertreter** der UNO und führt die laufenden Geschäfte. Der Generalsekretär verfügt über eine starke Position in der internationalen Politik und innerhalb der Verwaltung der UNO, er hat jedoch **kein Stimmrecht**. Gewöhnlich wird der Amtsträger nicht aus dem Kreis derjenigen Staaten gewählt, die schon einen ständigen Vertreter im Sicherheitsrat haben, sondern aus dem Kreis anderer Staaten. Der aktuelle Generalsekretär, Kofi Annan, stammt aus Ghana.

---

* Beispiele: Diskussion um Respektierung der Einflussgebiete seitens der USA und der UdSSR, Entkolonialisierungsprozess in Indonesien, ideologische Propagandakämpfe während des Korea-Krieges

** Unter einem **Embargo** versteht man das von Staaten gegen ein Land verhängte **Ausfuhrverbot** von Waren und Kapital.

Sämtliche **Verwaltungsangelegenheiten** der Vereinten Nationen und ihrer zahlreichen Unterorganisationen, Konferenzen und Kommissionen werden vom **Sekretariat** als internationaler Behörde mit eigenem Beamtenstab wahrgenommen. An seiner Spitze steht der Generalsekretär. Das Sekretariat ist in gewisser Weise das Generalstabsorgan der Generalversammlung. Seine rund 8600 Mitarbeiter und Mitarbeiterinnen aus aller Welt erledigen vor allem administrative Arbeiten am UNO-Hauptsitz in New York und seinen Zweigstellen in Genf und Wien.

Der Wirtschafts- und Sozialrat

Die 54 Mitglieder des **Wirtschafts- und Sozialrates** werden von der Generalversammlung für jeweils drei Jahre gewählt und beschäftigen sich mit wirtschaftlichen, sozialen, kulturellen, erzieherischen, gesundheitlichen und ähnlichen Aufgaben. Der Rat setzt **Kommissionen** ein, z.B. für **Bevölkerungsentwicklung, Menschenrechte, Rechtsstellung der Frauen**. Er kommt jeden Sommer zu einer fünfwöchigen Sitzungsperiode zusammen, die abwechselnd in New York und Genf stattfindet. Für den Rest des Jahres laufen die Aktivitäten vor allem über Kommissionen der **Sonderorganisationen**. Diese sind rechtlich, organisatorisch und finanziell selbstständig, jedoch durch ein Abkommen eng mit der UNO verbunden. Einige von ihnen bestanden bereits vor Gründung der UNO. Zu den derzeit 16 Sonderorganisationen gehören u.a. die Organisation für Erziehung, Wissenschaft und Kultur **UNESCO**, die Weltgesundheitsorganisation **WHO**, die Internationale Arbeitsorganisation **ILO** und der Internationale Währungsfonds **IMF**. Aufgabe des Wirtschafts- und Sozialrates ist es, die Arbeit der einzelnen Organisationen zu koordinieren.

Der Internationale Gerichtshof

Der **Internationale Gerichtshof** in Den Haag (Niederlande) hat 15 Richter und Richterinnen. Gewählt werden sie für eine Amtszeit von jeweils neun Jahren durch die Generalversammlung und den Sicherheitsrat. Die Zuständigkeit dieses Gerichts erstreckt sich auf **alle Rechtsstreitigkeiten**, die ihm von den UN-Mitgliedstaaten unterbreitet werden. Das Gericht tritt hauptsächlich zusammen, wenn Konfliktparteien die Bereitschaft erklären, ihre Streitigkeiten gütlich einem Schiedsspruch zu unterwerfen.

Der Treuhandschaftsrat

Dem **Treuhandschaftsrat** obliegt laut UNO-Charta die Kontrolle von Gebieten, die vorübergehend unter Treuhand der UNO gestellt wurden. Mit der Unabhängigkeit von Palau (Inselstaat im Pazifischen Ozean), dem letzten verbliebenen Treuhandgebiet der Vereinten Nationen, stellte der Rat gegen Ende 1994 formell seine Arbeit ein und spielt somit eigentlich nur noch theoretisch eine Rolle.

Begriffsdefinition: Sicherheitsrat

Der Sicherheitsrat ist das zentrale Organ der UNO. Ihm gehören fünf ständige und weitere zehn auf zwei Jahre gewählte nichtständige Mitglieder an. Seine Hauptaufgabe besteht darin, Konflikte in der Welt beizulegen. Er ist von der Generalversammlung unabhängig. Mit Zweidrittelmehrheit kann er verbindliche Beschlüsse fassen, sofern alle Mitglieder zustimmen und auf ihr Veto verzichten.
Bei der Konfliktschlichtung entscheidet der Sicherheitsrat über die militärischen, wirtschaftlichen oder politischen Sanktionen, die gegen einen Aggressor getroffen werden sollen. Er trägt auch die Verantwortung für die von ihm entsandten Friedenstruppen.

11.4 Die Friedenspolitik der UNO

Begriffe

zwischenstaatliche Beziehungen der Mitglieder:
Souveränität und Gleichberechtigung ◆ Nichteinmischung ◆ Gewaltverzicht ◆ Achtung der Menschenrechte ◆ Zusammenarbeit (wirtschaftliche, soziale etc.)
zentrale Aufgaben:
Wahrung des Weltfriedens ◆ internationale Sicherheit

System kollektiver Sicherheit ◆ Zwangsmaßnahmen ◆ UN-Friedenstruppen ◆ Friedenssicherung ◆ „Agenda für den Frieden" ◆ vorbeugende Diplomatie ◆ vorbeugende Einsätze ◆ Friedensschaffung ◆ Friedensdurchsetzung ◆ Friedenserzwingung ◆ Friedenskonsolidierung

Lernziele

Die UNO wurde nicht nur, was die Anzahl ihrer Mitglieder betrifft, sondern auch mit Blick auf die Breite ihrer Aufgaben als eine **Weltorganisation** mit **umfangreicher Kompetenz** geschaffen. Sie beruht auf folgenden **Prinzipien:**

- **Souveränität** und **Gleichberechtigung aller Mitgliedstaaten,**
- **Nichteinmischung** in die **inneren Angelegenheiten** eines Mitgliedstaates,
- **Verzicht** auf die Anwendung und Androhung von **Gewalt** in den **zwischenstaatlichen Beziehungen,**
- **Achtung der Menschenrechte,**
- **Zusammenarbeit** auf **wirtschaftlichem, sozialem, kulturellem** und **humanitärem Gebiet.**

Als **zentrale Aufgabe** benennt Art. 1 der **UN-Charta** die **Wahrung des Weltfriedens** (vgl. hierzu Lektion 12) und der **internationalen Sicherheit.** Der Arbeit der Organisation liegt dabei ein weites Verständnis von Frieden zugrunde. Über die Verhinderung von Krieg hinaus umfasst es die Verbesserung der humanitären und sozialen Lage für die Menschen, die Stärkung des Völkerrechts sowie weit reichende entwicklungspolitische Anliegen.

Um den Frieden zu wahren, wurde in der UN-Charta ein **System kollektiver Sicherheit** geschaffen. Als zentrales Organ hat der Sicherheitsrat nach Kapitel VII der Charta das Recht, **Zwangsmaßnahmen** gegen Staaten zu verhängen, die den Weltfrieden bedrohen. Solche Zwangsmaßnahmen reichen von **nicht militärischen Sanktionen** (z.B. **Wirtschafts-** und **Waffenembargos**)* bis zum **militärischen Einsatz** von Land-, Luft- und Seestreitkräften. Hierzu stellen Mitgliedstaaten nach Art. 43 jeweils eigene Streitkräfte zur Verfügung, die dann als **Friedenstruppe** unter dem **Oberkommando der UN** eingesetzt werden.

* Zwangsmaßnahmen waren z.B. das Handelsembargo gegen Ex-Jugoslawien und die Einrichtung der Flugverbotszonen über Bosnien-Herzegowina.

Laufende UN-Friedensmissionen

	seit	
UNTSO	1948	Nahost (Palästina)
UNMOGIP	1949	Kaschmir (Indien/Pakistan)
UNFICYP	1964	Zypern
UNDOF	1974	Nahost (Golan-Höhen)
UNIFIL	1978	Nahost (Libanon)
MINURSO	1991	West-Sahara
UNOMIG	1993	Georgien
UNMIK	1999	Kosovo
UNAMSIL	1999	Sierra Leone
MONUC	1999	D.R. Kongo
UNMEE	2000	Äthiopien/Eritrea
UNMISET	2002	Timor-Leste
UNMIL	2003	Liberia
ONUB	2004	Burundi
MINUSTAH	2004	Haiti
UNOCI	2004	Côte d'Ivoire

Abgeschlossene UN-Friedensmissionen

UNEF I	1956-67	Nahost (Sinai)
UNOGIL	1958	Nahost (Libanon)
ONUC	1960-64	Kongo
UNSF	1962-63	West-Irian
UNYOM	1963-64	Jemen
DOMREP	1965-66	Dominik. Republik
UNIPOM	1965-66	Kaschmir
UNEF II	1973-79	Nahost (Sinai)
UNIIMOG	1988-91	Irak/Iran
UNGOMAP	1988-90	Afghanistan/Pakistan
UNAVEM I	1988-91	Angola
UNTAG	1989-90	Namibia
ONUCA	1989-92	Zentralamerika
UNIKOM	1991-03	Irak/Kuwait
UNAVEM II	1991-95	Angola
ONUSAL	1991-95	El Salvador
UNAMIC	1991-92	Kambodscha
UNPROFOR	1992-95	Kroatien/Bosnien-H.
UNTAC	1992-93	Kambodscha
UNOSOM I	1992-93	Somalia
ONUMOZ	1992-94	Mosambik
UNOSOM II	1993-95	Somalia
UNOMIL	1993-97	Liberia
UNAMIR	1993-96	Ruanda
UNOMUR	1993-94	Ruanda/Uganda
UNMIH	1993-96	Haiti
UNASOG	1994	Tschad/Libyen
UNMOT	1994-00	Tadschikistan
UNCRO	1995-96	Kroatien
UNAVEM III	1995-97	Angola
UNPREDEP	1995-99	Mazedonien
UNMIBH	1995-02	Bosnien-Herzeg.
UNMOP	1996-02	Kroatien
UNSMIH	1996-97	Haiti
UNTAES	1996-98	Kroatien
MINUGUA	1997	Guatemala
UNTMIH	1997	Haiti
MIPONUH	1997-00	Haiti
MONUA	1997-99	Angola
UNPSG	1998	Kroatien
UNOMSIL	1998-99	Sierra Leone
MINURCA	1998-00	Zentralafrika
UNTAET	1999-02	Osttimor

Abb. 11.2 Blauhelme für den Frieden

AGENDA FÜR DEN FRIEDEN

Konzept des ehemaligen UN-Generalsekretärs Boutros Ghali für eine Friedenspolitik der Vereinten Nationen (1992)

1. VORBEUGENDE DIPLOMATIE

Ziel: Ausbruch gewaltsamer Konflikte verhindern

Mittel: Diplomatie, vertrauensbildende Maßnahmen, Frühwarnsysteme, entmilitarisierte Zonen, vorbeugender Einsatz von UN-Truppen

2. FRIEDENSSCHAFFUNG

Ziel: feindliche Parteien zur einer Einigung bringen

Mittel: Vermittlung, Verhandlung, Schiedsspruch, Internationaler Gerichtshof, gewaltlose Sanktionen, Friedensdurchsetzung durch UN-Truppen, militärische Gewalt als letztes Mittel

3. FRIEDENSSICHERUNG

Ziel: Stabilisierung der Lage, Einhaltung der Vereinbarungen überwachen

Mittel: Beobachtermissionen, UN-Friedenstruppen, Pufferzone bilden, humanitäre Hilfe sichern, generell: umfassendes Konfliktmanagement

4. FRIEDENSKONSOLIDIERUNG

Ziel: friedlicher Wiederaufbau

Mittel: Entwaffnung, Minen räumen, Flüchtlinge wiedereingliedern, Hilfe beim Wiederherstellen der Ordnung (Wahlen, Institutionen etc.), gemeinsame Projekte der ehemaligen Gegner anregen etc.

Abb. 11.3 Agenda für den Frieden (Quelle: Erich Schmidt Verlag)

11

Nach Kapitel VII, Art. 42 und 48 können Zwangsmaßnahmen des Sicherheitsrates auch von **einzelnen Mitgliedstaaten** durchgeführt werden. Hierzu kam es beispielsweise bei der **Ermächtigung** der Alliierten* zum Einsatz von Truppen im Golfkrieg 1990/91 sowie bei der Operation UNITAF (United Task Force) 1992 in Somalia zur Sicherung humanitärer Transporte.

Das System der kollektiven Sicherheit erwies sich aufgrund der Struktur des Sicherheitsrates in der Ära des **Kalten Krieges** als weitgehend **unwirksam. Alternativ** wurde daher schon 1956 während der Suez-Krise vom damaligen Generalsekretär **Dag Hammarskjöld** eine neue Konzeption entwickelt: die der so genannten friedenssichernden Operationen (peace-keeping operations), kurz: **Friedenssicherung (peace-keeping).**

Die folgende **Typisierung** der friedenspolitischen **Strategien** und **Instrumente** zur **Konfliktbewältigung** wurde in ihren Grundzügen erstmals in der **„Agenda für den Frieden“** (1992) vom damaligen Generalsekretär **Boutros Ghali** vorgenommen und später von seinem Sekretariat modifiziert:

- **Vorbeugende Diplomatie (preventive diplomacy)**; hierunter fällt der Einsatz diplomatischer Mittel mit dem Ziel, das Entstehen von Streitigkeiten zwischen einzelnen Parteien zu verhüten, die Eskalation bestehender Streitigkeiten zu Konflikten zu verhindern und - sofern es doch zu Konflikten kommen sollte - diese einzugrenzen.
- **Vorbeugende Einsätze (preventive deployments)** sind präventive Truppeneinsätze mit dem Ziel, den Ausbruch eines Konfliktes im Vorfeld zu verhindern. Bei einer innerstaatlichen Krise kann ein vorbeugender Einsatz auf Antrag bzw. mit Zustimmung der Regierung des betreffenden Landes oder aller Konfliktparteien erfolgen. Gleiches gilt, wenn ein Land sich bedroht fühlt und die Errichtung einer UN-Truppe nur auf seiner Seite der Grenze beantragt.
- **Friedensschaffung (peace-making)** nennt man den Prozess bis zum Abschluss eines **Friedensvertrags** oder **Waffenstillstands.** Dabei geht es darum, die feindlichen Parteien zu einer Einigung zu bringen, und zwar im Wesentlichen durch solche **friedlichen Mittel**, wie sie in Kapitel VI der UN-Charta vorgesehen sind.

Begriffsdefinition: UN-Friedenstruppen

Die Friedenstruppen der Vereinten Nationen werden auch „Blauhelme“ genannt, weil sie bei ihren friedenssichernden Einsätzen hellblaue Helme tragen. Die Vereinten Nationen verfügen über keine eigene Armee, weshalb sich die Truppen aus den Soldaten zusammensetzen, die einzelne Mitgliedstaaten für bestimmte Einsätze zur Verfügung stellen. Für jeden Einsatz muss der Sicherheitsrat eine neue, klar definierte Mission beschließen.
Zu den zentralen Aufgaben der Blauhelme gehören die Überwachung von Waffenstillstandsabkommen und die Entschärfung lokaler, militärischer Konflikte. Dabei geht es vor allem darum, feindliche Parteien von kriegerischen Auseinandersetzungen abzuhalten und Formen eines friedlichen Zusammenlebens zu unterstützen.
Ursprünglich waren die Blauhelm-Soldaten nur leicht bewaffnet und machten ausschließlich zur Selbstverteidigung von der Waffe Gebrauch. 1961 beschloss der Sicherheitsrat, dass die Truppen im Ernstfall auch „angemessene Gewalt“ anwenden dürfen. Daher sind sie zum Zwecke der Abschreckung bei bestimmten schweren Konflikten mit schweren Waffen ausgerüstet.

* Zu ihnen gehörten die USA, Frankreich, Großbritannien und zwölf arabische Staaten.

- **Friedenssicherung (peace-keeping)** bezeichnet die Errichtung einer **personellen Präsenz** der Vereinten Nationen vor Ort mit Zustimmung aller Konfliktbeteiligten. Zum Einsatz kommen durchweg leicht bewaffnete Soldaten, Wahlbeobachter und Polizisten. Ihre Aufgabe ist die **Überwachung** und **Durchführung** von **Waffenstillstands-** und **Friedensvereinbarungen**. Friedenssicherung bedeutet umfassendes **Konfliktmanagement**.

- **Friedensdurchsetzung (peace-enforcement)** meint den Einsatz von stärker bewaffneten UN-Truppen und ist nur als vorläufige Maßnahme zu verstehen. Darunter fallen z.B. Einsätze zur **Wiederherstellung** und **Aufrechterhaltung der Waffenruhe**, die aufgrund der stärkeren Bewaffnung der Streitkräfte über den Auftrag an Friedenstruppen hinausgehen. Sie sind jedoch nicht mit Zwangsmaßnahmen zu verwechseln, die verhängt werden können, um gegen Angriffshandlungen vorzugehen.

- **Friedenserzwingung** durch militärische Gewalt **(use of military force)** bezeichnet **militärische Zwangsmaßnahmen**. Sie können bei Bedrohung oder Bruch des Friedens oder bei Angriffshandlungen verhängt werden. Ziel ist es, den Weltfrieden und die internationale Sicherheit zu wahren bzw. wiederherzustellen. Der Sicherheitsrat hat von diesem stärksten Instrument bislang nur selten Gebrauch gemacht. Einer der Sonderfälle war – neben dem Golfkrieg und dem Einsatz der UNITAF in Somalia – die Bombardierung bosnisch-serbischer Stellungen durch die NATO im Sommer 1995.

- **Friedenskonsolidierung (post-conflict peace-building)** ist nach erfolgreicher Beendigung eines Konfliktes auf die **Wiederherstellung** bzw. **Förderung staatlicher Strukturen** gerichtet, die geeignet sind, den Frieden zu festigen (d.h. zu konsolidieren). Hierzu gehören die **Demobilisierung*** von Soldaten und deren Wiedereingliederung in die Zivilgesellschaft sowie der Aufbau von **Verwaltung** und **Justiz** nach **rechtsstaatlichen Prinzipien**.

11.5 Erfolge und Grenzen der UNO

Seit ihrem Bestehen konnte die UNO eine Reihe von **Erfolgen** erzielen. Unter anderem wirkte sie bei der Gründung des Staates Israel (1947–1949) mit, entschärfte die Berlinkrise (1948–1949), die Zypernkrise (1964), die Nahostkrise (1973) und die Libanonkrise (1978). Sie führte 1988 die Beendigung des Krieges zwischen dem Irak und Iran herbei und sicherte den Frieden in Kambodscha (1993), Mosambik (1994), Angola (1995) und Guatemala (1996). Zu den Verdiensten der UNO gehören ferner der erfolgreiche Kampf gegen seuchenartige Krankheiten wie z.B. die Pocken und der Schutz von Flüchtlingen. Des Weiteren kümmert sie sich um die Einhaltung von Menschenrechten.

Große Erfolge hat die UNO bei ihren Bemühungen um die Weltgesundheit. Die von ihr eingerichtete Weltgesundheitsorganisation **WHO** organisiert weltweit durch verschiedene Büros die Gesundheitsfürsorge vor allem in Entwicklungsländern und stellt Ärzte und Hilfspersonal sowie medizinische Versorgung zur Verfügung. Auch bei der Versorgung der Bevölkerung in Gebieten, die von Naturkatastrophen (Dürre, Überschwemmungen oder z.B. dem Seebeben in Südost-

* Mit **Demobilisierung** ist die **Rückführung** eines **bewaffneten Kriegsheeres** auf den **Friedensstand** gemeint. Konkret heißt das, dass die Soldaten aus dem Kriegsdienst entlassen werden und die Waffen abgegeben werden müssen.

asien) betroffen sind, versucht die UNO mit ihren Unterorganisationen - z.B. der **UNCTAD** - rasche Hilfe international aufzubauen. Ziel dieser Einsätze ist es, die Situation der Not leidenden Menschen durch Lebensmittel, Trinkwasser, medizinische Güter u.a. zu lindern. Das Gleiche gilt für die Organisation **UNHCR**, die sich weltweit der Flüchtlingsproblematik annimmt.

Welche Chancen die Vereinten Nationen bei der Erfüllung ihrer Aufgaben heute haben, hängt von grundsätzlichen Einschätzungen der Großmächte hinsichtlich Funktionsweise und Struktur des internationalen Systems ab. Die UNO ist zwar eine internationale Organisation mit eigenen Organen und eigenem Personal, letztlich entscheiden jedoch fünf Nationalstaaten als ständige Mitglieder des Sicherheitsrates, ob und wie die UNO handelt.

Der frühere deutsche Außenminister **Klaus Kinkel** hat die Grundthese formuliert, von der die Vereinten Nationen seit ihrer Gründung beherrscht werden: *„Eine internationale Organisation kann nie stärker sein, als ihre Mitglieder sie machen wollen."*

Wo die **Grenzen** der UNO liegen, dafür gibt es in der Vergangenheit und in der Gegenwart ausreichend Belege:

- **Eigeninteressen** und **gegensätzliche Weltanschauungen** der Mitgliedstaaten lassen sich in vielen Bereichen nicht miteinander vereinbaren und verhindern häufig eine konstruktive Zusammenarbeit. So machen die **ständigen Mitglieder** des **Sicherheitsrates** oftmals regen Gebrauch von ihrem **Vetorecht**, um **Verurteilungen** und **Sanktionen** gegen sich selbst oder befreundete Staaten abzuwenden. Die Sowjetunion legte z.B. zwischen 1946 und 1964 103-mal ihr Veto ein, obwohl sich alle anderen Mitgliedstaaten einig waren.

- Ein weiterer Kritikpunkt ist das **gegenseitige Misstrauen** einzelner Staaten. Während des Kalten Krieges galt dies in besonderem Maße für die USA und die UdSSR. So scheiterte z.B. 1946 der Plan der Vereinigten Staaten, nukleare Waffen unter die Kontrolle der UNO zu stellen, an der Unvereinbarkeit der Positionen der beiden Machtblöcke. Moskau wollte seine Forschung nicht einstellen, solange Washington über das Nuklearwaffen-Monopol verfügte. Und die Vereinigten Staaten waren nicht bereit, auf Atombomben zu verzichten, solange sie nicht sicher sein konnten, dass kein anderes Land in der Lage war, diese zu bauen.

- Ein Fehlschlag war das 1960 erstellte **Entwicklungshilfe-Konzept**. Die Länder der Dritten Welt erhielten zwar finanzielle Unterstützung, doch da der gleichzeitige Aufbau eines erfolgreichen Handelssystems unterblieb, gerieten sie in eine zunehmende Abhängigkeit von den Transferleistungen.

- Mit großzügigen **Wirtschaftshilfen** und **militärischer Aufrüstung** versuchten die Supermächte während des Kalten Krieges, die neuen Staaten (z.B. Angola, Irak, Iran, Kongo, Vietnam) auf ihre Seite zu ziehen. In der Folge brachen Kriege aus, die diese Staaten nun stellvertretend für die Supermächte ausfochten, so genannte **Stellvertreterkriege***.

---

* **Stellvertreterkriege** nennt man militärische Auseinandersetzungen, in denen die eigentlichen Konfliktparteien ihren Konflikt durch andere austragen lassen. Häufig werden dazu kleinere Differenzen durch Einmischung aufgebauscht und instrumentalisiert, so dass die unmittelbar Kriegführenden in ihrer Gewalteskalation nicht selten davon überzeugt sind, die Gewalt würde in ihrem Interesse liegen.

- Große Probleme gab es bei der Fortentwicklung der **Menschenrechte**, da einige Mitglieder (China, UdSSR, Indien) diese nicht im Sinne der UN-Charta interpretierten. Ein Problem, das bis zum heutigen Tag nicht an Brisanz verloren hat.
- Die UNO sieht sich zudem mit dem Vorwurf konfrontiert, dass sie sich bislang nur in die **Konflikte** eingeschaltet hat, die besonders im Scheinwerferlicht der Medien standen. Auf weniger medienträchtige Ereignisse, wie z.B. den Bürgerkrieg im Sudan, in Armenien oder in Bangladesch, hat sie hingegen kaum oder nur unzureichend reagiert.

Kritiker - d.h. Medien und Öffentlichkeit - fordern, dass die UNO nach dem Fall der Mauer und dem Ende des Ost-West-Konfliktes eine größere, aktivere Rolle spielen soll. Denn meist kann sie die hohen Erwartungen nicht erfüllen, da ihre Aufgabenbereiche sich mittlerweile gewandelt haben. So waren im Bereich Friedenssicherung bei Gründung der Vereinten Nationen noch zwischenstaatliche Kriege die schwerwiegendste Herausforderung. Heute hingegen dominieren innerstaatliche Konflikte und der Kampf gegen den internationalen Terrorismus das Tagesgeschäft.

Es ist offensichtlich, dass die UNO, so wie sie sich gegenwärtig präsentiert, nur eine unzureichende Rolle bei der Herstellung einer friedlichen Weltordnung spielen kann. Daher ist eine grundlegende **Reform** dringend notwendig.

11.6 Reform der UNO: Notwendigkeiten und Chancen

Begriffe

„Millennium-Bericht"
(Entwicklungsagenda, Sicherheitsagenda, Umweltagenda) ◆
Feindstaatenklauseln ◆
Reformen des Organisationsrechts ◆
Verfassungsänderungen

Lernziele

Der „Millennium-Bericht"

UNO-Generalsekretär **Kofi Annan** hat bei seinem Amtsantritt Ende 1996 seine feste Absicht erklärt, eine **grundlegende Reform** der **Organisation** der Vereinten Nationen in Angriff zu nehmen. Diese soll darin bestehen, die UNO schlanker, schlagkräftiger und wirksamer zu machen und dafür zu sorgen, dass sie den Wünschen und Anforderungen ihrer Mitglieder besser Rechnung trägt. Des Weiteren sollen Zielsetzungen und die Umsetzung übernommener Aufgaben realistischer werden.

Die Ziele dieser Reform bilden auch ein zentrales Thema des **„Millennium-Berichtes"**, den der Generalsekretär im Jahr 2000 abgegeben hat. Darin fordert Annan, dass sich die UNO-Mitgliedstaaten besser auf die **Herausforderungen der Globalisierung** einstellen müssen, und nennt dabei insbesondere **drei strategische Ziele**:

- Freiheit von Not: **„Entwicklungsagenda"**,
- Freiheit von Furcht: **„Sicherheitsagenda"**,
- Schaffung einer ökologisch bestandsfähigen Zukunft: **„Umweltagenda"**.

Reformfelder

Obgleich Teile der Reformvorschläge immer wieder auf den Tagesordnungen diverser Arbeitsgruppen der Generalversammlung und des Sicherheitsrates stehen, konnte bislang auf **keinem Gebiet** ein **Konsens** erzielt werden. Einigkeit herrscht jedoch über die Notwendigkeit einer umfassenden Reform und dies gilt sowohl für die **UN-Charta** als auch für die **Organisation** selbst. Im Einzelnen zeichnen sich folgende Reformfelder ab:*

- Viele **Bestimmungen** der **Charta** haben sich als nicht durchführbar erwiesen oder sind, wie z.B. die **Feindstaatenklauseln****, mittlerweile sogar überflüssig. Andere, neue Aufgabenfelder - wie etwa **Krisenprävention**, **Umweltschutz** und **Bevölkerungsfragen** - werden in der Charta nicht oder nur unzureichend repräsentiert.

- Die **Zusammensetzung des Sicherheitsrates** ist nicht mehr zeitgemäß: Die Zahl der **ständigen Mitglieder** spiegelt die Situation Ende des Zweiten Weltkriegs wider und die Zahl der **nichtständigen Mitglieder** entspricht der Struktur der UNO Anfang der 60er Jahre. Am Beginn des 21. Jahrhunderts sollte daher über die Möglichkeit, weitere Staaten in die Reihen der ständigen Mitglieder aufzunehmen, diskutiert werden. Andernfalls erscheint der Anspruch dieses wichtigsten Organs, „im Namen der Vereinten Nationen" Beschlüsse zu fassen, zweifelhaft.

- Das **Vetorecht** der fünf ständigen Mitglieder steht zunehmend im Kreuzfeuer und wird von seiner Funktion her als nicht mehr gerechtfertigt und als diskriminierender Machtfaktor empfunden.

- Der **Wirtschafts- und Sozialrat** verliert durch die immer zahlreicher werdenden **Kommissionen** und **Sonderorganisationen** zunehmend an Gewicht. In der Folge ist eine wirksame Koordination des UN-Systems kaum mehr möglich.

Die Vereinten Nationen wurden während des Völkermordes in Ruanda*** und beim Fall von Srebrenica**** mit der Erkenntnis der eigenen Unfähigkeit konfrontiert, angemessen auf eine Krise zu reagieren. Ursache dieser Unfähigkeit war und ist in erster Linie das **unausgewogene Verhältnis** zwischen dem **Mandat**, das die internationale Gemeinschaft der UNO erteilt, und den **Mitteln**, die ihr zu dessen Ausübung zur Verfügung gestellt werden. Eine Sachverständigengruppe wurde daraufhin mit dem Auftrag betraut, praktische und durchführbare **Empfehlungen** für **friedenserhaltende Einsätze** zu erarbeiten. In ihrem Abschlussbericht kam sie u.a. zu folgenden Ergebnissen:

---

* Vgl. hierzu auch: Johannes Varwick, *Die Reform der Vereinten Nationen - Weltorganisation unter Anpassungsdruck.* In: *Politik und Zeitgeschichte* B 43/2004.

** Die **Feindstaatenklauseln** - Art. 53 und 107 der UN-Charta - sind nach wie vor Bestandteil der Satzung. Mit „Feindstaaten" sind u.a. Deutschland und Japan gemeint, weil es die beiden Staaten waren, die sich im Zweiten Weltkrieg mit einigen Unterzeichnerstaaten der UN-Charta im Kriegszustand befanden. Die Bundesregierung vertritt schon seit langem die Auffassung, dass die Feindstaatenklauseln spätestens mit dem UNO-Beitritt der beiden deutschen Staaten im Jahr 1973 gegenstandslos wurden.

*** Im Jahr 1994 wurden im ostafrikanischen Staat Ruanda trotz der vor Ort stationierten UN-Friedenstruppen 800.000 Angehörige der Volksstämme Hutu und Tutsi umgebracht. Die Streitkräfte waren den Angreifern zahlenmäßig weit unterlegen und verfügten außerdem über kein Mandat, das ein Eingreifen legitimiert hätte.

**** Das Massaker von Srebrenica fand im Juli 1995 während des Bürgerkrieges auf dem Balkan statt.

- Friedenssoldaten müssen in der Lage sein, sich selbst zu verteidigen.
- Es müssen klare Befehlswege und ein einheitliches Vorgehen gewährleistet werden.
- Friedenseinsätze sollten innerhalb von 30 Tagen nach der Verabschiedung einer entsprechenden Resolution des Sicherheitsrates an bestimmen Orten stationiert werden können.
- Die Mitgliedstaaten sollten ermutigt werden, gegebenenfalls Partnerschaften einzugehen, um mehrere zusammenhängende Verbände in Brigadestärke zu bilden.
- Den Mitgliedstaaten wird nahe gelegt, nationale Reserven von zivilen Polizeibeamten zu bilden.
- Die verfügbaren Finanzmittel müssen aufgestockt werden.

Allen hier erwähnten Reformerfordernissen ist gemeinsam, dass die auf sie bezogenen Maßnahmen nur von den Mitgliedstaaten selbst beschlossen und umgesetzt werden können.

Formale Kriterien für Reformen

Wie bei jeder Reform, müssen auch im Falle der UNO bestimmte **formale Kriterien** erfüllt werden. Danach gilt es zu unterscheiden zwischen:

- **internen Reformen des Organisationsrechts**, die sich **ohne Änderung** der **UN-Charta** vollziehen lassen und
- **Reformen**, die einer solchen **Änderung** bedürfen, so genannten **Verfassungsänderungen**.

Während im ersten Bereich einige wichtige Projekte bereits umgesetzt wurden (z.B. Änderung der Finanzierung der UNO, Neuordnung des Sekretariats in verschiedenen Bereichen, „Verschlankung“ von Entscheidungsabläufen), sind Änderungen, die die Verfassung betreffen, aufgrund der Art. 108 und 109 der UN-Charta nur schwer durchzusetzen. Jegliche Änderung der Charta bedarf einer **Zweidrittelmehrheit** der Mitglieder der **Generalversammlung** und anschließend der Ratifikation von ebenfalls **zwei Dritteln der Mitgliedstaaten**, darunter aller **fünf ständigen Mitglieder** des Sicherheitsrates. Damit können Letztere zwar durch ihr Vetorecht jede Reform unterbinden, benötigen aber für die Durchsetzung eigener Vorstellungen eine Gestaltungsmehrheit von derzeit über 120 UN-Mitgliedern. Angesichts dieses komplizierten Verfahrens sind bislang selbst objektiv gesehen unstrittige Korrekturen wie etwa die Streichung der Feindstaatenklauseln unterblieben.

Prognosen über die Realisierungschancen zentraler Vorhaben wie etwa der Reform des Sicherheitsrates sind daher kaum möglich. Der Reformprozess wird sich weiterhin in kleinen Schritten vollziehen und auf Maßnahmen beschränkt bleiben, die in der **Regelungskompetenz** des **Generalsekretärs** bzw. der **Generalversammlung** liegen.

Fazit

Welche Rolle wird die UNO in der Welt des 21. Jahrhunderts spielen?
Es wird darauf ankommen, was die Mitgliedstaaten aus „ihren“ Vereinten Nationen machen. Eine internationale Organisation kann immer nur in dem Maße agieren, wie es ihre Mitgliedstaaten zulassen. Die UNO kann zwar den Rahmen bieten, in dem sich Interessen, Absichten und Strategien der Staaten modifizieren und einander annähern lassen; diese Lernprozesse müssen aber durch die Mitgliedstaaten selbst vollzogen werden.

Weiter sollte sich die Öffentlichkeit von unrealistischen Erwartungen an die Vereinten Nationen verabschieden. Es ist zwar davon auszugehen, dass die Bedeutung multilateraler Arrangements (Übereinkommen) in einer sich immer stärker vernetzenden Welt zunehmen wird, eine „Weltregierung“ ist aber nicht erstrebenswert, weil auf diese Weise weder eine demokratisch kontrollierbare, noch eine effektive Art des Regierens zu erzielen wäre. Dennoch haben die Problembereiche, die sich nicht mehr national lösen lassen, in einem solchen Maße zugenommen, dass bei vielen Konflikten (von der Friedenssicherung über die Einhaltung der Menschenrechte bis zu Welthandels-, Entwicklungs- und Umweltfragen) internationale Lösungen erforderlich sind. Ein zentraler Ort für diese Lösungen könnte die UNO sein.

Trotz des anhaltenden Reformbedarfes der Weltorganisation sind die Vereinten Nationen für die Stabilität des internationalen Systems unverzichtbar, denn tragfähige Antworten auf die zentralen Menschheitsprobleme sind im 21. Jahrhundert allenfalls durch internationale Institutionen wie die UNO zu geben.

Aufgaben

1. *Vor welchem historischen Hintergrund kam es zur Gründung der UNO? Welches waren die Zielsetzungen?*
2. *Was sind die Hauptaufgaben der UNO? Wie sollen diese erfüllt werden?*
3. *In den Medien treten meist der UN-Generalsekretär und der Sicherheitsrat auf. Warum ist das so? Entspricht das ihrer tatsächlichen Bedeutung?*
4. *Welche Reformen hat der ehemalige Generalsekretär Boutros Ghali 1992 vorgeschlagen?*
5. *Um welche Probleme geht es in der aktuellen Reformdebatte der UNO?*

zur Lernkontrolle

Lektion 12
Krieg oder Frieden?

12.1 Einführung in die Thematik

In der modernen, durch Kommunikationstechniken erschlossenen Welt gibt es keine unberührten Inseln der Sicherheit und des Wohlergehens mehr. Ganz gleich, an welchem Ort der Erde sich Hunger, Katastrophen, Menschenrechtsverletzungen oder Kriege abspielen - sie werfen ihre Schatten auch auf die übrige Welt und bedrohen den allgemeinen Frieden.

Trotz großer Friedensbemühungen ist die Zahl der militärischen Konflikte und Kriege nach Überschreiten der Jahrtausendwende noch weiter angestiegen. Immer stärker prägen kriegerische Auseinandersetzungen unterhalb der Schwelle des offenen Krieges das globale Konfliktgeschehen, mit langwierigen Verläufen und teils immensen Opfern unter der Zivilbevölkerung.

Im ersten Teil der Lektion geht es zunächst um eine Abgrenzung der beiden Begriffe **„Krieg"** und **„Frieden"**. Im Anschluss daran werden charakteristische Merkmale **konventioneller** und **moderner Kriege** dargestellt. Die zentrale Frage des zweiten Teils lautet: Ist Weltfrieden überhaupt möglich? Welche Rolle spielt in diesem Zusammenhang der **internationale Terrorismus**? Wie effektiv ist die **offizielle Sicherheitspolitik** überstaatlicher Organisationenen **(UNO, NATO, OSZE)**? Und welche positiven Einflussmöglichkeiten haben außerstaatliche Organisationsformen wie z.B. die **Friedensbewegungen**?

12.2 Krieg und Frieden: eine Begriffsabgrenzung

Begriffe

Krieg ◆ Frieden ◆ „positiver" Friedensbegriff ◆ soziale Gerechtigkeit ◆ Frieden als Prozess ◆ ethischer Friede ◆ sozialer Friede ◆ ökologischer Friede ◆ politischer Friede ◆ bewaffneter Massenkonflikt ◆ Konflikt ◆ konventionelle Kriegsführung ◆ totaler/totalitärer Krieg

Lernziele

Schlagwörter wie neue Kriege, alte Kriege, Terrorismus, Krieg gegen Terror, Weltfrieden etc. sind aus der heutigen politischen Diskussion nicht mehr wegzudenken und die Liste der Begriffe ließe sich mühelos noch weiter fortführen. Bevor man sich jedoch auf diese Themen einlässt, muss man sich Klarheit darüber verschaffen, was mit den Begriffen gemeint ist.

Traditionell wird **Frieden** im **klassischen Völkerrecht** als **Abwesenheit von Krieg** definiert. Diese Definition erweist sich aber als zu eng und taugt nur für **zwischenstaatliche Verhältnisse**.

Die **moderne Friedensforschung** hat, ausgehend von den Überlegungen des Friedensforschers **Johan Galtung**, auf personale und strukturelle Elemente von Gewalt und Unfrieden hingewiesen. Dabei liegen die Ursachen der **strukturellen** (d.h. **nicht-personalen**) **Gewalt** z.B. in ökonomischen, sozialen und kulturellen Bedingungen. **Personale Gewalt** hingegen geht - wie der Begriff sagt - direkt von Menschen aus (z.B. durch diktatorische Machthaber, Angriffs- oder Besatzungstruppen). Zugleich wurde versucht, Frieden nicht nur im negativen Sinne zu definieren („Frieden ist, wenn keiner schießt"), sondern den Begriff **„positiv"** zu füllen. Dazu wurde der Gedanke der **sozialen Gerechtigkeit** in einer Gesellschaft oder zwischen Gesellschaften in die Definition aufgenommen.

Insofern verstehen moderne Friedensforscher Frieden als einen **Prozess**, der sich durch die **schrittweise Minimierung** von **Friedensgefährdungen** vollzieht. Sie unterteilen den Friedensbegriff daher in

- **ethischen Frieden:** persönliche Friedfertigkeit,
- **sozialen Frieden:** soziale Gerechtigkeit in den Weltgesellschaften,
- **ökologischen Frieden:** Frieden mit der Natur, z.B. in Form von **nachhaltigem Wirtschaften** (vgl. Lektion 13, Abschnitt 13.6) und
- **politischen Frieden:** gewaltfreie Regelung von Konflikten.

Eine allgemein anerkannte Definition von **Krieg** gibt es nicht. Wann eine bewaffnete Auseinandersetzung als Krieg zu bezeichnen ist, war in der Geschichte immer wieder umstritten. Dennoch hat man sich auf folgende **Bedingungen** für einen Krieg als **bewaffneten Massenkonflikt** geeinigt:

- Zwei oder mehr bewaffnete **Streitkräfte** sind in Kämpfe verwickelt, wobei es sich zumindest bei **einer Seite** um eine **reguläre Armee** handelt.

- Die mit Waffen geführte Auseinandersetzung erschöpft sich nicht in spontanen gelegentlichen Zusammenstößen. Beide Teilnehmer gehen nach einer **planmäßigen, systematischen Strategie** vor.

Unter Krieg versteht man also in der **herkömmlichen Definition** einen **organisierten, länger anhaltenden Kampf**, der mit Waffen **gewaltsam** ausgetragen wird. Dabei ist Krieg fast immer das Ergebnis eines **Konfliktes**, für den **keine politische Lösung** gefunden wurde.

Krieg in seiner **konventionellen Ausprägung (konventionelle Kriegsführung)** war demnach eine Form des Kampfes, des Tötens und der politischen Auseinandersetzung. Für moderne Erscheinungen des Krieges reicht dieser Definitionsansatz nicht mehr aus. Der Übergang

Begriffsdefinition: **Konflikt**

Unter einem Konflikt versteht man das Aufeinandertreffen von Interessengegensätzen, bei dem zunächst keine der beteiligten Parteien von ihrer Position abzurücken bereit ist und jede den Streit zu ihren Gunsten entscheiden möchte. Konflikte finden zwischen organisierten Gruppen, zwischen Staaten, Staatengruppen oder Staatenorganisationen statt.
Die internationale Konfliktforschung teilt Konflikte nach ihrem Intensitätsgrad ein. Man unterscheidet zunächst zwischen latenten (unterschwellig vorhandenen) und manifesten (offen zutage tretenden) Konflikten. Während bei latenten Konflikten Forderungen von einer Partei zum Ausdruck gebracht und von der Gegenseite abgelehnt werden, prallen bei manifesten Konflikten Druck, Androhung von Gewalt oder das Verhängen ökonomischer Zwangsmaßnahmen aufeinander. Nimmt der Konflikt zu, kann er in eine Krise umschlagen, bei der die eine Seite vereinzelt Gewalt anwendet. Wird die Gewalt organisiert eingesetzt, spricht man von einer ernsten Krise, die droht, in einen Krieg umzuschlagen.

von der **konventionellen** zur **modernen Kriegsführung** fand mit den beiden Weltkriegen, die auch als **totale** bzw. **totalitäre Kriege*** bezeichnet werden, statt. Diese waren durch Material- und Entscheidungsschlachten, die Einbindung der Bevölkerung und die Durchsetzung machtpolitischer Interessen gekennzeichnet. Der Begriff „totaler" bzw. „totalitärer" Krieg weist aber auf eine neue Dimension hin. Insbesondere der Zweite Weltkrieg war durch beide Merkmale geprägt: die der konventionellen Kriegsführung und die der modernen.

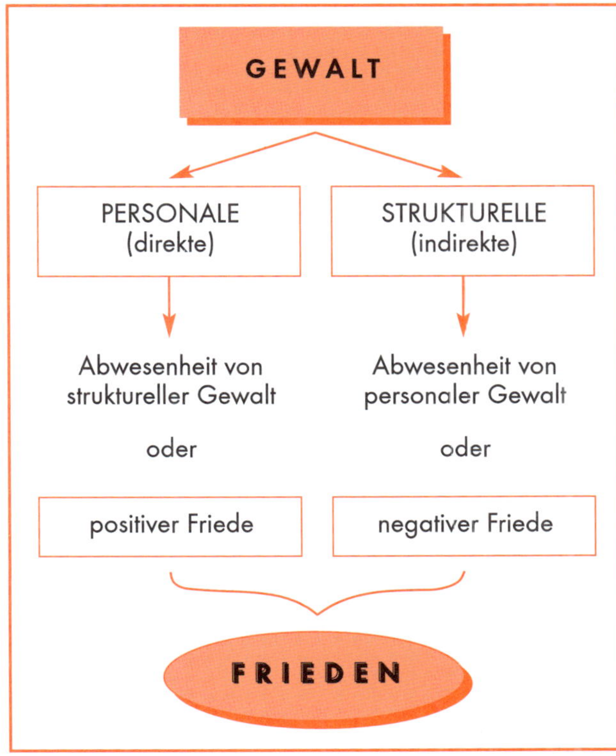

Abb. 12.1
Die erweiterten Begriffe von Gewalt und Frieden**

12.3 Die Herausbildung des modernen Krieges

Begriffe

moderne Kriege* ◆ *Entstaatlichung* ◆ *Asymmetrie* ◆ *Autonomisierung* ◆ *parastaatliche Kriegsakteure* ◆ *Partisanenkrieg* ◆ *Guerillakrieg* ◆ *Terrorismus

Lernziele

Zu den wichtigsten Kennzeichen **moderner Kriege** gehören

- **Entstaatlichung,**
- **Asymmetrie** und
- **Autonomisierung.**

Daneben bleiben aber auch im modernen Krieg weiterhin **Elemente** der **konventionellen Kriegsführung** erhalten.

* Die Kriege des 20. Jahrhunderts waren in der ersten Jahrhunderthälfte **totale** bzw. **totalitäre** Kriege, die auf eine **Mobilisierung nationaler Energien** auf dem Schlachtfeld und im Bereich der Produktion von Waffen und Versorgungsgütern zurückgriffen. Dabei entfällt die Unterscheidung zwischen öffentlich und privat, da die **gesamte Gesellschaft** von den **mittelbaren** und **unmittelbaren Kriegsfolgen** betroffen war.

** Nach: J. Galtung, *Strukturelle Gewalt*, 1975, S. 33.

- **Entstaatlichung** bedeutet, dass der Staat sein **Monopol der Kriegsgewalt** verloren oder übertragen hat. An die Stelle des Staates treten **parastaatliche*** und **private Kriegsakteure**. Versuche einer solchen Entstaatlichung gab es schon im Dreißigjährigen Krieg (1618–1648), als Wallenstein als eigenständiger Kriegsherr auftrat. Damals wie heute ist diese Entwicklung darauf zurückzuführen, dass die von **Warlords**** entstaatlichte Kriegsführung relativ kostengünstig ist.

  Für diese neue Art der Kriege sind auch die Veränderungen der Waffentechnik bedeutsam. In Kriegen ohne Fronten und ohne sichere Versorgungsbasen ist es von großer Bedeutung, dass Handfeuerwaffen bei erhöhter Feuerkraft immer kleiner und leichter werden und ohne nennenswerte Ausbildung auch von Kindern bzw. Halbwüchsigen zu bedienen sind. Damit gilt die wachsende Anzahl von **Kindersoldaten** (nach Schätzungen der Vereinten Nationen etwa 300.000) als weiteres Kennzeichen moderner Kriege.

- Als Folge der Kriegsentstaatlichung kommt es zu einer **Asymmetrie** (einem **Ungleichgewicht**) der Kriegsgegner. Das heißt, die Kriegsparteien sind **nicht mehr gleichartig**, wie dies z.B. bei Staat gegen Staat oder Söldner gegen Söldner der Fall ist.

  Die **Asymmetrisierung** moderner Kriege ist auch dadurch gekennzeichnet, dass die militärischen Kräfte unökonomische **offene Gefechte** und **Schlachten vermeiden**. Kriege werden stattdessen auf Kosten der **Zivilbevölkerung** ausgetragen. Ein Beispiel hierfür findet man auf dem afrikanischen Kontinent: Seit Jahren liefern sich im Nordosten der Demokratischen Republik Kongo lokale Warlords blutige Gefechte um die lukrativen Bodenschätze. Hierbei sind in den vergangenen Jahren – von der Weltöffentlichkeit kaum bemerkt – rund drei Millionen Menschen ums Leben gekommen.

- **Autonomisierung** bezeichnet die **Verselbstständigung** militärischer Bereiche. Damit geht das Recht, Widerstand zu leisten, von der Armee auf **Widerstandskämpfer** über, die sich militärischer Strukturen bedienen. Dies galt u.a. für die Preußischen Freikorps, die 1813 Widerstand gegen Napoleon leisteten.***

Zwei typische **Beispiele** moderner Kriegsführung sind die Partisanenkriege und die Guerillakriege.

Bei **Partisanenkriegen** haben die regulären Armeen die Kontrolle über das Kriegsgeschehen weitgehend verloren. **Partisanen****** wollen mit Waffengewalt die bestehenden Machtverhältnisse neu ordnen. Der **unmittelbare Gegner** und das Schussziel des Partisanen ist der **reguläre Soldat**, also der **Soldat in Uniform**. Der Raum, in dem der Partisan wirkt, ist das Gebiet im Rücken des Feindes. Hierzu nutzt er sein gutes Verhältnis zur Bevölkerung.

---

* Als **parastaatlich** bezeichnet man **nicht staatliche Organisationen**, die staatliche Interessen wahrnehmen.

** **Warlords** sind lokale Kriegsherren und überregionale Kriegsunternehmer, die Krieg als eine wirtschaftlich attraktive Unternehmung ansehen.

*** Als sich Preußen 1813 gegen die napoleonische Besatzung zum nationalen Widerstand rüstete, gründeten Vertreter des Adels Freikorps.

**** **Partisan** ist ein aus dem Lateinischen bzw. Französischen abgeleitetes Wort und bedeutet eigentlich „Parteigänger, Anhänger“.

Der Partisanenkrieg unterscheidet sich von herkömmlichen Kämpfen zwischen zwei Kriegsparteien, indem er auf die **wirtschaftliche Durchhaltefähigkeit** bzw. **den politischen Durchhaltewillen des Gegners** zielt: Je mehr Verluste an Menschen es gibt und je erdrückender die wirtschaftlichen Folgen des Krieges werden, desto schneller soll der Wille des Gegners zu einer politischen Lösung wachsen. Demnach müssen Partisanen, um erfolgreich zu sein, nicht militärisch siegen, sondern nur ein **Bedrohungspotenzial** aufrechterhalten. Militärisch blieb der Partisan bis in die Zeit nach dem Ende des Ersten Weltkrieges ohne große Bedeutung. Populär wurden die **Partisanenführer Tito** (Zweiter Weltkrieg, Jugoslawien) und **Mao Zedong** (20er Jahre des 20. Jahrhunderts, „Der lange Marsch“, China).

Auch **Guerillakriege** sind eine Folge der Autonomisierung und Entstaatlichung. Der Begriff **„Guerilla“** stammt aus dem Spanischen und bedeutet „Kleinkrieg“ bzw. „Kriegsführung mit kleinen Truppenverbänden“. Er wurde zum ersten Mal im 19. Jahrhundert während des spanischen Freiheitskampfes gegen Napoleon gebraucht. Beim Guerillakrieg handelt es sich um eine „Waffe des Schwachen“ gegen einen überlegenen Gegner. Charakteristisch für diese „Waffe“ ist, dass der **Guerillero** sich **nicht** als Soldat zu erkennen gibt, um so eine **direkte Konfrontation** mit dem Gegner zu vermeiden. Hierin unterscheidet sich der Guerillakrieg vom Partisanenkrieg, denn Partisanen tragen ihre Waffen offen. Den Guerillakrieg kennzeichnet der hohe Grad an Brutalität und Menschenverachtung auf beiden Seiten. Durch eine Welle von **Guerillabewegungen** vor allem in **Lateinamerika** (z.B. durch Ernesto „Che“ Guevara de la Serna in den 60er Jahren) wurde der Begriff europaweit bekannt.

Die beim Partisanen- und Guerillakrieg auffällige Asymmetrie des Krieges wird in der Strategie des **Terrorismus** noch überboten: Während die Partisanen indirekt auf den Durchhaltewillen der Bevölkerung abzielen, sollen Terroranschläge die Bevölkerung in Angst und Schrecken versetzen. Dabei nutzen Terroristen ganz gezielt die **mediale Öffentlichkeit**.

12.4 Die Entwicklung des Terrorismus

Begriffe

Terrorismus ◆ ETA ◆ IRA ◆ PKK ◆ Brigate rosse ◆ Action directe ◆ RAF ◆ 11. September 2001 ◆ al-Qaida ◆ Netzwerkstruktur ◆ Anti-Terror-Strategien ◆ militärische Interventionen ◆ Kontrolle von Finanztransfers

Lernziele

Historisch gesehen ist Terror keine neue Erscheinung. Im **19. und 20. Jahrhundert** tritt **Terrorismus** in Zusammenhang mit

- **antikolonialen Befreiungsbewegungen,**
- **politischem Separatismus,**
- **sozial-revolutionären Ideologien** oder
- **religiösem Fundamentalismus**

auf. Typische **Beispiele** für Terroraktionen in Europa **nach 1945** sind die baskische **ETA**, die nordirische **IRA**, die kurdische **PKK**, die italienischen **Brigate rosse**, die französische **Action directe** und die deutsche **RAF**.

12

Bei all diesen Gruppierungen geht bzw. ging es um die **Beseitigung** der bestehenden **politischen Ordnung** – entweder durch Veränderung der Staats- und Regierungsform oder durch Schaffung eines eigenen Staates. Die wichtigste Waffe sind **Attentate**. Diese werden hauptsächlich im Inland verübt, wobei Täter und Opfer meist Angehörige des gleichen Staates sind.

Erst der beginnende **internationale Terrorismus** zielt auf **ausländische Personen** oder **ausländisches Territorium** als **Angriffsobjekt**, um die Aufmerksamkeit der **Weltöffentlichkeit** zu erregen. (Beispiele dafür sind die Flugzeugentführungen palästinensischer Gruppen oder der Bombenanschlag auf eine amerikanische Passagiermaschine über Lockerbee, bei dem über zweihundert Menschen ums Leben kamen.) Mit spektakulären Anschlägen auf Personen und Infrastruktureinrichtungen soll – ausgelöst durch Angst und Schrecken in der Bevölkerung – das **Wirtschaftsleben** des Angegriffenen mit **weltweiten Konsequenzen** schwer getroffen werden.

Die Terroristen der Anschläge vom **11. September 2001** sind dieser Strategie des internationalen Terrorismus gefolgt. Aus diesem Grund stufte der **UN-Sicherheitsrat** die Anschläge vom 11. September als Gefahr für den Weltfrieden und die internationale Sicherheit ein. Zwar richteten sich die Angriffe in erster Linie gegen die Weltmacht USA und ihre Verbündeten. Das langfristige Ziel der Terroristen besteht jedoch darin, den Einfluss des „Westens" aus jenen Regionen zurückzudrängen, die in ihren Augen als islamisch gelten.

Darüber hinaus weisen die Attentate der **Terrororganisation al-Qaida*** vom 11. September **weitere Besonderheiten** auf:

- Sie machen deutlich, dass bestimmte Terrororganisationen in der Lage sind, **kriegsähnliche Zerstörungen** anzurichten.
- Erstmals wurde die **Weltöffentlichkeit** zum **Augenzeugen** eines Dramas gemacht, das sich in Echtzeit und mit Live-Bildern auf den Fernsehschirmen abspielte.
- Obgleich amerikanische Bürger und amerikanische Einrichtungen schon seit Jahren verstärkt Ziel terroristischer Anschläge sind, erfolgten die Attacken zum ersten Mal auf dem **Territorium der USA**.
- Die **wirtschaftlichen** und **massenpsychologischen Auswirkungen** sind unübersehbar.

Diese Merkmale kennzeichnen den global operierenden Terrorismus. Er verfügt über **legale** und **illegale Finanzquellen** und wird vorrangig von **nicht staatlichen Akteuren** unterstützt. Zu ihnen zählen religiöse Einrichtungen, Stiftungen, Firmen und andere Gemeinschaften, die überall auf der Welt angesiedelt sind und gezielt **Spendengelder** für die **Terrornetzwerke** eintreiben.

Der 11. September 2001 führte allen Staaten die Aktualität und und das Ausmaß der terroristischen Gefahr vor Augen. **Terrorismusbekämpfung** muss sich nun neuen **Herausforderungen** stellen:

---

* Das **radikal-islamistische Netzwerk al-Qaida** unter Führung **Osama bin Ladens** entstand 1988/89 in Afghanistan und Pakistan. Zunächst wurden weltweit islamische Kämpfer rekrutiert, um sie dann im Guerillakrieg gegen die sowjetische Besatzung Afghanistans (seit 1979) einzusetzen. Seit 1996 ist nicht mehr die Bekämpfung korrupter Regime die primäre Zielsetzung von al-Qaida, sondern es wird der die islamische Welt angeblich unterdrückende Westen bekämpft.

- **Hintergründe, Motive, Waffen** und **Vorgehensweise** der Täter haben sich geändert. Hatte man zuvor über den möglichen Einsatz von Massenvernichtungswaffen durch Terroristen spekuliert, lehrte der 11. September, dass auch mit sehr konventionellen Mitteln tausendfacher Mord begangen und Schäden in Milliardenhöhe verursacht werden können. Kein Staat der Welt kann sich auf ähnliche Szenarien vorbereiten.

- Bedingt durch die spezifische **Netzwerkstruktur** der Terrororganisationen sind diese flexibel und weitgehend unverwundbar gegenüber Angriffen von außen: Solange wichtige Knotenpunkte innerhalb der Organisation funktionstüchtig bleiben, kann das Terrornetzwerk auch dann – zumindest in Teilen – weiter bestehen, wenn einzelne Mitglieder wegfallen.

- Die Terroristen haben die Möglichkeit, auf eine **Vielzahl von Finanzquellen** zurückzugreifen. Dies verschafft ihnen hohe Flexibilität, da der Verlust einzelner Quellen schnell durch andere kompensiert werden kann. Deshalb ist es schwierig, ihre Finanzströme „auszutrocknen".

Nach den Terroranschlägen auf die USA hat sich die **Europäische Union** auf einer **Sondertagung** vom **21. September 2001** der internationalen Allianz zur Bekämpfung des Terrorismus angeschlossen. Dazu sollen die **polizeiliche** und **justizielle Zusammenarbeit** verbessert und die **Sicherheit im Luftverkehr** ausgebaut werden. Auch rüstet man sich durch gezielte **Notfallplanungen** gegen mögliche Angriffe. Damit bekämpft die EU den Terrorismus ähnlich wie die UNO, deren **Anti-Terror-Strategien** sich in operative und strukturelle Maßnahmen unterteilen lassen.

Als **operative Maßnahmen** gegen terroristische Organisationen und Strukturen sind z.B. gedacht:

- **militärische Interventionen** durch Einsätze von Spezialeinheiten,

- **geheimdienstliche Aufklärung**,

- **Verbot** bestimmter Organisationen,

- Vorkehrungen zum **„Austrocknen" der Finanzquellen**, d.h. Kontrolle von Finanztransfers durch IWF, Weltbank, WTO.

Ziel der **strukturellen Maßnahmen** ist es, die **Bildung von Terrorgruppen** zu verhindern und die **Ausbreitung terroristischer Netzwerke** einzudämmen. In der Praxis sind folgende Schritte vorgesehen:

- Den Terroristen soll die **politische** und **ökonomische Basis** entzogen werden.

- **Zentrale Konflikte**, wie z.B. der Nahost-Konflikt oder der Kaschmir-Konflikt, sollen daher einer **internationalen Lösung** zugeführt werden.

- Die UNO soll helfen, **staatliche** und **demokratische Strukturen** in konfliktbeladenen Ländern aufzubauen.

- Der Besitz und die Verbreitung von **Massenvernichtungswaffen** sollen **international kontrolliert** werden.

12.5 Friedenssicherung im Zeitalter moderner Kriege

Begriffe

Friedenssicherung ◆ Sicherheitspolitik ◆ Entspannungspolitik ◆ Friedenspolitik ◆ Krisenmanagement ◆ UNO ◆ UN-Charta ◆ NATO ◆ Nordatlantikvertrag ◆ OSZE (KSZE) ◆ Schlussakte von Helsinki ◆ Charta von Paris ◆ Friedensbewegungen ◆ Ostermärsche

Lernziele

In der heutigen Zeit gibt es vielerlei Gründe, warum Frieden und Sicherheit gefährdet werden können. Zu den **globalen Problemen**, die mögliche **Friedensrisiken** darstellen, gehören u.a.:

- **politische Konflikte**, sowohl innerstaatlich (z.B. wegen politischer Unterdrückung) als auch zwischenstaatlich (z.B. wegen Territorialansprüchen),
- **religiös** und **ideologisch begründete Konflikte** (Terrorismus),
- **soziale Konflikte** (z.B. wegen sozialer Ungerechtigkeiten),
- **wirtschaftliche Unsicherheit** (z.B. Verschuldung, Kampf um Ressourcen) und
- die **Produktion von Massenvernichtungswaffen** (ABC-Waffen, d.h. atomare, biologische und chemische Waffen).

Wenn man davon ausgeht, dass Frieden ein Grundbedürfnis der Menschen ist, so kann die **Friedenssicherung** im Inneren eines Staates und in der Beziehung zwischen Staaten als der wesentliche **Zweck der Politik** angesehen werden. Die Bürger haben den berechtigten Anspruch darauf, dass ihre Regierungen für den Schutz des Lebens und die allgemeine Sicherheit sorgen.

Eng gefasst dient **Sicherheitspolitik** zunächst der **Verhinderung von Kriegen** und soll dabei das physische Überleben der Menschen und ihre Fähigkeit zur politischen Selbstbestimmung garantieren. Da sich diese Ziele jedoch nur durch **Gewaltverzicht**, **Rüstungsbegrenzung**, **Rüstungskontrolle** und **Abrüstung** erreichen lassen, gehört zur Sicherheitspolitik im weiteren Sinne stets auch **Entspannungspolitik**. Damit wird die Sicherheitspolitik zur **Friedenspolitik**.

Frieden muss immer wieder neu gestiftet werden, darauf hat bereits der deutsche Philosoph Immanuel Kant in seiner Schrift *Zum Ewigen Frieden* (1795) hingewiesen. Sicherheitspolitik als Friedenspolitik bleibt also ständige Aufgabe des politischen Handelns. Wer eigene Sicherheit will, muss sich um weltweiten Frieden bemühen und braucht für eventuelle Fälle ein gutes **Krisenmanagement**. Dies kann nur gelingen, wenn sich die Staaten zu **übernationalen (supranationalen) Organisationen** zusammenschließen, um die verschiedenartigen Interessen durch **Kompromisse** auszugleichen. Grundlage solcher Kompromisse muss ein **weltweit anerkannter Moralkodex** sein, der auf den **Menschenrechten**, auf **Toleranz** und dem Begriff der **Nächstenliebe** beruht.

Übernationale Organisationsformen zur Friedenssicherung: UNO, NATO, OSZE

Als Pfeiler der **übernationalen, globalen Sicherheitspolitik**, durch die der Frieden auf der ganzen Welt gesichert werden soll, gelten **internationale Bündnisse** und **Friedensorganisationen** wie UNO, NATO und KSZE (seit 1995 OSZE).

◆ Die UNO

Die Organisation der **Vereinten Nationen** (siehe Lektion 11) ist eine internationale Einrichtung, in der sich derzeit 191 Staaten in der Absicht und gegenseitigen Verpflichtung zusammengeschlossen haben, den **Weltfrieden** zu bewahren und humane Lebensbedingungen für die Völker der Welt zu gewährleisten.

Die **Ziele** der UNO sind in Artikel 1 der **UN-Charta** festgehalten:

> Art. 1
> Die Vereinten Nationen setzen sich folgende Ziele:
>
> 1. den Weltfrieden und die internationale Sicherheit zu wahren und zu diesem Zweck wirksame Kollektivmaßnahmen zu treffen, um Bedrohungen des Friedens zu verhüten und zu beseitigen, Angriffshandlungen und andere Friedensbrüche zu unterdrücken und internationale Streitigkeiten oder Situationen, die zu einem Friedensbruch führen könnten, durch friedliche Mittel nach den Grundsätzen der Gerechtigkeit und des Völkerrechts zu bereinigen oder beizulegen;
>
> 2. freundschaftliche, auf der Achtung vor dem Grundsatz der Gleichberechtigung und Selbstbestimmung der Völker beruhende Beziehungen zwischen den Nationen zu entwickeln und andere geeignete Maßnahmen zur Festigung des Weltfriedens zu treffen;
>
> 3. eine internationale Zusammenarbeit herbeizuführen, um internationale Probleme wirtschaftlicher, sozialer, kultureller und humanitärer Art zu lösen ... .

Das allgemeine **Gewaltverbot** der Charta der Vereinten Nationen bildet generell eine der grundlegenden Normen des **internationalen Völkerrechts***. Es entzieht den Staaten das Recht, zur Verwirklichung ihrer nationalen Ziele und Interessen Gewalt anzuwenden oder auch nur anzudrohen.

Von diesem Gewaltverbot gibt es nach dem geltenden Völkerrecht nur zwei in der Charta verankerte **Ausnahmen:** Nach Artikel 51 darf sich ein **angegriffener Staat** selbst **verteidigen** bzw. zur **kollektiven Verteidigung** andere Staaten um Hilfe bitten. Die zweite Ausnahme bildet eine **Ermächtigung** durch den **UN-Sicherheitsrat** gemäß den Bestimmungen des Kapitels VII der Charta. Diesem wichtigsten Entscheidungsorgan der Vereinten Nationen haben die Mitgliedstaaten die vorrangige Verantwortung für den Frieden und die internationale Sicherheit übertragen. Im Falle eines **Bruches** oder einer **Bedrohung des Weltfriedens** kann der Sicherheitsrat daher Zwangsmaßnahmen gegen den Friedensstörer bis hin zur Anwendung militärischer Gewalt beschließen.

---

* Das **internationale Völkerrecht** beschäftigt sich mit der **Gesamtheit der rechtlichen Wertvorstellungen**, die die Beziehungen zwischen Staaten regeln. Die Erfahrungen zweier Weltkriege haben die Einsicht wachsen lassen, dass neue Regelungen gefunden weden müssen, um Streitfragen ohne kriegerische Auseinandersetzungen zu lösen. Die **Charta der Vereinten Nationen** gilt als eine wesentliche Grundlage des internationalen Völkerrechts.

◆ Die NATO

Das **Nordatlantische Verteidigungsbündnis*** ist ein Zusammenschluss von Staaten, mit dem Ziel:

- → die Freiheit und Sicherheit aller Mitgliedstaaten mit **politischen** und **militärischen Mitteln** zu gewährleisten sowie
- → an der Schaffung einer **gerechten** und **dauerhaften Friedensordnung** im **euro-atlantischen Raum** mitzuwirken.

Im **Nordatlantikvertrag** vom 04. April 1949 verpflichten sich die Bündnispartner ausdrücklich auf die Ziele und Grundsätze der **Charta der Vereinten Nationen**.

Die **Nordatlantikpakt-Organisation (North Atlantic Treaty Organization/NATO)** verkörpert das Nordatlantische Bündnis institutionell. Sie stellt die Strukturen und Mechanismen bereit, die es dem Bündnis und seinen Mitgliedstaaten ermöglichen sollen, ihre gemeinsamen Ziele zu erreichen. Oberste Entscheidungsgremien sind der **Nordatlantikrat**, der **Verteidigungsplanungsausschuss** und die **Nukleare Planungsgruppe**.

Während des Kalten Krieges bestand die Hauptaufgabe der NATO darin, die Freiheit und Sicherheit des Bündnisses und seiner Mitglieder durch Aufrechterhaltung des **strategischen Gleichgewichts** in Europa zu gewährleisten. Die Mittel dazu waren **Abschreckung**, die **Fähigkeit zur Verteidigung** und, seit 1967, **Entspannungspolitik**. Die im Nordatlantikvertrag niedergelegten Ziele des Bündnisses haben sich im Verlauf seines Bestehens nicht geändert, wurden jedoch durch den Wandel in den Staaten des **früheren Ostblocks** seit dem **Ende der 80er Jahre** (z.B. deutsche Wiedervereinigung, Auflösung des Warschauer Pakts) dem neuen sicherheitspolitischen Umfeld angepasst: Abschreckung und Verteidigung blieben zwar Hauptaufgaben, traten jedoch in den Hintergrund.

Sicherheit und Stabilität in Europa sollen nun durch einen breit angelegten sicherheitspolitischen Ansatz gewährleistet werden. Dieser basiert auf der Grundlage von Dialog und Zusammenarbeit mit den „alten Gegnern" (z.B. Sowjetunion), die zu „neuen Partnern" geworden waren. Das auf dem **Washingtoner Gipfeltreffen** am 24.04.1999 gebilligte **Strategische Konzept** bildet den derzeit geltenden **Gesamtrahmen** für die Politik des Bündnisses und enthält folgende Elemente:

- → Aufrechterhaltung und Stärkung der transatlantischen Bindung,
- → Aufrechterhaltung und Entwicklung effektiver militärischer Fähigkeiten,
- → Unterstützung der Europäischen Sicherheits- und Verteidigungspolitik,
- → Konfliktverhütung und Krisenbewältigung,
- → Partnerschaft, Zusammenarbeit und Dialog innerhalb der Staatengemeinschaft,
- → Offenheit des Bündnisses für neue Mitglieder,
- → Rüstungskontrolle, Abrüstung und Nichtverbreitung militärischer Mittel sowie technischen Know-hows.

---

* Dem **Nordatlantischen Verteidigungsbündnis** gehören seit Anfang April 2004 nunmehr **26 Mitgliedstaaten** an: Belgien, Bulgarien, Dänemark, Deutschland, Estland, Frankreich, Griechenland, Großbritannien, Island, Italien, Kanada, Lettland, Litauen, Luxemburg, Niederlande, Norwegen, Polen, Portugal, Rumänien, Slowakei, Slowenien, Spanien, Tschechische Republik, Türkei, Ungarn, USA.

◆ **Die OSZE** (früher KSZE)

Die **Konferenz für Sicherheit und Zusammenarbeit in Europa (KSZE)** trat erstmals in Helsinki zusammen. In drei so genannten **Körben** fassten **33 europäische Staaten** sowie die **USA** und **Kanada** die Regelungen und Absichtserklärungen zusammen und einigten sich nach langen Beratungen 1975 auf die **Schlussakte von Helsinki.**

Korb 1 erläutert die **zehn Prinzipien**, die die **Beziehungen der Teilnehmerstaaten** leiten sollen (z.B. Achtung der Menschenrechte und Grundfreiheiten, die Enthaltung von der Androhung oder Anwendung von Gewalt oder das Bekenntnis zum Selbstbestimmungsrecht der Völker). Diese Prinzipien entwickelten in der Folgezeit eine eigene Dynamik, da sich viele **Menschenrechtsgruppen** in den **kommunistischen Ländern** auf die Unterzeichnung der Akte durch ihre Regierungen berufen konnten.

Um zu überprüfen, ob die Beschlüsse eingehalten werden, vereinbarten die Teilnehmer Folgekonferenzen. Nach dem Wandel Ende der 80er Jahre verkündeten die KSZE-Staaten 1990 in der **Charta von Paris für ein neues Europa** gemeinsam das Ende des Zeitalters der Konfrontation. Sie verpflichteten sich zu **pluralistischer Demokratie, Rechtsstaatlichkeit** sowie zur Verwirklichung der **Menschenrechte** und bekannten sich zur Weiterführung der **Entspannungs-** und **Abrüstungspolitik.**

Zusätzlich zu den seit 1975 bestehenden Konferenzstrukturen wurde eine **ständige Organisation** mit Ministerrat, Ständigem Rat und Generalsekretär sowie weiteren Institutionen aufgebaut. Seit 1992 versteht sich die KSZE als **Regionalorganisation der UNO** und sieht ihre Aufgaben auf dem Gebiet der **vorbeugenden Diplomatie.** Die 1995 erfolgte **Umbenennung** in **OSZE (Organisation für Sicherheit und Zusammenarbeit in Europa)** sollte diese Entwicklung deutlich machen.

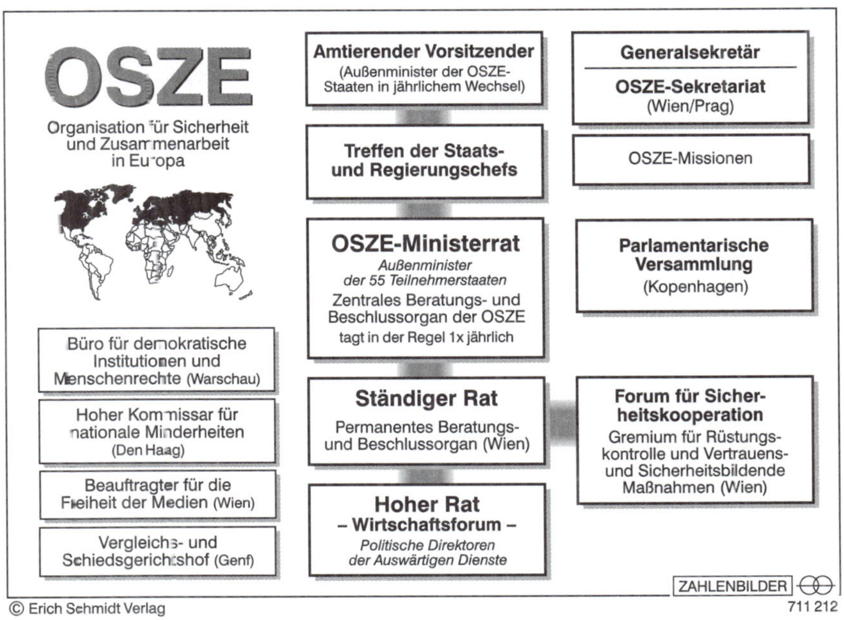

Abb. 12.2 OSZE

Außerstaatliche Organisationsformen gegen den Krieg

Aus einer Opposition gegenüber der staatlichen Sicherheitspolitik sind verschiedene **Friedensbewegungen** als **außerstaatliche**, d.h. gesellschaftliche **Organisationen** entstanden. Sie können auf eine lange Tradition in der europäischen Geschichte zurückblicken. Friedensbewegungen sind darauf gerichtet, den Krieg als Mittel der Politik auszuschließen, und fußen hauptsächlich auf **pazifistischen** und **antimilitaristischen Grundhaltungen**.

Nach dem Zweiten Weltkrieg kam es in der **Bundesrepublik** immer wieder zu größeren Wellen der Friedensbewegung. Erste große Aktionen richteten sich gegen die Wiederbewaffnung der Bundesrepublik Anfang der 50er Jahre. Mitte der 50er Jahre begannen in Deutschland die bis heute stattfindenden **Ostermärsche**, entstanden als Protestform gegen die Pläne zur atomaren Bewaffnung der Bundeswehr. Zu Beginn der 80er Jahre gründete sich dann eine **international organisierte** Friedensbewegung als Reaktion auf den Nachrüstungsbeschluss der NATO. Sie forderte die Überwindung des Kalten Krieges und die Rückkehr zur Politik der Entspannung. Im Jahr 2003 agierte die Friedensbewegung dann **global**: Demonstrationen gegen den von der UNO nicht legitimierten Krieg der USA und ihrer Verbündeten im Irak fanden auf der ganzen Welt statt.

Die Friedensbewegungen haben keine Kriege verhindern oder gar beenden können, aber sie haben durch ihre Forderung nach allgemeiner Abrüstung ein großes Gewicht für die **öffentliche Meinung** und somit **indirekten Einfluss** auf die Regierungen.

Friedensbewegungen ermöglichen eine **Umkehr** des Prozesses der **Meinungsbildung**: der Impuls geht nicht von „denen da oben“ (politische Führung, Parteien, etc.) aus, sondern „von unten“, also vom Volk. Das heißt, Teile des Volkes geben der Politik Denkanstöße. Dazu gehören u.a. der Abbau von Feindbildern und die Ächtung des Krieges als Mittel der politischen Auseinandersetzung.

Bislang ist nur ein kleiner Sektor der Friedensbewegung mit Bereichen wie Städtepartnerschaft, Jugendaustausch, Vergangenheitsbewältigung etc. befasst.

Begriffsdefinition: **Friedensbewegungen**

Mit Friedensbewegungen wird das Engagement von Bürgerinnen und Bürgern oder Organisationen bezeichnet, die sich für Abrüstung und die Vision eines Lebens ohne Waffen einsetzen.
Zu Beginn der 80er Jahre entwickelten sich vor allem in den westlichen Demokratien Friedensbewegungen, die sich im Wesentlichen durch ihre Kritik an der offiziellen Sicherheitspolitik auszeichneten.
Sie verstanden sich als soziale Bewegung, die angesichts der bedrohlichen weltpolitischen Lage des Ost-West-Konflikts das gesamtgesellschaftliche Bewusstsein verändern wollte.
Heute setzen sich Friedensbewegungen, neben dem Ziel der Kriegsverhütung, vor allem für eine neue soziale Gerechtigkeit ein. Darin sehen sie die Chance, internationale Konflikte vor allem in der Dritten Welt zu überwinden.
In der Friedensbewegung lassen sich zwei Strömungen unterscheiden: Die eine kritisiert vornehmlich die Sicherheitspolitik, stimmt aber dem gesamtgesellschaftlichen System zu. Die andere lehnt die politischen und ökonomischen Grundbedingungen der westlichen Industrienationen ab, weil sie darin die Hauptursache für kriegerische Konflikte sieht.

Fazit

Die genannten außerstaatlichen und übernationalen Organisationsformen dienen der weltweiten Friedenssicherung. Und obwohl ein dauerhafter Zustand des Nicht-Krieges – auch als Weltfrieden bezeichnet – kaum erreichbar ist, wird der Krieg als „einfaches" Mittel zur Durchsetzung politischer Interessen im zwischenstaatlichen Bereich immer seltener. Diese Entwicklung resultiert zunächst aus den Erfahrungen zweier Weltkriege und dem in deren Folge geschaffenen allgemeinen Gewaltverbot der UN-Charta. Vor allem ist sie aber ein Ergebnis des rasanten Demokratisierungs- und Modernisierungsprozesses, den zahlreiche Staaten in der zweiten Hälfte des vergangenen Jahrhunderts bewältigt haben.

Doch obgleich **demokratische Gesellschaften** mittlerweile die **Chance** haben, ihre Regierungen zu einer **gewaltfreien Konfliktlösung** zu drängen – die **Entscheidung** über Krieg oder Frieden ist nach wie vor Sache der **Politik**. Denn letztlich hängt es immer von den Regierungen ab, ob diese sich einer gesellschaftlichen Strömung anschließen oder Gewaltanwendung aus rechtlichen und ethischen Gründen als gerechtfertigt ansehen.

Aufgaben

1. Grenzen Sie die Begriffe „Frieden" und „Krieg" voneinander ab.
2. Skizzieren Sie grob, wodurch sich konventionelle Kriege von modernen Kriegen unterscheiden.
3. Was waren die ursprünglichen Ziele der NATO und was hat sich nach der Auflösung des Ostblocks geändert?
4. Inwiefern konnte die Helsinki-Akte eine Sprengkraft entwickeln, die schließlich auch zu den Umwälzungen in Osteuropa am Ende der 80er Jahre beitrug?

zur Lernkontrolle

Lektion 13
Der blaue Planet

13.1 Einführung in die Thematik

In den letzten Jahren hat sich der Eindruck verstärkt, dass die Zahl **extremer Wetterereignisse** und **Naturkatastrophen** zunimmt: Verheerende Überschwemmungen, extreme Trockenperioden und Wirbelstürme weisen auf ein mittlerweile **gestörtes ökologisches Gleichgewicht der Erde** hin. Der von Forschern prophezeite **Klimawandel** hat begonnen. Es ist umstritten, ob der Mensch allein für die klimatischen Veränderungen verantwortlich ist. Schließlich sind die Faktoren, die das Klima beeinflussen, sehr vielfältig. Dennoch bezweifeln heute nur wenige Wissenschaftler einen **kausalen Zusammenhang** zwischen dem **CO_2-Ausstoß** und dem **Anstieg der Temperatur** auf der Erdoberfläche.

Erst wenn der letzte Baum gefällt, der letzte Fluss vergiftet und der letzte Fisch gefangen ist, werdet ihr feststellen, dass man Geld nicht essen kann.

(Prophezeiung der Cree-Indianer)

Werden die Cree-Indianer mit ihrer Prophezeiung Recht behalten?

Die Lektion beschäftigt sich mit dem augenblicklichen Ist-Zustand des „blauen Planeten" Erde. Neben den Auswirkungen des menschlichen Handelns, wie z.B. dem **Treibhauseffekt**, werden Denkansätze betrachtet, die zu einem **veränderten Bewusstsein** des Menschen gegenüber seiner Umwelt führen können. Eine wichtige Rolle spielt in diesem Zusammenhang auch das Stichwort von der **Nachhaltigkeit**.

13.2 Die Entstehung des „blauen Planeten" Erde

Begriffe

blauer Planet ◆ Entstehung der Erde ◆ Ur-Sonne ◆ Ur-Erde ◆ Mond

Lernziele

Woher kommt der Begriff „blauer Planet"?

Die Erde besitzt als einziger Planet des Sonnensystems Ozeane aus flüssigem Wasser. Von den insgesamt 510 Mio. km² Erdoberfläche sind nur **29% Festland, 71%** dagegen mit **Wasser** bedeckt. Vom Weltraum aus betrachtet erstrahlt die Erde daher als **„blauer Planet"**.

Die Erde ist vor ca. 4,6 Mrd. Jahren entstanden. Zu dieser **Entstehungsgeschichte** gibt es verschiedene **Theorien**. Eine dieser Theorien geht davon aus, dass die Erde entstand, nachdem die Sonne sich geformt hatte, aber noch bevor in deren Innerem die Kernfusion zu zünden begann. Damals war die **Ur-Sonne** von einer rotierenden Materiescheibe umgeben. Nach und nach bildeten sich aus der Materie dieser Scheibe die Planeten, Monde, Planetoiden und andere Körper unseres **Sonnensystems** wie z.B. Kometen.

Während dieser Zeit kreuzte ein Planet etwa von der Größe des Mars die Bahn der **Ur-Erde**. Es kam zu einer Kollision, bei der die Ur-Erde explodierte. Aus den Trümmern der Ur-Erde und dieses Planeten formte sich ein neuer Planet: der Planet Erde, auf dem wir heute leben. Ein Teil des Planeten, der die Ur-Erde zerstört hatte, und ein Teil der Ur-Erde erfuhren einen Rückstoß von der sich neu formenden Erde. Aus dieser Masse bildete sich der **Mond**. Er wurde von der Gravitation (Schwerkraft, Anziehungskraft) der neuen Erde auf eine Umlaufbahn gezwungen und kreist seither um sie. Das ist ein mögliches Szenario zur Entstehung von Erde und Mond. Das Modell würde auch erklären, weshalb der Mond in seinem mineralogischen Aufbau der Erde so ähnlich ist: Beide wurden aus den Trümmern desselben Planeten geformt.

13.3 Das Klima der Erde

Begriffe

Klima ◆ ***Wetter*** ◆ ***Klimafaktoren*** ◆ ***Atmosphäre*** ◆ ***Biosphäre*** ◆ ***Energie***

Lernziele

Von der Sonne aus gesehen ist die Erde der dritte Planet unseres Sonnensystems. Verglichen mit den Gasgiganten Jupiter und Saturn erscheint sie klein und unscheinbar. Doch sie ist einzigartig, denn außer ihr hat kein anderer bekannter Planet Leben hervorgebracht. Ein komplexes Zusammenspiel von Wassermassen, Atmosphäre und Erdboden sorgt für **lebensfreundliche Temperaturen** (im **Mittel 15°C**; im Vergleich dazu: Venus +470°C, Neptun -200°C).

Grundsätzlich wird unter dem Begriff **„Klima“** der Zustand der Atmosphäre einer Region in einem **Zeitraum von 30 Jahren** verstanden. Der Begriff **„Wetter“** hingegen bezieht sich nur auf **kurzfristige** und **lokale Erscheinungen**, wie z.B. ein Gewitter oder einen heißen Sommertag.

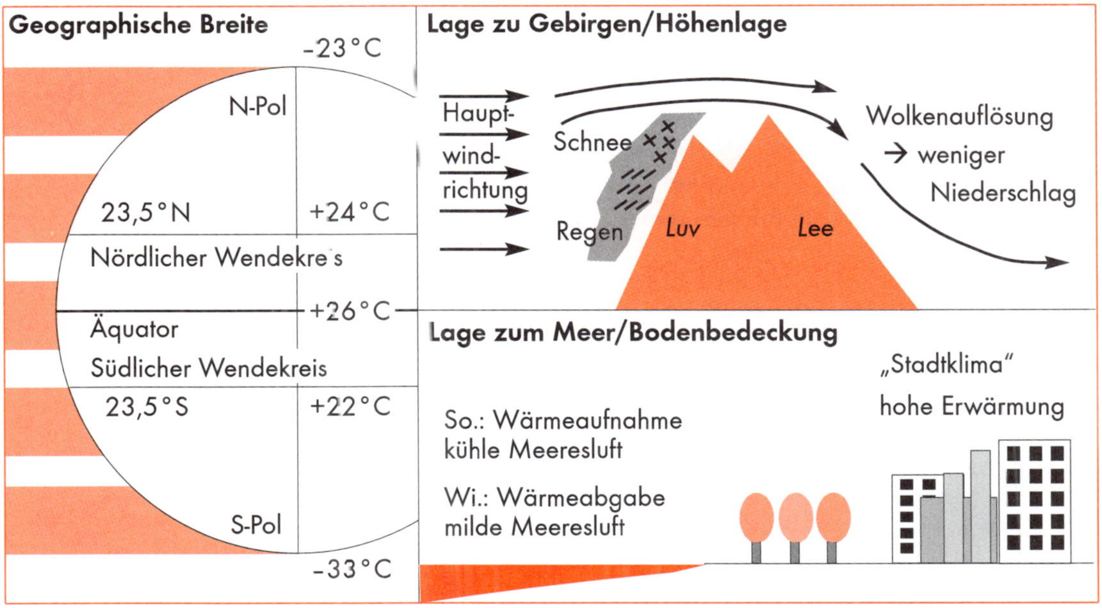

Abb. 13.1 Klimafaktoren

13

Die **Klimafaktoren** geographische Breite, Höhenlage und Relief (Oberflächenform), Lage zum Meer sowie Bodenbedeckung sind in verschiedenen Regionen unterschiedlich stark ausgeprägt. Die **geographische Breite** bestimmt im Wesentlichen die **Temperaturen** eines Ortes. Die Klimafaktoren (z.B. Höhenlage) beeinflussen also das tägliche Wetter (z.B. Regen). Dieses wiederum bestimmt die Ausprägung der **meteorologischen Elemente**, der so genannten **Klimaelemente**. Das eigentliche Klima ergibt sich aus den **Durchschnittswerten**, die über mindestens 30 Jahre hinweg ermittelt werden. Das heißt, Klima ist nichts anderes als die **Verallgemeinerung** des täglichen Wetters.

Doch obgleich Klima und Wetter aus dem Zusammenspiel vieler Komponenten entstehen, spielt dabei die **Atmosphäre** (*griechisch* atmos = Dampf) die größte Rolle. Sie umgibt die Erde als **Gashülle** und steht in direktem Kontakt zu den anderen Teilkomponenten des **globalen Klimasystems**: den **Ozeanen** und **Eisflächen**, der **Landoberfläche** sowie der **Biosphäre***. Zwischen all diesen Komponenten finden intensive Wechselwirkungen statt, bei denen Energie und stoffliche Bestandteile ausgetauscht werden.

Energie wird der Erde durch die **Sonne** zugeführt. Je nach Breitengrad und Jahreszeit erhält die Erdoberfläche unterschiedlich viel Energie, wodurch zunächst ein Temperaturgefälle und daraus resultierend ein Luftdruckgefälle, vor allem vom Äquator zu den Polen, entsteht. Globale Zirkulations- bzw. Austauschprozesse wirken hier einander entgegen und gleichen die Temperaturdifferenzen ständig aus. Mit dieser Zirkulation werden große Luftmassen, die auch sehr viel Wasserdampf enthalten können, über teils lange Strecken verfrachtet.

Die Entfernung von der Sonne, die Zusammensetzung und Dichte der Atmosphäre, der natürliche Treibhauseffekt und natürlich die Menge an Energie, die die Sonne abstrahlt, sind für das Klima auf der Erde verantwortlich.

13.4 Der Treibhauseffekt

Begriffe

(natürlicher) Treibhauseffekt ◆ Spurengase (Treibhausgase) ◆ globale Mitteltemperatur ◆ Kohlendioxid (CO_2) ◆ Methan (CH_4) ◆ anthropogener Treibhauseffekt ◆ globale Erwärmung ◆ Klimawandel ◆ Photosynthese ◆ fossile Brennstoffe ◆ CO_2-Emission ◆ CH_4-Emission

Lernziele

Zu den Wundern der Erde gehört die **Atmosphäre**, denn ihre besondere Zusammensetzung macht das Leben auf diesem Planeten überhaupt erst möglich. Die **lebensfreundliche Wirkung** der Atmosphäre beruht auf dem so genannten **Treibhauseffekt**, der durch die in der Atmosphäre enthaltenen **Spurengase** verursacht wird. Diese **Treibhausgase** lassen die von der Sonne einfallende Strahlung ungehindert passieren, vermindern jedoch die **Wärmeabstrahlung der Erde** ins Weltall. Dadurch kommt es zur **Aufheizung** der Erdoberfläche, bis ein **Gleichgewichtszustand**

* Als **Biosphäre** (*griechisch* bios = Leben) wird der gesamte von **Organismen** bewohnte Raum der Erde bezeichnet. Dabei unterscheidet man zwischen der Biosphäre im **engeren Sinne**, die den erdnahen Luftraum, den Boden, Höhlensysteme und Gewässer umfasst, sowie der Biosphäre im **weiteren Sinne**, die außerdem noch den unteren Bereich der Atmosphäre als Flugraum der Vögel und Verbreitungsraum für Pollen und Sporen einschließt.

erreicht ist. Derzeit hat sich dieser Gleichgewichtszustand bei **15°C** als **globaler Mitteltemperatur** der Erde eingespielt.

Zu den **klimawirksamen** Spurengasen der Atmosphäre gehören in erster Linie **Wasserdampf (H_2O), Kohlendioxid (CO_2), Distickstoffoxid (N_2O), Methan (CH_4)** und **Ozon (O_3)**. Diese Gase sind alle auch ohne menschliches Zutun in der Atmosphäre enthalten und somit für den **natürlichen Treibhauseffekt** verantwortlich. Der natürliche Treibhauseffekt stellt eine **lebensnotwendige „Klimaanlage“** dar. Ohne ihn läge die bodennahe Durchschnittstemperatur auf der Erde nicht bei +15°C, sondern bei -18°C. Neben dem natürlichen Treibhauseffekt gibt es allerdings auch den **anthropogenen**, d.h. den **vom Menschen** verursachten **Treibhauseffekt.** Worauf ist dieser Effekt zurückzuführen?

Heutzutage ist ein Leben ohne Autos, Flugzeuge, elektrische Geräte oder Heizungen nahezu undenkbar. Durch Industrie, Verkehr und Landwirtschaft gelangen aber große Mengen von Spurengasen in die Atmosphäre. Ein **Anstieg der Spurengase** in der Atmosphäre bewirkt eine **größere Rückstrahlung** (Reflexion) der vom Boden abgestrahlten langwelligen **Wärmestrahlung.** Damit verstärkt sich der Treibhauseffekt, die **Durchschnittstemperatur** auf der Erde **steigt (globale Erwärmung)** und es kommt zu einem **Klimawandel.**

Zu den **schädlichen klimawirksamen Gasen**, die in zunehmendem Maße in die Atmosphäre freigesetzt werden, gehören vor allem **CO_2-Gase.** Ohne menschlichen Einfluss wäre die Konzentration von CO_2 in der Atmosphäre sehr gering, denn durch die **Photosynthese** entziehen grüne Pflanzen der Umgebung CO_2 und nach einer langen Kette von Reaktionen entsteht Sauerstoff (O_2). Der Kohlenstoff (C) wird in Form von Traubenzucker ($C_6H_{12}O_6$) in Pflanzen gespeichert und befindet sich somit auch in **fossilen Brennstoffen.** Dazu gehören zum Beispiel **Kohle,** die aus Holz entsteht, und **Erdöl.** Durch Verbrennung der fossilen Brennstoffe wird der gespeicherte Kohlenstoff wieder freigesetzt, verbindet sich mit zwei Sauerstoffatomen und es bildet sich erneut CO_2. Diesen Vorgang nennt man **CO_2-Ausstoß** oder auch **CO_2-Emission**. Die fortschreitende **Entwaldung** (Siedlungen, Bau von Straßen, Brandrodung für Weideflächen, etc.) der Erde trägt also zu einem Anstieg der atmosphärischen **CO_2-Konzentration** bei, da die Pflanzen und Bäume das Treibhausgas nicht mehr absorbieren können.

Neben der CO_2-Konzentration steigt auch der **Methangehalt** (CH_4) in der Atmosphäre. Die erhöhten **CH_4-Emissionen** sind hauptsächlich den wasserbedeckten **Reisfeldern** und der expandierenden **Viehzucht** zuzuschreiben. Die Treibhauswirkung von Methan ist wesentlich stärker als die des CO_2, allerdings wird CH_4 in der Atmosphäre viel schneller abgebaut als Kohlendioxid.

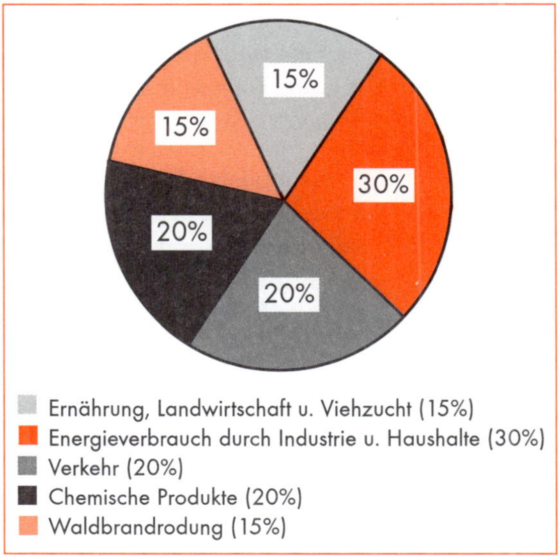

Abb. 13.2
Beitrag der Wirtschaftssektoren zur globalen Erwärmung (UNFCCC, Sonderbeilage des General-Anzeigers)

13

13.5 Klimawandel und mögliche Folgen

Begriffe

globale Mitteltemperatur ◆ Meeresspiegel ◆ Versteppung und Verwüstung ◆ Umweltflüchtlinge ◆ Artensterben ◆ Ozonabbau ◆ FCKWs ◆ Stratosphäre ◆ Ozonloch ◆ UV-Strahlung ◆ Erdbeobachtungssatelliten

Lernziele

Auch wenn die Szenarien der Klimaforscher noch mit vielen Unsicherheiten behaftet sind, so zeichnen sich doch einige **Tendenzen** ab, die auf einen möglichen **Klimawandel** hindeuten.

Die globale Erwärmung und ihre Folgen

Bis zum Jahr 2100 wird eine **Erhöhung** der bodennahen **globalen Mitteltemperatur** um 2-5°C erwartet. Regional und jahreszeitlich kann diese Erwärmung um ein Mehrfaches größer sein. Innerhalb der letzten 100 Jahre hat die Temperatur bereits um 0,3-0,6°C zugenommen, wobei der Anstieg in den nördlichen Breiten zum Teil über 5°C lag.

In den letzten 100 Jahren hat sich der **Meeresspiegel** um etwa 12 cm erhöht. Durch die weitere **Wärmeausdehnung** des Wassers und das **Abschmelzen** des Inlandeises und der Polkappen wird er voraussichtlich bis zum Jahre 2100 nochmals um etwa 0,2-1,4 Meter steigen. Die Folge werden großflächige **Landverluste** in Küstenregionen sein.

In anderen Regionen kann der Temperaturanstieg zu einer **Versteppung** und **Verwüstung** ganzer Landstriche führen. Dadurch verlieren Millionen von Menschen ihre Lebensgrundlage und werden zu **Umweltflüchtlingen**.

Während die meisten Länder beim Treibhauseffekt auf der Verliererseite stehen, gibt es möglicherweise Länder, die davon profitieren könnten. So rechnen sich Sibirien und Kanada durch das Auftauen von Dauerfrostgebieten Vorteile wie z.B. die Ausdehnung der landwirtschaftlich nutzbaren Flächen aus.

Andere **Anzeichen** der globalen Erwärmung stellen Veränderungen in **Flora** und **Fauna** dar. Eine Reihe von Pflanzen und Tieren beginnt, sich in den wärmer werdenden nördlichen Regionen anzusiedeln und stört dort u.U. das ökologische Gleichgewicht. Viele andere können sich den neuen Bedingungen nicht schnell genug anpassen. Damit hat das **treibhausbedingte Artensterben** bereits begonnen (z.B. Zugvögel, Ringelrobbe, Eisbär, Korallenriffe).

Von großer Bedeutung ist das Zusammenspiel von Treibhauseffekt und **Ozonabbau**. Die Erwärmung der bodennahen Atmosphäre ist eng verbunden mit einem Temperaturrückgang in der **Stratosphäre***, der den Ozonabbau begünstigt. In diesem Zusammenhang spielen allerdings auch chemische **Schadstoffe** eine negative Rolle und dabei in erster Linie die **FCKWs (Fluorchlorkohlenwasserstoffe)**.

---

* Die Erdatmosphäre hat mehrere Schichten. Die **Stratosphäre** ist eine davon; sie liegt in 12 bis 50 km Höhe über der Erde.

Der Rückgang der stratosphärischen Ozonschicht – das so genannte **Ozonloch** – führt zu einem **Anstieg** der **UV-Strahlung**, die insbesondere das Meeresplankton bedroht. Absterbendes Plankton wiederum setzt zusätzliches Kohlendioxid frei, das den Treibhauseffekt weiter verstärkt. Abgesehen davon werden Mensch und Tier natürlich auch direkt durch die zunehmende UV-Strahlung gefährdet.

Naturkatastrophen und Erdbeobachtung

Temperaturerhöhungen sind jedoch nicht das einzige Zeichen dafür, dass eine Veränderung des Klimas bereits im Gange ist. In den letzten Jahren ist die Zahl der **Naturkatastrophen** infolge des **instabilen Wetters** auffällig stark angestiegen. Wissenschaftler gehen davon aus, dass aufgrund des beginnenden Klimawandels Häufigkeit und Intensität extremer klimatischer Ereignisse wie Orkane, Sturmfluten, sintflutartige Niederschläge und Dürrekatastrophen weiter zunehmen werden.

Ob die Tendenzen, die seit dem ausgehenden 20. Jahrhundert erkennbar sind, jedoch tatsächlich als Beginn einer Klimaveränderung zu werten sind, hängt vor allem von einer lückenlosen **Messung** ab. Hierbei kommt **Satelliten** eine Schlüsselrolle zu, da sie sozusagen einen globalen Blick auf die Erde ermöglichen. Zu den derzeit wichtigsten Projekten innerhalb der zivilen Raumfahrt gehören daher die **Erdbeobachtungssatelliten**.

Dabei spielt nicht nur die **NASA** (National Aeronautics and Space Administration/Nationale Luft- und Raumfahrtbehörde der USA), sondern insbesondere auch die **ESA** (European Space Agency/Europäische Weltraumorganisation) eine wichtige Rolle. Sie ist derzeit dabei, mit ihrem **„Living-Planet-Program“** ein neues Kapitel der Erderforschung zu schreiben. Bereits der 2002 gestartete Großsatellit ENVISAT ist in der Lage, einen Großteil der irdischen **Wetter-** und **Klimaeigenschaften** nahezu in Echtzeit zu messen. Diese Daten geben den Wissenschaftlern vor allem darüber Auskunft, welche **Faktoren** den erwiesenen **Temperaturanstieg** hervorgerufen haben.

13.6 Schutz der Erde durch Nachhaltigkeit

Begriffe

Klimaschutzpolitik ◆ Konferenz der Vereinten Nationen für Umwelt und Zusammenarbeit (UNCEP) ◆ Nachhaltigkeit ◆ „sustainable development“ ◆ Klimarahmenkonvention ◆ Kyoto-Protokoll ◆ NGOs ◆ Agenda 21 ◆ Greenpeace ◆ Ökologisierung

Lernziele

Die bisherigen Erläuterungen zeigen, dass sich das Verhältnis zwischen Mensch und Natur im Verlauf des 20. Jahrhunderts grundlegend gewandelt hat. Weitaus stärker als zuvor beeinflusst der Mensch das Leben auf der Erde und hat dadurch die **ökologische Stabilität** gefährdet. Die Menschen sind aufgefordert zu handeln, damit die Erde auch für künftige Generationen ein bewohnbarer Planet bleibt.

Ansätze einer weltweiten Klimaschutzpolitik

Ein erster Schritt in Richtung einer **weltweiten Klimaschutzpolitik** erfolgte 1992 im Rahmen der **Konferenz der Vereinten Nationen für Umwelt und Zusammenarbeit** (UNCEP) in **Rio de Janeiro**. Grund für dieses größte Gipfeltreffen des 20. Jahrhunderts war die Erkenntnis, dass in einer Welt mit so viel Armut und Umweltschäden keine gesunde Gesellschaft oder Wirtschaft existieren kann. Die wirtschaftliche und gesellschaftliche Entwicklung muss daher ihren Kurs ändern und mehr Rücksicht auf die Belange der Umwelt nehmen.

In diesem Zusammenhang wurde der Begriff der **Nachhaltigkeit** als **Leitbild** für eine **zukunftsfähige Entwicklung („sustainable development")*** der Menschheit definiert: Gemeint ist eine Politik, die ökonomische und soziale Entwicklungen nicht auf Kosten der Umwelt fördert und damit nachfolgenden Generationen die gleichen Chancen auf möglichst intakte Naturressourcen gewährt.

Dies kann keine Nation für sich allein - vielmehr ist eine weltweite Partnerschaft für diese nachhaltige Entwicklung erforderlich. Es hat einige Jahre intensiver Vorarbeit bedurft, um sich weltweit auf dieses Leitbild zu verständigen. Noch schwieriger scheint es, die daraus erwachsenden Anforderungen zu konkretisieren und diesen gerecht zu werden.

Als Erfolg des Gipfels in Rio de Janeiro unterzeichneten **154 Staaten** und die **EU** eine **Klimarahmenkonvention**, in der sich die Industrieländer auf Maßnahmen zu einer **langfristigen Senkung** der **Treibgasemissionen** verpflichtet haben. Diese Verpflichtungen gelten zunächst nur für die **Industrieländer** als **Hauptproduzenten** der klimaschädlichen Treibhausgase. Die **Entwicklungsländer** wurden von einer Reduktion ihrer Emissionen bislang freigestellt.

Das **wichtigste Gremium** der Klimarahmenkonvention sind die **Vertragsstaatenkonferenzen** (Conference of the Parties, COP), die einmal jährlich tagen. Sie entscheiden, durch welche Maßnahmen die Vertragsstaaten ihre **Klimaschutzziele** erreichen sollen. Am 11. Dezember 1997 wurde im Rahmen der Dritten Vertragsstaatenkonferenz das so genannte **Kyoto-Protokoll** verabschiedet. An dieser Fortentwicklung der Klimarahmenkonvention von 1992 beteiligten sich **160 Staaten**. Dabei wurden erstmals auch **rechtsverbindliche Begrenzungs- und Reduktionsverpflichtungen** für die Industrieländer festgelegt. Im Einzelnen sehen diese Verpflichtungen Folgendes vor:

Die Industrieländer müssen ihre Emissionen von sechs Schlüssel-Treibhausgasen bis zum Jahr 2010 im Schnitt um 5% gesenkt haben (bezogen auf die Werte von 1990). Die EU soll die Emissionen um 8% senken**, Ungarn, Polen und Japan jeweils um 6%, die USA um 7%. Russland, die Ukraine und Neuseeland haben sich verpflichtet, ihre Emissionen auf dem bisherigen Stand einzufrieren. Auf der anderen Seite dürfen Staaten, die bislang nur relativ wenig zum anthropogenen Treibhauseffekt beitragen, ihre Emissionen sogar **erhöhen**: Norwegen um 1%, Australien um bis zu 8% und Island sogar um bis zu 10%.

---

* Der Begriff **„sustainable development"** wird im Deutschen zumeist mit **„nachhaltiger Entwicklung"** übersetzt. **Weitere Übersetzungen**, die in der Literatur verwendet werden, sind u.a.: dauerhaft umweltgerechte Entwicklung, umweltgerechte Entwicklung, ökologisch-dauerhafte Entwicklung, zukunftsverträgliche Entwicklung.

** Die EU hat ihre gemeinsame Reduktionsverpflichtung von 8% in der ersten Verpflichtungsperiode gemäß einer EU-internen Lastenverteilung im Juni 1998 intern neu verteilt.

Das Kyoto-Protokoll soll offiziell am 16. Februar 2005 in Kraft treten. Voraussetzung dafür war, dass mindestens 55 Länder, die zusammen mehr als 55% der CO_2-Emissionen (Stichjahr: 1990) der Industrieländer verursachen, das Protokoll ratifizieren. Mittlerweile sind u.a. alle EU-Mitgliedstaaten und auch Russland dem Protokoll beigetreten. Die USA als einer der größten CO_2-Produzenten lehnen jedoch die Ratifikation aus ökonomischen Gründen ab.*

Nachhaltigkeit als Maßstab des Handelns?

Künftig soll sich nun alles **Wirtschaften** unter Berücksichtigung ökonomischer und sozialer Dimensionen an den Grenzen der **Tragfähigkeit des Naturhaushaltes** orientieren. Dabei lassen sich die mit dem Leitbild der Nachhaltigkeit beschäftigten **„Akteure“** grob einteilen in

- **Politik** (hierzu gehören nationale Politik, Nachhaltigkeitspolitik anderer Staaten und staatenübergreifende internationale Organisationen),
- **Wirtschaft,**
- **NGOs** (Nichtregierungsorganisationen; vgl. dazu Lektion 3, Abschnitt 3.5) und
- **Netzwerke** (bündeln die Kompetenzen verschiedener „Akteure‘; dazu gehören Einrichtungen und Organisationen wie z.B. **Greenpeace**).

Dem gemeinsamen Leitbild der Nachhaltigkeit nähern sich diese „Akteure“ mit ganz **unterschiedlichen Ansätzen:**

So beschränkt sich die in Rio verabschiedete **Agenda 21** darauf, Nachhaltigkeit als anerkanntes **Prinzip** zu verankern und zur Lösung gegenwärtiger und zukünftiger Umweltprobleme **weltweit verbindliche Rahmenbedingungen** festzulegen. Mit welchen Zielen, Plänen, Maßnahmen und Instrumenten diese Rahmenbedingungen von der Ebene der Regierung bis hinunter zur Kommunalverwaltung dann ausgestaltet werden, bleibt Sache der einzelnen Nationen.

Umweltschutzorganisationen wie etwa **Greenpeace** begegnen dem Thema „Nachhaltigkeit“ hingegen mit **konkreten Denkanstößen, Strategien** und **Handlungskonzepten** (Beispiele: Öko-Steuer, Solarenergie, ökologische Wald-

* Präsident Bill Clinton hatte das Protokoll ursprünglich unterschrieben; diese Unterschrift wurde 2001 von seinem Nachfolger George W. Bush widerrufen.

Begriffsdefinition: ***Nachhaltigkeit***

Der Begriff der Nachhaltigkeit bezeichnet eine zukunftsfähige Entwicklung, die die Natur als Lebens- und Produktionsgrundlage berücksichtigt. Den Bedürfnissen der heutigen Generation soll nur noch insoweit entsprochen werden, als sie die Möglichkeiten einer künftigen Generation nicht gefährden. Deshalb soll die künftige technologische, industrielle und ökonomische sowie soziale Entwicklung in eine Übereinstimmung mit den ökologischen Grundlagen gebracht werden.

Konkret bedeutet dies u.a.:

- *Reduzierung der Belastung der Umwelt,*
- *vermehrte Nutzung erneuerbarer Energien, und zwar so, dass Inanspruchnahme und Regeneration jeweils übereinstimmen,*
- *Verzicht auf Technologien und Produktionen, deren ökologische und soziale Folgen nicht kalkulierbar sind oder die mit nicht wieder gutzumachenden Schäden verbunden sein könnten.*

Ziel der Nachhaltigkeit ist also die Sicherung einer zukunftsverträglichen Entwicklung nicht nur für eine bestimmte Gesellschaft, sondern für die gesamte Menschheit.

nutzung). Ziel ist ein **Umdenken** beim **Wirtschaften** in Richtung **Ökologisierung,** um so die schleichende Zerstörung der Erde zu beenden. Greenpeace fordert daher die Reduzierung des Energieverbrauches sowie einen weltweiten Atomausstieg, die Verminderung des Ressourcen-Verbrauches sowie der Abfallberge, den Verzicht auf den Einsatz von Gentechnologie in der Landwirtschaft, alternative Mobilität zugunsten öffentlicher Verkehrsmittel sowie eine nachhaltige Nutzung erneuerbarer Ressourcen.

Zusammengefasst formulieren Umweltorganisationen die **Leitlinien nachhaltigen Wirtschaftens** wie folgt:

- Die Nutzung einer erneuerbaren Ressource darf nicht größer sein als ihre Regenerationsrate.
- Die Freisetzung von Stoffen darf nicht größer sein als die Aufnahmefähigkeit der Umwelt.
- Die Nutzung nicht erneuerbarer Ressourcen muss minimiert werden.
- Verantwortlichkeit gegenüber kommenden Generationen.

Diese Leitlinien einzufordern, ist Ziel und Zweck der zahlreichen Greenpeace-Aktionen. Dass sich Umweltschutz und nachhaltiges Wirtschaften auch ökonomisch rechnen, belegt Greenpeace mit **eigenen Produktlösungen** (z.B. der FCKW-freie Kühlschrank „Greenfreeze", das Sparmobil „SmILE").

Der Weg zu nachhaltigem Wirtschaften ist jedoch in der Praxis noch weit. Um eine Verlangsamung der globalen Umweltzerstörung zu erreichen, bedarf es weiterer, langfristig geplanter Schritte. **Ökologische Mindeststandards, Produktionsumstellungen** und vor allem entsprechende **Gesetze** müssten auf Basis rechtlicher und politischer Rahmenbedingungen auf **internationaler Ebene** ausgearbeitet, eingeführt und dann natürlich auch eingehalten werden.

Aufgaben

1. *Warum nennt man die Erde „blauer Planet"?*
2. *Erklären Sie den Unterschied zwischen Klima und Wetter.*
3. *Was versteht man unter dem anthropogenen Treibhauseffekt?*
4. *Welches Ziel verfolgt die Idee nachhaltiger Entwicklung?*
5. *Skizzieren Sie kurz in eigenen Worten den Inhalt des Kyoto-Protokolls.*
6. *Geben Sie einige Beispiele für nachhaltiges Wirtschaften.*

zur Lernkontrolle

Lösungsvorschläge

Die hier vorgeschlagenen Antworten zu den Aufgaben sollen nicht als einzig richtige und vollständige Lösungen verstanden werden. Sie sind nur als Denkanstöße und als Hinweise zur Überprüfung Ihrer Antworten gedacht.

Lektion 1

1.

Die grundlegenden Rechte sind das Recht auf Leben und körperliche Unversehrtheit, das Recht auf persönliche Freiheit und das Recht auf Eigentum. Begründet wurden diese Rechte in der Staatsphilosophie der Aufklärung durch das Naturrecht, durch den Gedanken der Gleichheit aller Menschen und durch den Gedanken, dass alle Menschen als vernunftbegabte Wesen von Geburt an frei sind.

2.

Unter Naturrecht versteht man ein System von Rechtsaussagen, das für alle Völker, alle Menschen und für alle Zeiten gelten soll. Naturrecht bezeichnet solche Rechte, die jedem Menschen unabhängig von der gesellschaftlichen Ordnung gewissermaßen angeboren sind. Im Gegensatz dazu steht das positive Recht, das durch besondere Rechtsetzungsakte vom Menschen geschaffen wurde.

3.

Gesetze können in der Bundesrepublik Deutschland vom Bundesverfassungsgericht auf ihre Übereinstimmung mit der Verfassung überprüft und kontrolliert werden.
Durch die Rechtswegegarantie wird für den Bürger ein lückenloser Rechtsschutz sichergestellt; dadurch wird jede Form von Selbstherrlichkeit von Seiten der Exekutive beseitigt.

4.

Die Würde des Menschen wurde dadurch zum höchsten Wert der Verfassung der Bundesrepublik erhoben. Gemeint ist damit, dass das Individuum und die Sicherung seiner Würde der höchste Zweck allen politischen Handelns zu sein haben. Der Staat ist für den Menschen da und nicht der Mensch für den Staat. Die Unantastbarkeit des Menschen gilt als vorstaatliches Recht und ist verpflichtend für die Exekutive.

5.

Gründe für die Einschränkung von Grundrechten können hergeleitet werden aus dem Schutz der Menschenwürde, aus dem Sittengesetz, aus der verfassungsmäßigen Ordnung und aus der Priorität des Allgemeinwohls. In seinem Wesensgehalt ist ein Grundrecht allerdings unantastbar. Jede gesetzliche Maßnahme kann aber gerichtlich auf Verfassungsgemäßheit überprüft werden. Die Gerichte haben zu entscheiden, ob ein Gesetz gegen ein Grundrecht verstößt.

6.

Nach der negativen Erfahrung mit dem Untergang der Weimarer Demokratie haben die Verfassungsväter beschlossen, dass eine Demokratie sich angemessen gegen die Feinde einer demokratischen Ordnung zur Wehr setzen darf, damit die demokratische Ordnung nicht ausgehöhlt werden kann. Dabei ist aber die Rechtsordnung bindend.

L

Lektion 2

1.

Für eine repräsentative Demokratie ist das Prinzip der Repräsentation vorherrschend, d.h. die Bürger haben weitgehend keinen direkten Einfluss auf Entscheidungen des Parlaments und der Regierung. Dafür wählen sie in bestimmten Abständen Repräsentanten (Abgeordnete als Vertreter des ganzen Volkes), die dem Gemeinwohl verpflichtet sind und sich nur vor ihrem Gewissen zu verantworten haben (freies Mandat). Die Herrschaft wird also im Namen des Volkes, doch ohne bindenden Auftrag von ihm ausgeführt. Das Volk ist zwar Inhaber der Souveränität, herrscht aber nicht direkt und auch nicht durch Aufträge. Eine Abberufung von Volksvertretern ist nicht möglich. Der Auftrag zur Vertretung kann lediglich dadurch entzogen werden, dass der Abgeordnete nicht mehr wieder gewählt wird.

2.

Für eine direkte Demokratie spricht die Tatsache, dass die Bürger einen großen Einfluss auf die politischen Entscheidungen haben und dadurch wohl mehr Interesse an politischen Streitfragen aufbringen würden. Auf der anderen Seite weiß man von der Schweiz, die sehr viele Bürgerentscheide kennt, dass doch nur wenige Bürger dann tatsächlich an den Entscheidungen teilnehmen.
Gegen eine direkte Demokratie spricht, dass vielen Bürgern der nötige Sachverstand bei speziellen politischen Entscheidungen fehlt, dass die Meinung des Volkes oft von gefühlsmäßigen Stimmungen getragen wird und dass in einem großen Flächenstaat kaum eine direkte Demokratie organisatorisch konstruiert werden kann. Der moderne und komplexe Industriestaat fordert auch, dass die Abgeordneten sich berufsmäßig mit Politik befassen, um auf bestimmten Spezialgebieten sachadäquate Entscheidungen zu treffen.

3.

Das Wahlrecht ist aufgrund der historischen Erfahrung der Weimarer Republik eine Mischung aus Verhältniswahlrecht und Mehrheitswahlentscheidung. Der Wähler hat zwei Stimmen. Mit der Erststimme wird in jedem Wahlkreis der Abgeordnete gewählt, der die Mehrheit der Stimmen auf sich vereinigen kann (relative Mehrheitswahl und Direktmandat). Mit der Zweitstimme entscheiden die Wähler über die politische Zusammensetzung des Bundestages; die Wähler geben dabei ein Votum für eine Partei und ihre Landesliste ab. Nach der Verteilung der Direktmandate werden dann den Parteien die ihnen noch zustehenden Sitze mit Listenkandidaten zugewiesen.

4.

Der Bundestag hat als „Spiegelbild" der Gesellschaft die politischen Interessen des Volkes wahrzunehmen und zum Ausdruck zu bringen. Deshalb haben die Abgeordneten ein freies Mandat und sind unabhängig von äußeren Zwängen. Die Abgeordneten wählen aus ihren Reihen den Bundeskanzler und können ihn und die Regierung abwählen. Der Bundestag bestimmt die personelle Zusammensetzung der zentralen staatlichen Organe und kontrolliert das Handeln der Regierung, vor allem bei der Genehmigung des Staatshaushaltes. Ferner arbeitet er in seiner legislativen Funktion bei der Gesetzgebung in Ausschüssen und im Plenum durch seine Zustimmung mit.

5.

Da sich in der parlamentarischen Demokratie das Parlament durch die Regierungsbestellung teilt in Mehrheitsfraktionen, die die Regierung tragen, und in Fraktionen, die der Regierung oppositionell gegenüberstehen, obliegt die eigentliche Kontrolle der Regierungsarbeit der Opposition. Diese übt öffentlich Kritik an der Regierung und stellt politische Alternativen auf. Durch diese hofft sie bei den nächsten Wahlen die Mehrheit im Parlament zu erlangen.

6.

Der Bundeskanzler hat aus folgenden Gründen eine starke Stellung:

- durch das konstruktive Misstrauensvotum;
- dadurch, dass er die Minister vorschlägt, die vom Bundespräsidenten ernannt und entlassen werden;
- dadurch, dass er allein die Richtlinienkompetenz hat;
- dadurch, dass er allein die Zahl und den Geschäftsbereich der einzelnen Bundesminister bestimmt;
- dadurch, dass er allein die Vertrauensfrage stellen kann und damit u.U. die Auflösung des Bundestags bewirken kann.

Allerdings bedeuten diese formellen Rechte zunächst noch nicht so viel. Entscheidender ist, ob der Kanzler notfalls auch allein in der Lage ist, diese bei seiner Fraktion oder in einer Koalition durchzusetzen.

Lektion 3

1.

Zu den Leistungen der Bürgerinitiativen gehört, dass sie in vielen Fragen rasch die öffentliche Meinung mobilisieren können und dadurch in der Lage sind, politischen Druck auszuüben. Auch die basisdemokratische Willensbildung, die offene Mitgliedschaft und die Variabilität in den Aktionsformen zählen wohl zu ihren Stärken.
Bürgerinitiativen haben meist keine so festgefahrenen Strukturen wie die traditionellen politischen Parteien. Insofern kann man sie durch ihren plebiszitären Charakter als ein wichtiges Korrektiv der repräsentativen Demokratie bezeichnen, zumal in einer Demokratie, die den Parteien einen so fest gefügten Platz zuweist.
Andererseits handeln manche Bürgerinitiativen an der Grenze eines reinen Gruppenegoismus, ohne einen Blick für das Allgemeinwohl zu haben. Auch die Legitimitätsfrage bleibt oft ohne klare Lösung: Die Vertreter sind zwar von der Mehrheit ihrer „Gruppe“ demokratisch gewählt, vertreten aber nicht die Mehrheit der Bevölkerung und müssen sich auch nicht vor der Gesamtbürgerschaft in Wahlen verantworten. Letztlich bleibt die Frage, ob nicht in manchen Fällen eine Minderheit eine Mehrheit überstimmt.

2.

Verbände sind ein selbstverständlicher Teil einer pluralistischen Gesellschaft mit unterschiedlichen Interessengruppen. Sie versuchen im Interesse ihrer Mitglieder, Einfluss auf Abgeordnete und auf die Regierung auszuüben. Oft sind sie auch als Experten bei der Vorbereitung von Gesetzesvorlagen in den entsprechenden Ausschüssen tätig, indem sie ihre Kompetenz einbringen. Bei der Vertretung ihrer Interessen benützen Verbände im Konfliktfall ein Sanktions- und Drohpotenzial und versuchen, die Öffentlichkeit von der Richtigkeit ihrer Meinung zu überzeugen.

3.

Interessenverbände sind insofern Garanten des Pluralismus, als sie in den politischen Willensbildungsprozess einzugreifen versuchen. Dabei wollen sie die Teilnahme des Bürgers an Entscheidungsprozessen wirkungsvoll organisieren. Außerdem herrscht unter den Verbänden offene Konkurrenz. Problematisch ist allerdings, dass nicht alle Interessen in einer Gesellschaft verbandsmäßig gebündelt und organisiert sind. Die mächtigen Arbeitgeberverbände und Arbeitnehmerorganisationen haben z.B. einen größeren Einfluss auf die Politik als kleine Verbände.

4.

Bei der Beschreibung sollten folgende Stichworte nicht übersehen werden: freiwillige Basis - autonom - Zielsetzung - lokaler, regionaler oder internationaler Aktionsradius - Konsultativstatus - Informationsarbeit - Kooperationsbereitschaft - Beitrag zur Demokratisierung durch Forderung nach mehr Transparenz bei Entscheidungen.

Lektion 4

1.

Art. 5 GG sichert die Meinungs- und Informationsfreiheit. Diese Meinungsbildung funktioniert nur dann, wenn sich die Bürger umfassend aus frei zugänglichen Quellen informieren können und dazu gehört auch das Kennenlernen anderer Standpunkte sowie die argumentative Auseinandersetzung zwischen konträren Standpunkten. Dadurch wird die Meinungsvielfalt gesichert. An die privaten Rundfunkanbieter stellt das Gericht aber keine so hohen Ansprüche wie an die öffentlich-rechtlichen, die die Grundversorgung (Information, Bildung, Beratung und Unterhaltung) wahrzunehmen haben.

2.

Die duale Rundfunkordnung regelt das Nebeneinander von öffentlich-rechtlichen und privaten Rundfunkanbietern.

Die öffentlich-rechtlichen Medien gehören der Allgemeinheit; sie sind staatsunabhängige Einrichtungen, die der Gesellschaft zu dienen haben. Die ARD besteht aus neun Landesrundfunkanstalten. Diese bestreiten gemeinsam das Erste Programm. Dazu kommen noch in den jeweiligen Sendegebieten die Dritten Fernsehprogramme und mehrere Hörfunkprogramme. Das ZDF wurde von den Bundesländern als gemeinsame Anstalt gegründet. Alle öffentlich-rechtlichen Medien haben einen klaren Programmauftrag, der von dem Begriff der Grundversorgung bestimmt wird. Sie finanzieren sich aus den Rundfunkgebühren und Werbeeinnahmen.

Die Privaten haben keinen ausdrücklichen Programmauftrag. Sie finanzieren sich u.a. über Werbeeinnahmen, daher ist der Kampf um die Quote bei ihnen bestimmend.

3.

Leistungen	**Grenzen**
◆ Freiwillige Selbstkontrolle ◆ Erstellen einer Berufsethik mit klaren Anforderungen: → Wahrhaftige Unterrichtung → Sorgfalt gegenüber dem Wahrheitsgehalt → Verbot unlauterer Methoden bei der Informationsbeschaffung → Respekt vor der Intimsphäre des Menschen Bei Verstößen kann der Presserat sich an die Öffentlichkeit wenden und Druck ausüben.	◆ Die publizistischen Grundsätze sind rechtlich nicht verbindlich. ◆ Sorgfalt ist in dem schnellen Geschäft der Tageszeitungen ein schwer zu überprüfender Begriff. ◆ Wenn Privatleben von öffentlichem Interesse ist, kann es in der Presse erörtert werden. Dabei ist es schwer, eine klare Grenze zu ziehen. Es ist fraglich, ob sich die großen Boulevardblätter beim täglichen Kampf um die spektakulärste Schlagzeile von publizistischen Grundsätzen beeindrucken lassen.

Lektion 5

1.

Bei dem Wandel handelt es sich um einen Funktionswandel. Während die vorindustrielle Familie einen engen Zusammenhang von Lebensgemeinschaft und Wirtschaftsgemeinschaft bildete, trat durch den Prozess der Industrialisierung eine Trennung von Arbeit und Wohnen ein. Die abhängige Erwerbsarbeit fand von da an meist außerhalb der Familie statt; insofern verlor die Familie ihre Produktionsfunktion. Heute ist die Familie nur noch eine Konsumgemeinschaft.
Mit der Einführung der allgemeinen Schulpflicht trat die Familie einen wesentlichen Teil der Sozialisationsfunktion ab. Auch die Schutzfunktion begann zu schwinden, da der Staat mit dem Ende des 19. Jahrhunderts anfing, Sozialversicherungssysteme auf- und auszubauen. Dafür wurde die Familie immer stärker zum zentralen Ort von Emotionalität, zum Raum der intimen Zugehörigkeit. Die Geschlechterrollen wurden neu definiert und die Kindheit wurde zu einer eigenen Lebensphase.

2.

Als Gründe für die derzeitige Krise können gelten:
Die Pluralisierung der Lebensformen und der allgemeine Wertewandel haben dazu geführt, dass das Leben in einer Familie nicht mehr als die einzige Möglichkeit der Lebensführung angesehen wird. In vielen westlichen Industrienationen ist die Neigung zu heiraten stark zurückgegangen. Das hängt auch mit der zunehmenden Individualisierung, mit dem Streben nach Selbstverwirklichung und mit der allgemeinen Emanzipation der Frau zusammen. Dazu kommen noch die stark sinkenden Geburtenraten und die Tatsache, dass in hochindustriellen Gesellschaften durch die geforderte Mobilität die Arbeitswelt nicht gerade als familienfreundlich bezeichnet werden kann.

3.

Angesichts des Rückgangs der Bevölkerung und des demographischen Wandels muss die Familienpolitik neue Konzeptionen entwickeln, um Bildungs- und Berufssysteme familienfreundlicher zu gestalten. Außerdem sind Angebote für Kinderbetreuung und eine bessere Koordination von Arbeitswelt und Familienwelt erforderlich. Familien mit mehreren Kindern müssen wohl materiell stärker unterstützt werden.

Lektion 6

1.

Im Gegensatz zu den 50er Jahren erhalten prozentual immer mehr junge Menschen eine gymnasiale Ausbildung und erwerben durch das Abitur den Zugang zur Hochschule. Durch diese Expansion hat das Gymnasium seine frühere selektive Funktion preisgegeben. Die Folge war ein Strukturwandel des Gymnasiums. Allerdings geht mit dieser Expansion auch einher, dass immer mehr Berufe eine höhere Qualifikation verlangen.

2.

Für die Bildung sind eigentlich allein die Länder zuständig; so will es das Grundgesetz nach Art. 30. Dennoch hat die Bundesregierung auch bildungspolitische Kompetenzen, so dass zu dem dezentralen System Elemente eines zentralen treten.
In den einzelnen Ländern wiederum wird Bildungspolitik zentral von einem für die Bildung zuständigen Ministerium wahrgenommen: dort fallen die Entscheidungen über Personal und Besoldung, dort wird das Schulwesen organisiert, geplant und kontrolliert, dort werden über die Lehrpläne Fächer und Inhalte der schulischen Ausbildung festgelegt und Prüfungsmodalitäten aufgestellt.

Aus dieser Kulturhoheit der Länder wurde aber ein kooperativer Kulturföderalismus. Dies zeigt sich vor allem an der KMK und der BLK.
Für außerschulische Bildung, Ausbildungs- und Forschungsförderung ist die Bundesregierung zuständig.

3.
Das Recht auf Bildung - 1948 von den Vereinten Nationen als Menschenrecht formuliert - geht davon aus, dass Bildung erheblich dazu beiträgt, Verantwortungsgefühl, Kritikfähigkeit und Toleranz zu entwickeln. Das allerdings nur, wenn diese Bildung zensurfrei geschieht. Bildung als Menschenrecht ist auf humanitäre Werte und ethische Normen ausgerichtet.
Mit dem Recht auf Bildung ist der Gedanke der Chancengleichheit verbunden. Der soziale Stand darf eigentlich nicht Gradmesser für die Teilhabe an der Bildung sein. Denn die Position, die der Einzelne in der Gesellschaft einnimmt, soll nicht durch die Herkunft, sondern durch Begabung und Leistungsbereitschaft bestimmt werden.

4.
Das Konzept des „Lebenslangen Lernens“ geht davon aus, dass in modernen Industriestaaten eine Investition in die höhere Qualifikation der Arbeitskräfte notwendig ist, weil dadurch wirtschaftliches Wachstum gesichert wird. Nur durch eine ständige neue Qualifikation (Aktualisierung des Wissens, Erwerb methodischer und strategischer Kompetenzen zur Erhöhung des selbstständigen Lernens und Aneignung sozialer Kompetenzen) erhält die Wirtschaft die ausgebildeten Fachkräfte, die sie angesichts der technologischen Entwicklung und der Sicherung der Wettbewerbsfähigkeit braucht. Herkömmliche Weiterbildung ging meist von der privaten Initiative aus und war ein zeitlich begrenzter Prozess. Das Konzept des „Lebenslangen Lernens“ ist eine bildungspolitische und gesellschaftliche Aufgabe.

Lektion 7

1.
Die Diskussion begann im letzten Drittel des 20. Jahrhunderts, als die Arbeitsgesellschaft durch die lang anhaltende hohe Arbeitslosigkeit und eine schwindende Erwerbsarbeit in eine Krise zu geraten schien. Auslöser waren der Ölpreisschock, die rasante technische Entwicklung und der Bericht des Club of Rome zur Lage der Menschheit. Aufgrund der Glanzzeit in den 60er Jahren wurde die Krise verschärft wahrgenommen. Ein Ansatz in der Diskussion war der neue Begriff der Dualwirtschaft (J. Huber), dazu kam die Formel des Wachstums ohne Arbeitsplätze (J. Rifkin) mit dem Vorschlag, brachliegende Arbeitskraft für gemeinnützige Arbeit einzusetzen. Diskutiert wurde die Möglichkeit, Tätigkeitsfelder außerhalb der Erwerbsarbeit (F. Bergmann) zu suchen. Weitergeführt wurde dieser Gedanke durch U. Beck mit seinem Begriff der Bürgerarbeit im Rahmen einer Bürgergesellschaft.

2.
Zu klären sind bei dieser Frage: die Probleme, die sich auf dem Arbeitsmarkt durch den demographischen Wandel ergeben; der Trend zur Wissensgesellschaft und seine Bedeutung für die Fachkräfte; die Flexibilisierung der Beschäftigungsformen; das bevorstehende Ende des Normalarbeitsverhältnisses.

3.
Das Konzept stammt von G. Schmid und verfolgt das Ziel einer neuen Vollbeschäftigung. Es lehnt sich an die Devisen von New Labour an und will dabei „Anschluss“ statt „Ausschluss“ erreichen. Zum Konzept gehören ein rascher und flexibler Wechsel zwischen Vollzeit und Teilzeit, zwischen Erwerbs-

und Familienarbeit, zwischen selbstständiger und abhängiger Beschäftigung sowie die Verbindung von Weiterbildung und Zeiten der Arbeit. Erreicht werden soll dies durch Elemente der Lohnsubvention und rechtlich abgesicherte Ansprüche auf Übergangsbeschäftigung im Sinne der Flexicurity.

Lektion 8

1.

Im Grundgesetz sind keine einzelnen sozialen Grundrechte aufgeführt, sondern nach Art. 20 wird die Bundesrepublik als „demokratischer und sozialer Bundesstaat“ bezeichnet. Damit ist sozialstaatliches Handeln ein Gebot für jede Bundesregierung. Sie hat Sozialpolitik zu betreiben, d.h., sie hat jedem Bürger die sozialen und materiellen Voraussetzungen zu gewähren, damit dieser auch die Grundrechte wahrnehmen kann. Bei der konkreten Ausgestaltung ist sie jedoch frei in ihren Entscheidungen.

2.

Erhaltung und Schutz der Menschenwürde, Sicherung des Existenzminimums, Schutz der Ehe, der Familie und der Mutter sowie Eigentum verpflichtet (Art. 14 Abs. 2 GG). Letzteres bedeutet: Enteignungen sind durchführbar, wenn rechtlich nachgewiesen werden kann, dass im konkreten Fall das Allgemeininteresse einen Vorrang hat. Soziale Grundwerte lassen sich ferner aus dem Grundsatz der Gleichheit aller Menschen vor dem Gesetz ableiten.

3.

Die dynamische Rente geht auf die Rentenreform von 1957 zurück. Auf Beschluss des Parlaments wurde festgelegt, dass die Renten der Entwicklung der Löhne und Gehälter angepasst werden sollen. Basis der Finanzierung sollte der Generationenvertrag sein. Probleme ergeben sich heutzutage durch den demographischen Wandel: Da immer mehr alte Menschen länger Rente beziehen und immer weniger junge Menschen in einem Arbeitsverhältnis stehen, werden in die Rentenkassen starke Löcher gerissen.

4.

Zu den Problemen des derzeitigen Sozialstaates gehören: der demographische Faktor, die steigenden Lohnnebenkosten, das Prinzip der Lebensstandardsicherung, die anhaltend hohe Arbeitslosigkeit, die Ausweitung der sozialen Sicherung. Ein Umbau ist erforderlich, weil der Sozialstaat im traditionellen Rahmen nicht mehr finanzierbar ist. Gefordert sind dabei angesichts der demographischen Verschiebung mehr Eigenverantwortung und eine Individualisierung der sozialen Sicherung.

Lektion 9

1.

Vor allem die Erfahrungen der zwei Weltkriege, die Europa zerrüttet haben, führten zur Einsicht in die Notwendigkeit einer europäischen Einigung. Dadurch sollte der Frieden in Europa langfristig gesichert werden. Von Deutschland sollte nie wieder die Gefahr eines Krieges ausgehen, das war die Basis nach 1945. Durch die Spaltung der Welt und Europas im Zeitalter des Kalten Krieges kam es zu einem „Zusammenrücken“ der westeuropäischen Staaten, um Freiheit und westliche Demokratien zu sichern. Aber auch die USA hatten in der weltweiten Auseinandersetzung ein Interesse daran, dass sich die europäischen Staaten zusammenschlossen und gemeinsam den Wiederaufbau unternahmen.

Nach dem Zerfall des Ostblocks entwickelte der europäische Integrationsprozess aus wirtschaftlichen und friedensstiftenden Gründen eine große Sogkraft für die osteuropäischen Staaten.

2.

Mit diesem Vertrag wurden endgültig die Voraussetzungen für die Vollendung der Wirtschafts- und Währungsunion und damit auch für eine politische Union geschaffen. Zugleich wurde die Zuständigkeit des Europäischen Parlamentes gestärkt und eine zusätzliche Unionsbürgerschaft geschaffen. Auch GASP und die geplante Zusammenarbeit in der Innen- und Justizpolitik bedeuten einen weiteren Schritt in Richtung Integration.

3.

Wesentlich sind:

- eine stabile Demokratie, die auf einem Mehrparteiensystem beruht;
- rechtsstaatliche Strukturen, die auf der Beachtung der Menschenrechte und der Anerkennung eines Minderheitenschutzes beruhen;
- eine Wirtschaftsform, die sich an marktwirtschaftlichen Strukturen orientiert;
- Anerkennung aller Rechte und Pflichten der europäischen Union durch die Beitrittsländer.

4.

Die Kommission ist als supranationales EU-Organ nur für die Aufgaben der Gemeinschaft da. Deshalb sind die Kommissare unabhängig und dürfen keine Weisungen von ihren Regierungen entgegennehmen. Der Ministerrat hingegen setzt sich aus den Fachministern der einzelnen Nationalstaaten zusammen. Er ist für die Gesetzgebung in der EU zuständig, allerdings auf Vorschlag der Kommission.

Lektion 10

1.

Triebkräfte der Globalisierung im 18. Jahrhundert waren der Wirtschaftsliberalismus und die Arbeitsteilung gemäß Riccardos Theorie der komparativen Kosten.
Triebkraft der Globalisierung im Verlauf des 20. Jahrhunderts war die Beseitigung internationaler Handelshemmnisse im Rahmen fortschreitender Deregulierungsprozesse.
Triebkräfte der Globalisierung gegen Ende des 20. Jahrhunderts und zu Beginn des 21. Jahrhunderts waren und sind die Fortschritte im Bereich der Kommunikations- und Informationstechnologie, die Internationalisierung der Finanzmärkte sowie der unternehmerische Konkurrenzkampf auf multinationaler Ebene.

2.

Als Folge der Globalisierung tritt eine Beschleunigung von Informationsprozessen auf. Die dadurch eintretende Komplexität gesellschaftlicher Problemlagen macht es erforderlich, nach komplexeren Erkenntnis- und Informationswerkzeugen zu suchen. Telefon, Mobilfunk, Computer sind beispielsweise „Medien“, mit denen der Versuch unternommen wurde, die Vorgänge der Information und Kommunikation zu optimieren. Als Resultat entstand ein (Super)Medium, das diese Vielzahl an Funktionen ohne Zeitverlust und mit hoher Informationsdichte erfüllt: das Internet.

3. a)

Die Tobin-Steuer umfasst die Besteuerung kurzfristiger Spekulationen mit ausländischen Währungen; sie wurde 1978 von James Tobin vorgeschlagen. Mit dieser Devisenumsatzsteuer soll es ermöglicht werden, Finanzspekulationen einzudämmen.

3. b)

Das größte Problem der Tobin-Steuer liegt in der Schwierigkeit, sie weltweit durchzusetzen. Außerdem besteht die Gefahr, dass Kapital in steuerfreie Gebiete („Steuerparadiese“) abwandert.

4.

Unter dem Begriff „Direktinvestitionen“ versteht man diejenigen wirtschaftlichen Beziehungen, die ihrer Natur nach durch ein besonders intensives, auf anhaltende Einflussnahme gerichtetes unternehmerisches Engagement geprägt sind. Hierunter fallen vor allem Beteiligungen (in Form von Aktien und anderen Kapitalanteilen), aber auch damit zusammenhängende langfristige Darlehen und der Erwerb von Immobilien.

5.

Die ökonomische und soziale Misere der deutschen und der europäischen Massenarbeitslosigkeit ist weniger durch Globalisierung als durch die undurchsichtig gewordenen Steuersysteme und Sicherungssysteme verursacht. Hinzu kommen die Überregulierung durch zahlreiche Paragraphen und Genehmigungserfordernisse, der „Wust“ aus Arbeitsrecht, Tarifverträgen und arbeitsgerichtlicher Rechtssprechung, usw.

Lektion 11

1.

Die Idee, eine Weltorganisation zur Förderung von Frieden und Freundschaft zwischen den Nationen zu schaffen, wurde in den Tagen des Zweiten Weltkriegs (1939-1945) geboren. Führende Politiker wie Roosevelt und Churchill begannen darüber nachzudenken, wie ein dauerhafter Frieden erreicht werden könnte. So entstand 1945 „eine allgemeine internationale Organisation zur Erhaltung von Frieden und Sicherheit“, aufbauend auf dem Prinzip der souveränen Gleichheit aller friedliebenden Staaten.

2.

Die UNO bewahrt Frieden und Sicherheit, initiiert wirtschaftliche und soziale Problemlösungen, löst Entwicklungsaktivitäten und humanitäre Hilfe aus. Des Weiteren schützt und fördert sie die Menschenrechte. Zur Erfüllung ihrer Aufgaben stehen der UNO Zwangsmaßnahmen nicht militärischer Art sowie militärische Einsätze von Streitkräften zur Verfügung.

3.

Der Sicherheitsrat ist das wichtigste Organ der UNO, da nur er für alle Mitglieder verbindliche Beschlüsse fassen kann. Der Generalsekretär repräsentiert die UNO als ihr ranghöchster Vertreter und offizieller Sprecher nach außen und verschafft sich Gehör in der internationalen Politik, um auf die Interessen der Weltorganisation aufmerksam zu machen.

4.

Boutros Ghali empfahl im Rahmen seiner Agenda für den Frieden eine Typisierung der friedenspolitischen Strategien und Instrumente. Konfliktbewältigung sollte durch vorbeugende Diplomatie, Friedensschaffung, Friedenssicherung und Friedenskonsolidierung erreicht werden.

5.

Viele Bestimmungen der Charta haben sich als nicht durchführbar erwiesen oder haben sich im Laufe der Zeit überlebt. Neue Aufgabenfelder der Vereinten Nationen wie Krisenprävention, Umweltschutz und Bevölkerungsfragen sind hingegen in der Charta nicht oder nur unzureichend repräsentiert. Die Zusammensetzung des Sicherheitsrats spiegelt bezüglich seiner ständigen Mitglieder die Situation am Ende des Zweiten Weltkriegs wider. Das Vetorecht der fünf ständigen Mitglieder wird zunehmend als diskriminierend und auch von seiner Funktion her als nicht mehr gerechtfertigt empfunden. Der Treuhandschaftsrat hat seine Arbeit mangels zu verwaltender bzw. zu beaufsichtigender Gebiete eingestellt. Die Arbeit der Generalversammlung ist umständlich. Die Rolle des Wirtschafts- und Sozialrats verliert immer weiter an Gewicht. Eine wirksame Koordination des Gesamtsystems ist kaum mehr möglich.

Lektion 12

1.

Frieden ist zunächst durch die Abwesenheit von Krieg gekennzeichnet. Frieden muss aber als Prozess verstanden werden, der sich durch eine Minimierung von Friedensgefährdungen vollzieht.
Krieg ist die Fortsetzung und Durchführung des politischen Willens mit anderen (gewaltsamen) Mitteln.

2.

Bei konventionellen Kriegen werden Konflikte durch Waffengewalt ausgetragen. Bewaffnete Streitkräfte führen Schlachten, um beim Gegner politische Interessen durchzusetzen.
Moderne Kriege weisen zusätzlich zu den Merkmalen konventioneller Kriege weitere Charakteristika auf: Es findet eine Entstaatlichung der Kriegsgewalt statt, Kriegsparteien sind nicht mehr gleichartig und die militärischen Akteure verselbstständigen sich und ihr Tun.

3.

- Ursprünglich: Sicherung der Freiheit durch Aufrechterhaltung des militärischen Gleichgewichts in Europa. Mittel: Abschreckung, Fähigkeit zur Verteidgung, seit 1967 Entspannungspolitik.
- Nach der Auflösung des Ostblocks: Dialog und Zusammenarbeit mit den „alten Gegnern“, Konfliktverhütung und Krisenbewältigung, Offenheit für neue Mitglieder, Rüstungskontrolle und Abrüstung.

4.

Korb 1 der Helsinki-Akte von 1975 beinhaltet zehn Prinzipien, die die Beziehungen der Teilnehmerstaaten untereinander definieren, wie etwa die Achtung der Menschenrechte und Grundfreiheiten sowie das Bekenntnis zum Selbstbestimmungsrecht der Völker. Gerade die Menschenrechtsgruppen in kommunistischen Ländern bezogen sich auf die Unterzeichnung der Akte durch ihre Regierungen, wodurch es zur Entstehung einer Öffentlichkeit und letztlich zu den Umwälzungen in Osteuropa kam.

Lektion 13

1.

Da ca. 71% der Erdoberfläche mit Wasser bedeckt sind, hat die Erde, wenn man sie aus dem Weltraum betrachtet, eine bläuliche Oberfläche. Aus diesem Grund wird sie auch „blauer Planet“ genannt.

2.

Wetter ist der momentane Zustand der Atmosphäre, z.B. Regen.

Klima ist der mittlere Zustand der Atmosphäre, der Mittelwert von verschiedenen Wetterlagen über einen längeren Zeitraum (mindestens 30 Jahre) hinweg gemessen.

3.

Der durch menschliche Eingriffe verursachte Anteil am atmosphärischen Treibhauseffekt wird anthropogener Treibhauseffekt genannt.

4.

Ziel ist es, die Möglichkeiten der kommenden Generation nicht einzuschränken. Deshalb soll die technologische Entwicklung in Übereinstimmung mit ökologischen Grundlagen gebracht werden. Im Rahmen einer nachhaltigen Entwicklung sollen unsere heutigen Bedürfnisse gedeckt werden, ohne die Möglichkeiten künftiger Generationen zu beeinträchtigen.

5.

Die Industrieländer verpflichten sich, ihre Emissionen von sechs Schlüssel-Treibhausgasen bis zum Jahr 2010 im Schnitt um 5% zu senken; die EU soll sie um 8% reduzieren.

6.

Beispiele für nachhaltiges Wirtschaften sind die Verringerung des spezifischen Abfallaufkommens, die Reduzierung der Sonderabfallquote, die Erhöhung der Verwertungsquote, Einsparungen, die mit betrieblichen Umweltschutzmaßnahmen verbunden sind, sowie eine Reduktion ökologisch bedenklicher Produkte (z. B. Wegwerfprodukte).

L

Register

R

G

H

I

J

K

L

M

N

S

T

U

V

W

Z